21,00

JOSÉ MARÍA

AZNAR

OCHO AÑOS DE GOBIERNO

UNA VISIÓN PERSONAL DE ESPAÑA

Planeta

Diagonal, 662-664, 08034 Barcelona (España)

Primera edición: mayo de 2004
Segunda edición: mayo de 2004
Depósito Legal: M. 21.924-2004
ISBN 84-08-05225-X
Composición: Foto Informática, S. L.
Impresión y encuadernación: Mateu Cromo Artes Gráficas, S. L.
Printed in Spain - Impreso en España

Índice

Para Ana, mi mujer,
y José María, Ana y Alonso.
Sin ellos nada hubiera sido posible.

Prólogo

Este libro no pretende ser un libro de memorias, ni una autobiografía, ni un ensayo político. Sus pretensiones son otras. Durante los últimos ocho años he desempeñado el cargo de presidente del Gobierno español. Han sido dos legislaturas en las que he vivido intensamente la política, he abordado las grandes cuestiones nacionales e internacionales, y he tenido, en fin, la última responsabilidad en la toma de decisiones que nos afectan a todos. La última parte de este período ha estado caracterizada por mi renuncia a ser candidato a la Presidencia del Gobierno y mi abandono paulatino de la vida pública. Estos meses han sido, pues, meses de despedida, durante los que inevitablemente he repasado los asuntos que más me han preocupado durante mi carrera política.

De forma que me ha parecido oportuno recopilar algunas notas de urgencia que plasmen mis opiniones sobre algunos asuntos que me han ocupado y que ocuparán la vida de los españoles durante los próximos años.

Así que durante los últimos meses he grabado una buena cantidad de cintas magnetofónicas cuyo fondo se corresponde con las circunstancias en que he podido hacerlo. En la revisión de las transcripciones, en su ordenación y en el pulido de los textos me ha ayudado decisivamente José María Marco, a quien tengo por buen amigo, excelente escritor e historiador competente, y al que agradezco su profesionalidad, su interés y su paciencia.

La forma en que he podido componer este libro explica mi petición de paciencia al lector, que encontrará y tal vez tropezará con la espontaneidad propia de la expresión oral.

Soy consciente de que mis opiniones o mis puntos de vista generan en algunos actores de la vida política y periodística un rechazo que va mucho más allá de la mera discrepancia. Por lo tanto, imagino el tipo de reacciones que va a suscitar este libro. A pesar de lo que algunos piensen, no es mi intención suscitar esa clase de reacciones en quienes a partir de ahora van a vivir sin tantas tensiones cotidianas. Ahora bien, para mí la condición de ciudadano va asociada al derecho de expresar libremente mis opiniones. Como tengo una vocación pública muy acentuada y que ya va siendo antigua, me considero además en la obligación de expresar mi concepción de los asuntos públicos que atañen a mi país.

El lector comprobará que, al final de esta etapa, me sigue apasionando España. Es el único motivo de este libro. Utilizo diferentes perspectivas, distintas ópticas, pero se trata siempre de saber cómo mejorar la vida de los españoles. España es una gran nación. Tiene consistencia, historia y potencial. Las tentaciones de quebrar nuestra unidad no me molestan por motivos referidos a principios inmutables. Simplemente, constato que los españoles hemos hecho grandes cosas en la historia al trabajar juntos. Peor juicio que los que están en desacuerdo con ello me merecen quienes sólo buscan el rendimiento inmediato, la pacificación de sus filas o, lo que resulta más frecuente, quienes no buscan nada porque no entienden nada. Muchas veces he dicho que detesto la frivolidad en la vida pero me parece intolerable en la política. Los españoles merecen algo más que fuegos de artificio inconscientes de su dirección, ignorantes de sus consecuencias.

España, en fin, tiene asegurado su futuro. Creo haber contribuido modestamente a su situación actual. Lo seguiré haciendo, en la medida de mis posibilidades. Nunca me perdonaría no hacerlo desde el lugar en el que me toque estar.

CAPÍTULO UNO

Libertad y liderazgo

Siempre he sido un liberal, y sigo siéndolo. Un liberal conservador, pero sustancialmente un liberal. En la tarea política, eso se refleja en una actitud personal, en una actitud ante los demás y ante la vida general y también en un conjunto de principios generales, políticos, sociales y económicos en los que creo.

No creo que el mundo definido por el liberalismo sea un mundo perfecto, pero no sé si será posible hacer uno mejor. Ninguno de los que se han ensayado y de los que hemos podido conocer lo ha conseguido. En cualquier caso, las sociedades libres, tal como las concibe el liberalismo, me parecen las mejores sociedades. Siempre preferiré vivir en una sociedad liberal, y en un mundo regido por la libertad, que no en otro regido por principios que coarten arbitrariamente la libertad.

El valor de la libertad

Los límites de la libertad los marca la ley, son los que señala el Estado de derecho.

Sin duda la idea de la libertad es previa a la idea de democracia. Pero la democracia es la forma más perfecta de la organización de la libertad. Es necesario un Estado de derecho que garantice el respeto de las reglas que son, sin duda alguna, lo que hace posible la libertad. La democracia liberal requiere, por tanto, un marco de garantías que asegure que el poder no se ejerce de una forma despótica o desconsiderada. Requiere el respeto de los derechos de la persona, como son el derecho a la propiedad, a la expresión, a la libertad religiosa y otros. Pero la libertad, tal como yo la entiendo, no puede existir sin la democracia.

Las sociedades que se dicen democráticas pero no respetan la libertad son sociedades seudodemocráticas. No eran democráticos los países comunistas, por mucho que las repúblicas dominadas por la Unión Soviética insistieran en llamarse democráticas. Ni respetaban la ley, ni el orden estaba basado en la libertad y en el derecho.

La tolerancia es un valor clave del liberalismo. Hay que respetar siempre las posiciones ajenas. La política enseña mucho en este aspecto. El Gobierno es un ejercicio permanente de tolerancia, aunque en más de una ocasión lo sea sobre todo de paciencia. Pero la tolerancia, sobre todo en las sociedades modernas, corre el riesgo de ir asociada al vacío de ideas y de convicciones.

Eso es un peligro, quizá el mayor peligro de todos. El mayor riesgo para las sociedades libres y tolerantes es justamente que no existan valores, ni principios, ni convicciones. La tolerancia se ejerce de verdad cuando se está convencido de la razón de tus propias ideas. Si no existe la convicción profunda de que las ideas propias son las que merecen ser defendidas, sólo hay indiferencia y en el fondo desprecio: desprecio hacia lo propio y desprecio hacia las ideas de los demás, aquellas que contradicen a las propias pero que el interlocutor defiende porque está convencido de tener razón.

Si no es así, si las personas no tienen convicciones ni principios que las sostengan, ¿de qué tolerancia estamos hablando? Se habla mucho de la diferencia y del respeto a la diferencia, pero para que haya diferencia, y para que haya respeto a la diferencia, tiene que haber ideas y valores.

Si no existen esas ideas y esas convicciones, pronto acabamos en el nihilismo, que es ese estado en el que no se puede afirmar ni conocer nada porque la realidad no existe, como tampoco existe la posibilidad del conocimiento, ni la posibilidad de convencer a quien no está de acuerdo contigo de que tienes elementos suficientes para afirmar lo que estás diciendo. El nihilismo es un punto en el que es imposible la rectificación, porque como no existe nada real y todo es relativo, no se tiene por qué aceptar que los demás puedan tener razón en un momento determinado. El nihilismo, la ausencia de valores y de creencias, hace imposible el diálogo, el respeto y la tolerancia. Por eso la ausencia de valores, de principios y de convicciones es tan peligrosa.

En una sociedad libre nadie puede impedir a los demás que hagan una hipótesis sobre la realidad y comprueben su eficacia. Ese proceso de prueba en el que todos los agentes exponen sus propuestas, se esfuerzan por demostrarlos y algunos alcanzan el éxito, es lo que una sociedad libre debe garantizar. Dentro del respeto a la ley, debe hacerlo en todos los órdenes: en el conocimiento, en la vida personal, en la creación de riqueza. Nadie puede atribuirse el monopolio del saber. Karl Popper, el autor de *La sociedad abierta y sus enemigos*, afirmaba incluso que la verdad es inalcanzable. Por eso mismo, debemos estar abiertos a la crítica, sobre todo cuando afirmamos lo que para nosotros es verdad.

Ahora bien, una sociedad tolerante no tiene por qué ser una sociedad descreída, ni carente de valores o de principios, en la que lo políticamente correcto venga definido por no creer, ni pensar ni opinar sobre nada. Tampoco tiene por qué ser el reino de la zafiedad o de la vulgaridad, donde cualquier cosa valga para hacerse oír y sólo el que más grite reciba la atención del público. Las sociedades más abiertas, más libres y más tolerantes son aquellas que demuestran que tienen como fuerza de inspiración unos valores, unos principios y unas ideas que son capaces de asumir y de defender.

Estas sociedades son también las más capaces de defenderse de un fenómeno como el terrorismo. Nosotros lo padecemos de antiguo, desde la década de los sesenta, y hay países que apenas lo han padecido aunque, hoy por hoy, ninguna sociedad moderna está libre de sufrir un fenómeno como el del terrorismo. Pero ante la tentación del fanatismo y del fundamentalismo, las sociedades con creencias fuertes, con valores sólidos, que participan de unas creencias, están en mayor disposición de resistir que las que carecen de ellos.

Hay que tener el valor de defender los valores y las ideas en los que se cree. Si crees en tu país, tienes que decirlo. Si crees en una política determinada, tienes que defenderla, y si tienes la posibilidad de aplicarla, tienes que hacerlo. Es verdad que yo siempre he creído que la mejor política no consiste en hacer los mejores discursos, sino en los mejores hechos. Al final, son los hechos los que determinan la valoración de tu conducta. Y la política consiste en hechos, en creación.

Evidentemente, los hechos tienen detrás unos fundamentos. Desde este punto de vista, nosotros, desde que llegamos al Gobierno en 1996, no hemos tomado decisiones que no estuvieran pensadas, ni hemos ido improvisando sobre la marcha. Lo que hemos hecho estaba bien meditado. Habrá gente a la que le hubiera gustado más un ritmo distinto, o bien otra forma de encarar las cosas, pero en eso justamente reside el acierto o el desacierto político. La clave del éxito político está en saber elegir los momentos, saber tomar las decisiones adecuadas y combinar el factor tiempo y el factor decisión de tal forma que el país pueda asumir el resultado.

Nosotros creemos en la continuidad histórica de la nación. Cánovas expresó muy bien la tarea del político cuando dijo que había venido a continuar la historia de España. Nosotros también. La continuidad requiere una idea del país, y creer en él. Pero también hay otro concepto con el que yo creo que Cánovas no habría estado en desacuerdo. Cada uno es hijo de su tiempo, los políticos también, y serlo de verdad es lo único que garantiza la continuidad. Sin eso, no se continúa nada, se perpetúan acciones y actitudes que no tienen nada que ver con la realidad.

Ése es el campo en el que se desarrolla la acción política. Nosotros hemos querido un gobierno que interviniera poco, o lo menos posible, y una sociedad fuerte, capaz de tomar sus propias decisiones. De esa idea vienen los impulsos culturales que hemos dado, el hecho de reforzar económicamente a las familias dándoles la posibilidad de tener más recursos, más oportunidades de elección y de decisión. También de ahí vienen las medidas para rebajar el peso del sector público y favorecer las tareas de mecenazgo y de cooperación. Y de ahí vienen las medidas encaminadas a que la iniciativa, el mérito y el trabajo sean factores respetados. Cuando intentamos fomentar esos valores y esas actitudes, hemos intentado fomentar una sociedad más libre, más abierta y al mismo tiempo más integrada, más cohesionada. A medida que la sociedad asuma más responsabilidades, tenderá a una mayor cohesión.

Las sociedades que practican este tipo de políticas son sociedades fuertes. Me gustaría pensar que en estos años la sociedad española se ha fortalecido, aunque quede camino por delante que recorrer. Pero si se ha fortalecido es porque hemos avanzado en el camino de una mayor autonomía personal, mayor responsabilidad, menos intervencionismo y menos dirigismo del Estado. Más sociedad, en pocas palabras.

Es cierto que las responsabilidades no son siempre del agrado de todos. Asustan, requieren esfuerzo y sacrificio. Además, ya están los otros para asumirlas. Por eso a veces es difícil defender valores en la Europa de hoy. Las sociedades europeas tienden a ser sociedades descreídas. No les gusta asumir responsabilidades. No quieren riesgos, prefieren buscar excusas a intentar encontrar la forma de afrontar los problemas. Se han refugiado en la comodidad. Pero si no tienen fundamentos sólidos, esas sociedades se desmoronarán, no aguantarán ni una corriente de aire frío.

La familia

La familia es una de las mayores garantías de solidez, de cohesión y de solidaridad en cualquier sociedad. Lo ha sido más aún en España, históricamente y también hoy, en el conjunto del país. En los malos momentos, sobre todo en los momentos en que la economía no avanzaba, la familia fue un factor de ayuda extraordinario para enfrentarse al desempleo y tener la oportunidad de volver a salir adelante. La familia en España siempre ha sabido responder en esos momentos donde se pone a prueba la solidaridad y la capacidad de compromiso. No se sabe qué habría pasado sin la familia cuando, como ocurría a mediados de los años noventa, casi el 25 por ciento de la población activa estaba en paro.

Ahora las cosas han cambiado, y hay que saber afrontar los nuevos problemas que se derivan de la nueva situación. España es un país considerablemente más próspero que hace unos años. Esta nueva prosperidad no debería llevarnos a ser más egoístas, y tampoco deberíamos tener miedo a hablar de la importancia y del fundamento de la familia. Evidentemente, hay que estar abierto a las nuevas realidades sociales. No se puede ignorar que hay situaciones que no se daban hasta ahora. Han aumentando las familias monoparentales, las familias tienen menos niños o los tienen más tarde, tienen que hacerse cargo de las personas mayores durante mucho tiempo... La propia familia parece más frágil y más inestable que antes. Pero, por eso mismo, porque hay nuevas situaciones y nuevos problemas, estoy convencido de que vale la pena defender con claridad los principios en los que se basa la familia.

Una de las cosas que más me han impresionado en estos últimos años fue el número tan considerable de muertos que hubo en Francia durante la ola de calor del verano de 2003, y sobre todo la cantidad de fallecidos por los que nadie preguntó. Es posible que algunos de ellos, efectivamente, no tuvieran ningún familiar vivo. Pero, ¿y los demás? ¿Tan desligados se sienten de cualquier lazo como para dejar a sus familiares fallecidos en manos del Estado?

Desde el Gobierno siempre conviene preguntarse cómo se puede fortalecer la familia. Lo primero es hablar de ella, defenderla, argumentar que una familia estable es un bien social que hay que cuidar y preservar. Y además hay que hacer, en la medida de lo posible, políticas a favor de la familia. No tienen por qué ser necesariamente políticas centradas en la familia misma, como las ayudas directas o las ayudas fiscales. Cuando se bajan los impuestos, en general, se está favoreciendo a las familias porque las familias recuperan recursos que el Estado les detraía. Cuando facilitas la libre elección de centro de estudios para los hijos, también estás ayudando a construir un proyecto propio. Cuando se articulan políticas que reducen los intereses de las hipotecas, se les facilita el acceso a la vivienda. Y también se favorece a la familia cuando se facilita la incorporación de la mujer al trabajo: es una fuente de ingresos, una vida que cobra autonomía y sentido propio, una oportunidad de que las personas contribuyan al bien común.

Al tratar la familia, hay que tener siempre en cuenta que se está manejando una cuestión que entraña un concepto de valor, un principio moral. Ése es el fondo del asunto. Por eso, aunque sean necesarias las ayudas y las desgravaciones, no hay que reducirlo todo a ese campo. La familia pone en juego y requiere valores que están por encima de lo exclusivamente económico.

La responsabilidad familiar no se puede delegar en nadie y menos aún se puede traspasar al Estado. Los padres han de ejercer la responsabilidad que les corresponde si quieren que los hijos les respeten. Sin duda que el respeto tiene que ser mutuo, pero la responsabilidad corresponde a los padres, y para que haya respeto, los padres tendrán que ejercerla. Si no lo hacen, ni se ganarán ellos el respeto de los hijos ni conseguirán que los hijos respeten más tarde, cuando sean adultos, los valores en los que se asienta una sociedad libre. La familia, con todo lo que entraña de ejercicio de la responsabilidad y de aprendizaje del respeto, es uno de los fundamentos del ejercicio de la libertad. De hecho, la familia es la institución que asegura la transmisión y la pervivencia de las virtudes cívicas básicas.

La educación

Cuando nosotros llegamos al Gobierno, ya estaba resuelto el problema de la universalización de la enseñanza. La escuela ya era obligatoria hasta los 16 años. Eso es algo que hicieron nuestros predecesores. En cambio, nosotros nos enfrentábamos a un problema distinto. Ese problema era el de la calidad de la enseñanza.

Habíamos detectado un déficit de conocimientos en algunas materias básicas que era importante subsanar porque el Estado, en cuanto a la enseñanza, tiene que garantizar que todos los alumnos salen de la escuela o del instituto con un mínimo de conocimientos comunes. En realidad, para eso se había universalizado la enseñanza.

También teníamos que enfrentarnos a otro problema, que era el problema de la motivación, tanto para el profesorado como para el alumno. Es una circunstancia que se produce en todos los países, y a nosotros nos tocaba abordarlo en el nuestro. Nos parecía evidente que el profesorado necesitaba un respaldo en términos de autoridad y de prestigio. Lo necesitaba para poder cumplir con su trabajo, y también se lo merecía, porque trabajar en las condiciones de falta de autoridad y respeto en la que se ha llegado a trabajar en muchos centros de enseñanza ha sido extremadamente penoso. En cuanto a los alumnos, el problema de la motivación se planteaba en otros términos. Había que volver a la realidad: hay que demostrar que se poseen determinadas capacidades para progresar en el sistema educativo.

Ésos han sido los elementos básicos de nuestra política educativa. Otro aspecto era el de las competencias educativas de las Comunidades Autónomas. Nosotros hemos terminado de transferir las competencias educativas a las Comunidades Autónomas y, al mismo tiempo, teníamos que mantener un cierto grado de cohesión en un sistema educativo descentralizado. Este último aspecto determinaba el marco de toda nuestra actuación en la enseñanza.

En esta última legislatura, desde el año 2000, se ha reformado el sistema educativo por completo. Era una reforma imprescindible, íntimamente asumida por una mayoría de familias, de profesores y de profesionales de la enseñanza. Una mayoría sabía que el sistema no estaba funcionando correctamente y que eso estaba perjudicando a la enseñanza, al ejercicio de la profesión, al futuro de los alumnos y, en general, al conjunto de la sociedad española, que acabaría pagando un coste muy alto por la ineficiencia del sistema.

No nos enfrentábamos sólo a los problemas derivados de estos fallos. También teníamos que tener en cuenta otros factores. Y es que las reformas podían tener un cierto componente ideológico y, por tanto, plantear debates en un terreno perjudicial para todos. El primero que había que desactivar era el debate entre lo público y lo privado, que es como se han planteado siempre los debates educativos en España. Eso siempre me ha parecido un absurdo, un auténtico sinsentido, y mucho más una vez universalizada la enseñanza. Cuando se encona el debate entre enseñanza pública y enseñanza privada, el único resultado que se obtiene es una estampida de la parte pública del sistema a la privada, con lo que la enseñanza pública se degrada todavía más.

En segundo lugar, había prejuicios históricos que jugaban contra nosotros. El sector educativo estaba tradicionalmente considerado un sector de izquierdas. Era un monopolio de la izquierda. ¿Cómo un gobierno como el nuestro iba a preocuparse en serio por la educación del país, cuando ése es un terreno que no es el suyo? Evidentemente, lo que querían era que no entráramos en esas reformas.

Pues bien, las reformas que hemos hecho han sido reformas extraordinariamente ambiciosas, lo más completas que hemos podido. Hemos puesto el acento allá donde los problemas resultaban más preocupantes. Creo que, en líneas generales, la sociedad española ha asumido los cambios introducidos con normalidad, con naturalidad, señal de que eran necesarias. Ahora bien, en ningún caso tenían ningún componente ideológico. Con las Matemáticas no se hace ideología, ni con la Literatura ni con las asignaturas de contenidos humanísticos, en general. Tampoco hay que hacer ideología con la Historia ni con la Geografía. Se pueden discutir determinados contenidos, pero me parece obvio, y me lo parecía entonces, que había que corregir los excesos a los que se había llegado. Por ejemplo, en el estudio de determinadas cuestiones locales en perjuicio de una visión global de las cosas.

Estábamos tan convencidos de que era así, que en la primera legislatura, cuando no teníamos la mayoría absoluta, y siendo Esperanza Aguirre ministra de Educación, presentamos una reforma de las Humanidades sabiendo que la íbamos a perder. Me acuerdo perfectamente de aquella tarde. La opción era, o bien retirar el proyecto, o bien perder una votación. Perdimos una votación en el Congreso, pero ganamos una mayoría en el país, porque la mayoría estaba de acuerdo con lo que proponíamos nosotros. De hecho, la reforma hemos acabado haciéndola unos años después. La oposición estuvo en contra y estoy convencido de que aquello fue un error grave.

Por nuestra parte, fue una decisión absolutamente consciente. Era lo que había que hacer, algo completamente sensato. Así como es de sentido común decirle a los profesores que si deben ganarse el prestigio a diario y hacerse respetar tienen también derecho a sentirse respaldados, también era de sentido común exigir que hay que conocer la geografía del país, además de la geografía del pueblo de cada uno, y saber quién es Cervantes y Quevedo y Góngora, por ejemplo.

También es sensato que, una vez lograda la universalización de la educación, se introduzca el criterio del mérito y se recompense el trabajo y el esfuerzo. Y lo es también que se den diversas oportunidades a los alumnos. Habrá quien en vez de cursar una carrera universitaria prefiera dedicarse a otros trabajos. Para eso está la Formación Profesional, que es una vía que abre un gran abanico de oportunidades a los jóvenes, con una oferta más amplia, mejor dotada y de mayor calidad.

Habrá casos en los que algunos chicos no quieran seguir estudiando. En ese caso, se pueden hacer dos cosas. O bien obligarle a seguir en la escuela, con lo que probablemente acabará perjudicando al ambiente de la clase, o bien ofrecerle una posibilidad de inserción en el mundo laboral, asegurándole la formación mínima que debe tener toda persona, teniendo en cuenta que siempre podrá volver a los estudios más adelante si así lo desea.

Si se toma la primera opción, se producirá la degradación de la enseñanza, porque entonces se habrán dejado de cumplir las reglas mínimas de convivencia, y no se respetará a los demás alumnos ni a los profesores. Si además de eso no hay una exigencia mínima de conocimientos, ni se le pide a nadie que se esfuerce por aprender y pasar al curso siguiente, que es lo que estaba ocurriendo, entonces se produce el gran fracaso del sistema.

Se había llegado a situaciones tan absurdas como que unos padres fueran a un instituto sin director, porque nadie quería ser director, para hablar con cualquiera que encontraran para averiguar si su hijo sabía algo o no sabía nada, porque de las notas no se podía deducir lo que el chico sabía o dejaba de saber. Eso no podía seguir así.

Con la Ley de Calidad de la Educación, promulgada siendo ministra de Educación Pilar del Castillo, cada profesor se hace cargo de la nota de su propia asignatura, se han reimplantado los exámenes y se ha restaurado la capacidad de garantizar la convivencia, y se ha suprimido la promoción automática de curso, entre otras medidas. También se han realizado esfuerzos importantes en la dotación de becas, en la reforma universitaria y en la dotación de medios para la investigación. Pero en cuanto a las reformas que atañen a la calidad de la enseñanza secundaria, eran tan obvias que debían haber sido objeto de consenso.

Espíritu de iniciativa

Hasta hace muy poco tiempo, en España la economía de mercado tenía mala prensa. Cuando empecé a hacer política era recomendable no mantener reuniones con los empresarios, sobre todo si era en una ciudad pequeña en la que todo el mundo se enteraba de lo que uno hacía. Aquello era muy malo, la empresa era mala y el empresario era un ser casi perjudicial.

Hoy las cosas han cambiado mucho. Ahora hay mucha más gente dedicada a cuestiones empresariales y financieras. Donde antes existía una escuela de negocios, como mucho, ahora hay varias, y hay editoriales y estudios especializados. Se está haciendo un esfuerzo intelectual considerable. Se ha trabajado de una forma muy intensa y ha producido resultados. Para quienes siempre hemos defendido la economía de mercado y sabíamos desde el primer momento que el motor de una economía es la iniciativa individual, y por tanto la empresa, es un gran progreso. Cuantas más empresas hay en un país, mejor para ese país, y cuantos más empresarios, también resultará más positivo. Creo que el cambio de la mentalidad ha sido muy fuerte.

Sin duda han contribuido al cambio los propios empresarios. Los más de cuatro millones de empleos que se han creado en estos años los han creado las empresas. Eso quiere decir que hay más autónomos, más industriales, más empresarios dispuestos no sólo a emprender un negocio, sino también a contratar a gente y a asumir las responsabilidades que ello conlleva, que son muy importantes. Eso cambia la mentalidad. En líneas generales, se ha respondido positivamente al reto de prestigiar la actividad empresarial y la economía de mercado.

En España cada vez hay más gente que quiere ser independiente. La gente empieza a tener una mentalidad de iniciativa, y esa mentalidad suele llevarles a la iniciativa empresarial. Ahora hay muchas personas que prefieren ser autónomos a ser empleados, a pesar de todos los riesgos que eso supone. Eso es muy bueno para el país.

El Gobierno puede y debe ayudarles. Para ello, hay que establecer un marco seguro, estable y lo más flexible posible para que la creación de empresas, la contratación y la creación de empleo sean atractivos. Por ejemplo, hemos suprimido el Impuesto de Actividades Económicas. Era una traba absurda. Los autónomos te lo dicen muy bien: si tengo beneficios, entiendo que me ponga usted un impuesto, procure que sea pequeño, pero en fin, eso lo entiendo. Lo que es incomprensible es que me pongan un impuesto sólo porque quiero ser autónomo y estoy dispuesto a emprender un negocio. Eso sí que es desalentar la creación de riqueza y la creación de empleo.

Lo mismo ocurría con los fondos de pensiones y los fondos de inversión. Nosotros introdujimos la movilidad, y estoy convencido de que ése fue uno de los grandes cambios que se hicieron en la primera legislatura. Con medidas como ésta hemos conseguido que España sea hoy el país de Europa que más inversiones financieras recibe, inversiones que luego se distribuyen desde aquí a otros países.

España tiene un tejido empresarial muy denso, en particular de empresas medianas y pequeñas. Son empresas muy dinámicas y crean muchos puestos de trabajo, pero se enfrentan a problemas específicos. Por ejemplo, acoplarse a los cambios tecnológicos les lleva a veces más tiempo. Ahora bien, parece claro que se ha conseguido que las empresas sigan adelante. Así lo manifiestan los niveles de inversión y la propia creación de empresas en estos años. Se han ido asumiendo inversiones y riesgos empresariales dentro y fuera de España. Y la propia apertura del país al exterior ha obligado a los empresarios españoles a espabilarse para sobrevivir.

Los empresarios saben además que tienen interlocutores sindicales capaces de asumir responsabilidades en el ámbito nacional, con voluntad de negociación y de acuerdo, y que son considerados y valorados desde el Gobierno como un elemento importante para el progreso del conjunto del país.

Si al mismo tiempo los empresarios tienen un marco estable, garantías de seguridad y medidas políticas que estimulen su actividad en vez de obstaculizarla, sin duda alguna la actividad se desarrollará. Hoy ya no es como hace unos años. Ahora una de las primeras cosas que tiene que hacer quien quiera dedicarse a la actividad política es sentarse a hablar con los empresarios. Ésa es una señal de cambio muy importante y muy positiva.

Normalidad institucional

Un país fuerte es un país que tiene instituciones sólidas. España las tiene, pero también necesita un horizonte de estabilidad y de funcionamiento sin sobresaltos, sin rupturas. Habrá momentos mejores y rachas más difíciles, eso es natural, pero lo importante es que se mantenga el funcionamiento normal de las instituciones.

A partir de esa reflexión yo pensé que una de las formas de contribuir a la estabilidad institucional era comprometerme a ejercer un mandato limitado en el tiempo. Otra forma de contribuir a la estabilidad institucional es hacer que las legislaturas agoten la duración establecida, que son cuatro años, por respeto a las propias instituciones y porque los equipos tienen que formarse, la gente tiene que acomodarse, las políticas tienen que ir realizándose y eso requiere su tiempo. Parece que cuatro años, que es lo que dura una legislatura, es mucho tiempo, pero no lo es.

Una tercera manera de contribuir a la estabilidad institucional es cumplir con el control parlamentario. En estos ocho años yo he contestado a más preguntas parlamentarias que todos los demás presidentes de la democracia juntos. El control parlamentario es imprescindible, es un elemento central de la vida parlamentaria y lo hemos asumido con normalidad.

Son comunes varios tópicos sobre el Parlamento. A veces parece que se entiende el funcionamiento del Parlamento como si lo correcto y lo deseable fuera que prevaleciera la razón, no la de aquel al que el electorado ha otorgado una mayoría, sino la de aquel al que el electorado le ha dicho que no, que no aplique su política. Hay quien al parecer piensa que lo razonable en el Parlamento es que la mayoría pacte siempre con la minoría aceptando los postulados de esta última. Evidentemente, no se debe legislar contra nadie, las minorías han de ser respetadas y en la medida en que sea útil conviene alcanzar acuerdos lo más amplios posible. Pero lo razonable en el Parlamento es que las mayorías se cumplan, porque para eso las han puesto ahí los electores. Eso es lo que la gente ha querido. Si hubiera querido otra cosa, habría salido otra mayoría, con otro gobierno y otro programa.

Nosotros hemos establecido mecanismos de control muy importantes. Además de las comparecencias semanales del Gobierno, también tienen que comparecer ante el Parlamento los candidatos a cargos que el Parlamento tiene que elegir. Estos cargos tienen que dar cuenta y exponer sus proyectos y sus ideas. Hemos cambiado muchas cosas y creo que para bien. Quizá, desde el punto de vista de la acción parlamentaria, valdría la pena revisar algunas de las cosas que se han hecho, como son ciertos debates. Por ejemplo, los debates sobre los Presupuestos son excesivamente largos y prolijos. Abren una enorme distancia entre el Congreso y la gente.

Hemos mantenido el debate sobre el estado de la Nación. Se ha convertido en una tradición, en una costumbre, y eso hay que respetarlo. Todos los debates parlamentarios acaban por ser un duelo ante el público, y el debate sobre el estado de la Nación más que ninguno. En su planteamiento actual requiere una capacidad de resistencia y de acción parlamentaria muy considerable. Recuerdo debates en los que he estado nueve horas seguidas en el Salón de Plenos, sin parar, y al día siguiente otro tanto.

Pero el esfuerzo tiene su compensación, porque el debate sirve para perfilar las propias propuestas, darlas a conocer y averiguar el punto de vista de los demás. A mí me gusta exponer y rebatir, eso está claro. Ahora bien, me gusta el debate sobre cuestiones reales. En un debate sobre el estado de la Nación le escuché al nuevo jefe de la oposición plantear por dos veces, como si fuera la cuestión primordial, el tema del aniversario de la publicación de la primera parte del *Quijote*. El asunto que planteaba era si se iba a celebrar el Año Cervantes en 2005. Me quedé absolutamente perplejo.

La realidad española en los medios de comunicación

A cada uno de nosotros le toca vivir algún momento significativo. A nosotros nos tocó el accidente del *Prestige*, que fue el primer acontecimiento ecológico-mediático que se ha producido en España. Nunca en nuestro país se había transmitido en directo una catástrofe ecológica. Y lo vivimos hasta extremos asombrosos. Se dio rienda suelta a todos los afanes, a todos los apetitos políticos. Por supuesto que era una cuestión de alto interés informativo y de gran importancia. Pero también se quiso hacer de ello un asunto de gran rentabilidad política, y no sólo de rentabilidad económica.

Sucede algo parecido con el conjunto de los medios informativos. Tengo alguna reserva sobre el tono general de los medios informativos. Así lo he dicho y voy a seguir diciéndolo. Estoy convencido de que si los responsables pusieran algo más de interés en hacer una televisión más conforme con lo que es la realidad del país, probablemente se llevarían alguna sorpresa, porque es posible que tuvieran más éxito del que suponen.

Ahora tenemos en todas las televisiones un tono muy similar. Encontramos los mismos temas, el mismo nivel, la misma falta de límite para las cosas. Creo que en ciertos campos deberían existir determinadas reglas, por así decirlo. Ahora bien, esas reglas sólo pueden ponerlas los responsables de las empresas. Por otra parte, nadie va a imponer ninguna censura, porque cada cual es libre de producir, emitir y ver lo que quiera. Quien tiene que establecer un límite es el empresario, aclarando que en su empresa no se dicen determinadas cosas sobre las personas, ni se hace exhibición ni se exaltan comportamientos marginales. Eso no es coartar la libertad de expresión de nadie.

Es legítimo que quien posea una cadena o un medio informativo, quien tiene que determinar la programación de la cadena, intente buscar el máximo beneficio posible para su empresa. Eso lo consigue si logra entretener al mayor número posible de personas y, por tanto, si consigue una audiencia lo más extensa posible. Pero no veo en qué está eso reñido con mantener ciertos niveles de calidad. Al revés. Me parece que ahora se tiende a presentar como normal lo que no es normal para la mayoría. La procacidad, el griterío, el insulto permanente... esas cosas no forman parte de la normalidad de la mayoría de la gente. Sin duda eso tendrá su público, porque siempre hay un público para todo. Pero ese segmento público no es el conjunto del público, ni todo el mundo tiene que aceptar los mismos criterios. Estoy convencido de que existen responsabilidades empresariales y de dirección muy claras.

La televisión es de por sí un mecanismo de divulgación, que simplifica las cosas para que pueda entenderlas una mayoría de personas. Pero una cosa es eso y otra la vulgarización de los temas, o la concentración en un solo tema de la mayor parte de los programas, como ocurre algunas noches en la televisión. A mí han llegado a proponerme que interviniera en este asunto. No tiene ningún sentido. Una vez garantizada la libertad, quien tiene que poner los límites es el empresario o el responsable de programación.

Probablemente es una cuestión más general que la que se refiere simplemente al tono de muchos programas de televisión. En la realidad siempre hay zonas marginales, pero esas zonas marginales no responden a los intereses ni a la vida de la mayoría de la población. Está bien que se traten estos temas marginales, siempre que se traten como lo que son. Una cosa muy distinta es la exaltación de la marginalidad, como si la marginalidad la compartiera, o tuviera que compartirla, el conjunto de la sociedad. Al final nos encontramos en una situación paradójica: resulta que lo que es compartido como cotidiano por la inmensa mayoría acaba siendo lo marginal y lo extraño.

El mundo intelectual en España, en líneas generales, ha tardado en asumir ciertos compromisos históricos y políticos que eran inaplazables. Son compromisos en contra del terrorismo o a favor de la convivencia en libertad en algunas zonas del país. Ha resultado llamativa la facilidad con la que se han manifestado algunas posiciones —legítimas, ni qué decir tiene— en contra de algunos asuntos como la política exterior, y la escasa presencia cuando hay que defender la libertad, o el derecho básico a la vida, un derecho amenazado por el terror. Bien es verdad que eso ha ido cambiando con el tiempo. El conjunto de la sociedad ya tenía asumidos estos compromisos y poco a poco se ha ido reduciendo la distancia entre esos núcleos del mundo intelectual y la sociedad española.

En los medios de comunicación, es posible que esta distancia en vez de reducirse haya ido aumentando. En este caso, el problema es que hay ideas y opiniones importantes, que podrían ser extraordinariamente útiles a la sociedad, que podrían tener una función de esclarecimiento y de guía para todos, y que sin embargo quedan marginadas o cuentan mucho menos de lo que deberían contar. Y no es porque no se manifiesten o porque carezcan de solvencia. Es simplemente que hay otros asuntos que ocupan el primer plano y la atención de los medios. Es un problema serio para la sociedad española.

Sin embargo, está demostrado que el público responde cuando se le ofrece un buen trabajo. Algunos estudios históricos de divulgación, algunas biografías, algunos estudios que exponen nuevos hallazgos sobre el pasado español han sido grandes éxitos editoriales. Lo han sido también obras de ficción basadas en el pasado de nuestro país. Nuestra cultura es extraordinariamente rica en episodios interesantes para el público. Están ahí para ser aprovechados con imaginación y con respeto, sin necesidad de distorsionar nada, ni el propio argumento histórico ni los valores que representan. Ahí hay muchas oportunidades para quien quiera y sepa comprenderlas.

Lo mismo cabría hacer con la realidad actual. No sé por qué no se hacen películas o novelas con las historias que han venido ocurriendo y que siguen ocurriendo ahora mismo en el País Vasco. Cosas como que a un hombre le manden la llave de su casa, avisándole de que tienen más, o estar sentado en un Ayuntamiento, ejerciendo de concejal, al lado de quien sabes que ha denunciado a un compañero tuyo que ha sido asesinado, o como la historia del etarra que asesina por orden de la organización a quien le salvó la vida siendo él niño... Son testimonios de valor incalculable sobre la libertad individual, la capacidad de compromiso, el heroísmo de muchas personas que están sometidas al terror y al acoso permanente. Llevo todos estos años intentando que se realicen películas sobre estos asuntos. He llegado incluso a suplicar que se hagan. Sin mucho éxito, por desgracia.

La cultura española

Durante todos estos años he tenido guardada en mi despacho la bandera del Batallón Presidencial Republicano, el de Manuel Azaña. Me hubiera gustado donarla al final de mi mandato al Museo de las Fuerzas Armadas de Toledo, pero ahí estará cuando termine de acondicionarse este Museo en Toledo. La tengo a raíz de una conversación con José Barrionuevo, después de la presentación de un libro de Federico Jiménez Losantos sobre Azaña. Barrionuevo me contó que él había podido recuperar la bandera presidencial de Azaña y que había acabado dándosela a Felipe González.

Cuando llegué a la Presidencia del Gobierno, en el despacho de la Moncloa no había ni papeles ni bandera. Se lo comenté a Adolfo Suárez, que debió de hacer alguna gestión porque poco después González me hizo llegar la bandera con una tarjeta. La he tenido guardada durante todos estos años y quiero devolvérsela a las Fuerzas Armadas. Tampoco tiene mucho sentido que esté aquí.

Uno de los momentos más felices de estos años fue la inauguración de la remodelación de las Salas de Pintura Italiana del Museo del Prado. Siempre he pensado que lo más importante que hay en España es el Prado. El Prado es el símbolo de la aportación de la cultura española. Eso es lo que significa el Museo del Prado. Siendo así, lo que es una convicción personal se convierte en una obligación política y moral cuando se tienen las responsabilidades de Gobierno.

Estoy muy satisfecho de haber contribuido a cambiar la situación del Prado y haberlo mejorado en la medida de lo posible. Cuando nosotros llegamos al Gobierno, el Museo del Prado estaba necesitado de mayor atención. No había sitio para almacenar los fondos ni para mantener ordenados los archivos. Todo eso ha cambiado. Se ha modernizado la estructura, se han subsanado los problemas, se han ordenado las colecciones, como la de escultura, que estaba sin colocar. Y se procedió a renovar las Salas de Pintura Italiana, que quedaron espléndidas. También se ha procedido a la ampliación del Prado, como se ha ampliado el Museo Reina Sofía.

Ha habido que salvar muchos obstáculos y solucionar muchos problemas. Yo quería recuperar para el Prado el Salón de Reinos, que es de lo poco que queda del Palacio del Buen Retiro, y abrirlo de nuevo al público para que se pudiera ver el Salón tal como estaba en la época de Felipe IV. El Salón de Reinos era el espacio donde se desplegaban los símbolos de la Monarquía Católica, la monarquía española. Era el resumen de lo que significaba la empresa política y cultural de la España del Siglo de Oro. Es muy importante recuperarlo, explicarlo y darlo a conocer.

Ahora bien, en el edificio que alberga el Salón de Reinos está instalado el Museo del Ejército. ¿Qué pasaba con el Museo del Ejército? Que siendo uno de los grandes museos españoles, y de los más importantes del mundo, porque posee algunas de las mejores colecciones de armas y de obras de arte relacionadas con el Ejército, es un museo muy poco visitado. Había que darle al Museo del Ejército un nuevo significado, el de un museo que cuente la Historia de España a través de sus Ejércitos. No sólo una historia militar, que ya es importante de por sí, sino una historia completa de España a través de la acción y el compromiso, nacional y global, de su Ejército. Para eso, la mejor solución era trasladar el Museo del Ejército a otro sitio, y el mejor sitio era el Alcázar de Toledo.

Ahora el Alcázar sigue visitándolo más gente que el Museo del Ejército. Está en Toledo, con una fácil comunicación desde Madrid y contribuye a revitalizar la ciudad, que ha cambiado mucho en estos últimos años. Además, siendo el antiguo palacio de Carlos V, es la mejor sede que cabe imaginar para un Museo de Historia de España a través de sus Fuerzas Armadas.

Se trata de un proyecto muy complicado, porque requería una remodelación profunda del Prado, el traslado de los fondos del Museo del Ejército, que son extraordinarios y a veces difíciles de mover, y la instalación de un nuevo museo. Aparecieron, como no podía ser menos, muchas resistencias, algunas comprensibles. Pero no di opción, como tampoco di opciones en cuanto a la ampliación del Prado o a la del Museo Reina Sofía. Si no se hace así, si no se transmite el mensaje de que no hay posible marcha atrás, eso no hay forma de sacarlo adelante de ninguna manera. Con el Prado yo llevo empujando desde el año 1996, sin parar, sin un solo momento de tregua.

La enseñanza de la Historia es vital para un país. Es fundamental que las personas conozcan el porqué de las cosas, que sepan de dónde vienen, qué es lo que han hecho sus mayores a lo largo del tiempo, cómo se ha ido formando esa sociedad en la que ellos viven, de qué manera se han ido plasmando las costumbres y los valores que son los nuestros. Las personas tienen derecho a obtener respuestas sobre la realidad que están viviendo. Ése es el sentido profundo de la enseñanza de la Historia y de todo el sistema educativo, que debe ser un vehículo para la transmisión de la cultura. Una posible definición de cultura es la de la continuidad de los valores. Por eso reunimos en uno solo los antiguos ministerios de Cultura y Educación.

Como España es un país muy descentralizado, en particular en la cuestión educativa, se enseñarán historias particulares de cada zona, y a veces incluso se inventarán historias imaginarias destinadas a reforzar un sentimiento de identidad propio. Si no se enseña también la Historia de España, si no se transmiten los valores y las obras que conforman la cultura española, no hay forma de responder a esas invenciones.

¿Cuánta gente ahora mismo en España es capaz de identificar a Legazpi como el navegante que exploró las islas Filipinas y fundó Manila? Eso es lo que hemos intentando con la celebración de una exposición sobre Legazpi que se inauguró a finales de 2003. Quisimos dar a conocer la dimensión global de la historia y de la cultura española, una dimensión que ha sido una contribución de primera línea para el progreso de la humanidad, y también explicar cuál ha sido la contribución de los vascos a ese proyecto. No sólo habría que hablar de Legazpi, habría que hablar también de los industriales vascos, y de los funcionarios vascos al servicio de la Corona española, de su papel en las secretarías de Estado.

Ya en Castilla y León traté de trabajar en este sentido. Cuando llegué a la Presidencia, se discutía en qué ciudad se debía celebrar la fiesta de la Comunidad y en qué ciudad se debía establecer la sede del Gobierno. Eso da la medida de hasta qué punto se había perdido el rumbo en ciertas cosas. Nosotros quisimos devolverle a Castilla y León una conciencia clara de cuál había sido su papel histórico fundamental, y al mismo tiempo darle a la Comunidad un sentido moderno, acorde con los nuevos tiempos.

La primera tarea de un Gobierno en este terreno es contribuir a recuperar el patrimonio histórico y cultural del país, que en España es de una riqueza extraordinaria. Luego hay que darlo a conocer utilizando todos los recursos posibles. Así lo hemos hecho con exposiciones como las que dedicamos a Cánovas, a Sagasta, a la historia de las Cortes, a la monarquía en las colecciones del Senado, a Felipe V, a Felipe II, a Carlos V, a la historia de los judíos en España —se llamó *Memoria de Sefarad*—, o la que se dedicará al Centenario de la reina Isabel la Católica. También hemos celebrado con diversos actos y exposiciones la obra de Federico García Lorca, Luis Cernuda, Max Aub así como el quinto centenario del nacimiento de Garcilaso de la Vega. Los museos nacionales, y en particular el Centro de Arte Reina Sofía, han seguido dando a conocer el patrimonio y el arte español del siglo XX, a veces un poco olvidado.

Yo nunca he visto a España como un problema. He visto a españoles problemáticos, que es algo distinto. Pero España como problema, nunca. Lo peor de la leyenda negra que se inventaron sobre nosotros no es su popularidad fuera de España. Esas leyendas siempre tienen éxito cuando un país se convierte en una potencia hegemónica. Pero los demás países no suelen creérsela.

Nosotros nos la creímos. Cuando nos tocó vivir momentos difíciles, en la época de la decadencia del imperio, hicimos de esa leyenda una forma de introspección histórica. Empezamos a preguntarnos qué es España, si España era un problema, cuál era el problema de España y si España constituía una singularidad, algo excepcional, fuera de lo normal.

Son trabajos perdidos y esfuerzos echados a perder. Responden sólo a un movimiento de ensimismamiento que produce frustración y nada más que frustración. España no es un problema de por sí, ni lo ha sido jamás. España tiene problemas, como los tienen todos los países. Italia tiene su problema, Francia tiene su problema, Alemania, el Reino Unido y Estados Unidos tienen cada uno sus propios problemas. Pero nadie en estos países se plantea su propio país como problema. Nuestro problema fundamental es que hay quien quiere desgarrar el país. A eso es a lo que nos enfrentamos, pero eso no quiere decir que la nación española sea un problema de por sí.

Más aún, con todo lo que se ha hecho y se ha dicho, la conciencia española siempre ha rebrotado y la nación siempre ha acabado por salir adelante. Es más fuerte de lo que muchos han imaginado. Hoy la imagen de España ha cambiado completamente. Somos un país respetado, fiable y con credibilidad. Ya no somos una excepción cultural, un país donde la gente venía a pasárselo bien o a estudiar a unos monstruos que se habían desviado de la cultura occidental. Somos un país integrado, con iniciativa y capaz de hacer oír su voz en cualquier sitio, en cualquier foro internacional.

Ahora somos la potencia cultural que siempre hemos tenido vocación de ser. Por ejemplo, la producción editorial desde 1996 ha aumentado en muchos títulos, los espectadores acuden al cine con más asiduidad, ha crecido la recaudación de los teatros y se ha incrementado muy sensiblemente el número de conciertos. La cultura es nuestro principal activo como país. Por ella se nos conoce y se nos reconoce en todo el mundo, y a través de la cultura se manifiesta nuestra riqueza y nuestra diversidad, una forma de ser abierta, innovadora, tolerante, que se ofrece a sí misma como un reflejo de lo que somos, de nuestras aspiraciones y de nuestros problemas, de lo que somos y de lo que queremos ser.

Esta recuperación del pasado español formaba parte de la recuperación del sentimiento nacional, un sentimiento del que se decía que estaba muy debilitado, aunque yo no estaba tan convencido de eso. Desde el Gobierno nos esforzamos por dar a comprender en este sentido la historia de España. Otro ejemplo de ello es la atención prestada a los archivos y la puesta en red de los fondos de los Archivos Nacionales.

Creé la Comisión Delegada de Asuntos Culturales, que preside el presidente del Gobierno y en la que participan la mayor parte de los ministros. Todo el Gobierno debía comprometerse en esta tarea de recuperación y revalorización de nuestra cultura. Estoy orgulloso de este trabajo. Queríamos ayudar, promocionar y dar a conocer la cultura española sin distinciones de carácter político, sin elegir el pasado según las preferencias ideológicas de cada uno.

Hay que hablar de nuestra cultura sin complejos históricos, con normalidad, sin levantar la voz. Hay que hacer las cosas con discreción, sin que resulte abrumador para nadie. Somos un país y una cultura demasiado antigua y demasiado consistente para andar reivindicando nada a estas alturas. También hay que hacerlo sin excluir nada ni a nadie. No vamos a reivindicar ahora identidades excluyentes y monolíticas. Hay que hacerlo en tono positivo, hablando de las aportaciones de todos. Pero hay que hacerlo sin complejos ni sentimientos de inferioridad, porque se está diciendo la verdad, y además porque es lo que la gente sabe y siente y necesita que se le diga desde el poder público.

Cultura en español

Desde esos presupuestos, hemos intentado dar a conocer la cultura española en el exterior y promover la creación artística e intelectual en España. Hemos ayudado a los creadores y a los artistas, hemos fomentado la creación y hemos contribuido mediante la creación de varias instituciones a dar a conocer a nuestros artistas y nuestros creadores fuera de España. Hemos creado organismos encargados de estas tareas, como SEACEX (Sociedad Estatal para la Acción Cultural Exterior), y hemos intentado utilizar otros ya existentes. El éxito de estas exposiciones y los actos culturales que se organizan en el extranjero lo demuestran: la creación artística española está viviendo un muy buen momento.

La cultura española tiene una particularidad que sólo tienen las grandes culturas: no tiene nada que temer de la globalización. Al contrario, la globalización la refuerza. La globalización es en primer lugar universalización y la cultura española tiene un componente muy fuerte de vocación universal. Además, los españoles ya hicimos una globalización en los siglos XVI y XVII, y la mantuvimos hasta el siglo XIX. En tercer lugar, esa globalización estuvo acompañada de aspectos culturales que han mantenido una vitalidad propia una vez desaparecida la estructura política que los sostuvo. Son aspectos culturales muy variados, pero hay uno en particular que es extraordinariamente valioso: el español, la lengua española.

Tengo un recuerdo muy vivo de mi visita a Cuzco, porque en Cuzco se comprende muy bien qué significó la presencia española en territorio americano. Pero en este aspecto de descubrir la dimensión española en América, la auténtica sorpresa me la llevé en otro lugar. Durante una visita a Bolivia, su presidente me llevó a su pueblo, que se llama Concepción. Es un pueblo de unos tres mil habitantes, a orillas del Amazonas. Aterrizamos en un sembrado y asistimos a una ceremonia religiosa en una iglesia. La iglesia estaba llena de indios bolivianos, y la ceremonia la presidía el obispo que luego me enteré que era bávaro y que hablaba, claro está, en español. Cuando estábamos atravesando la iglesia, el obispo me dijo: «Vuélvase y mire de frente.» Y me vuelvo y veo allí, presidiendo la iglesia, el escudo de los Austrias. También había una escolanía que cantaba música barroca. La gente había conservado los instrumentos musicales del siglo XVIII, cantaban en español y tocaban la misma música que se tocaba entonces.

Si tuviera que elegir un episodio de los primeros años de presencia de España en América, el que me resulta más atractivo es el de Hernán Cortés en México. La llegada, la primera visión de Tenochtitlán, la relación con Moctezuma, y luego la noche triste, con aquellos hombres llorando al creer que lo habían perdido todo. Es absolutamente fascinante, y algunas de las figuras que protagonizaron aquellos hechos y marcaron el nuevo rumbo de las cosas, como es el caso de Cortés, me parecen figuras colosales. Son polémicas, claro está, pero un episodio de esa dimensión lo es obligadamente, si no no sería tan espectacular ni tendría tanta fuerza.

Octavio Paz decía que cuando Cortés dejara de ser un mito y se convirtiera en lo que realmente es, un personaje histórico, los mexicanos podrían verse a sí mismos con claridad. Eso es lo que a mí me fascina de Cortés: el personaje histórico, no el símbolo; la llegada, el contacto, la energía que desplegó. Por otra parte, la propia historiografía mexicana, con la biografía de José Luis Martínez y la de Juan Miralles, ya ha desbrozado la leyenda de la realidad y ha revelado la verdadera dimensión de Cortés.

Desde este punto de vista, la reflexión de Octavio Paz probablemente ya se ha hecho realidad. México es un país serio, fiable, un gran país capaz de liderar procesos de integración en el ámbito iberoamericano y también con respecto a los países de América del Norte. Ha emprendido acciones de normalización democrática muy importantes y ha demostrado tener voluntad de modernizarse en lo económico. Además, en México se han generado algunos instrumentos de diálogo cultural entre ambas orillas del Atlántico, como la revista *Vuelta*, que hoy continúa desde España *Letras Libres*. Es un ejemplo entre otros muchos de la importancia de la aportación de México a la diversidad de voces que pueblan los países de la Comunidad Iberoamericana y la propia cultura en español.

La última vez que estuve en Florida fuimos a la capital del Estado, que está en Tallahassee, un lugar bastante apartado de lo que solemos asociar con Florida, que es Miami y toda la zona del sur. El gobernador Jeb Bush, hermano del actual presidente, me dijo entonces que la culpa de que la capital estuviera allí era nuestra, de los españoles. «¿Qué es eso de nuestra culpa?», le contesté. Me explicó que los españoles habían elegido Tallahassee como capital porque estaba a medio camino entre Pensacola y San Agustín. Por esa decisión estratégica de los españoles, Tallahassee es la capital del estado de Florida.

En aquel viaje me dieron un dato interesante. Todavía tienen que pasar cincuenta años para que la bandera norteamericana ondee en Florida más tiempo de lo que lo hizo la bandera de la Corona española. Si se tiene en cuenta que una parte muy importante del territorio norteamericano perteneció a la Corona de España, está claro que hay ahí una raíz que nos relaciona con la población actual de Estados Unidos. El fenómeno nuevo es la emigración hispana a Estados Unidos, su enorme relevancia, su vitalidad y el hecho de que se vayan integrando en la sociedad norteamericana sin perder su propia cultura y su propio idioma.

Todo eso va configurando un mundo que no es sólo español, pero que se expresa en español, un mundo en español. Y cuando ese mundo se vuelva a contemplar sus raíces, esas raíces sonarán en español. España no puede dejar de estar ahí. Es necesario seguir haciendo esfuerzos como los que se están realizando desde las instituciones para difundir la lengua y contribuir a que la dimensión cultural siga viva.

En estos ocho años, el Instituto Cervantes, que, como todos sabemos, es un instrumento fundamental al servicio de la enseñanza de la lengua española y de la promoción de nuestra cultura en países de habla extranjera, ya cuenta con más de cincuenta centros y el número de alumnos sigue aumentando de forma espectacular todos los años. El éxito del Instituto Cervantes responde a un hecho cierto: el interés que el aprendizaje de la lengua española suscita en todo el mundo, ya sea en Extremo Oriente, como Vietnam o Corea del Sur, hasta países más cercanos como los de Oriente Medio y los del norte de África, sin descartar a nuestros vecinos, los países europeos. El interés por la lengua va acompañado de un interés cada vez mayor por la cultura, y también por las oportunidades que les abre una lengua hablada por cuatrocientos millones de personas.

En el año 2000 creamos la Fundación Carolina, una institución que se ocupa de las relaciones culturales y la cooperación educativa, en particular con los países iberoamericanos. La Fundación tiene encomendados dos programas importantes, uno de becas de ampliación de estudios y otro que llamamos de visitantes. Este último está destinado a que personas relevantes en sus países puedan pasar algún tiempo aquí, conocer nuestra cultura y estrechar los contactos con las personas más destacadas de su campo de trabajo. Los dos programas están sirviendo ya para dar a conocer España, establecer vínculos y generar un intercambio de experiencias.

No se trata de imponer ningún punto de vista unilateral. Todo ese mundo en español es de una pluralidad infinita. Está en Argentina, en Chile, en Colombia y en Guatemala, pero también en Brasil, donde la gente aprende español como una segunda lengua de forma natural. Todo este mundo que participa de la cultura en español procede de orígenes muy diversos, de formas de vida muy variadas. Los que han emigrado a Estados Unidos se enfrentan a problemas especiales, porque se están integrando en una sociedad distinta. En 2001 eran treinta y siete millones y en 2015 se calcula que serán cincuenta. No sólo son cada vez más numerosos, es que su influencia es cada vez mayor, y seguirá avanzando.

Todas estas personas acabarán por integrarse en una cultura de origen anglosajón. Pero también tendrán una raíz que los relaciona con otra parte de Europa, que es su herencia hispana. Es la herencia de nuestra lengua, la herencia del Inca Garcilaso, de Sarmiento y de Lezama Lima, que es también la de Galdós, la de Lope de Vega y la de Cervantes. Ese legado tiene una repercusión evidente en la acción política y en los compromisos exteriores de España. No se puede ignorar esa realidad. No se puede hacer como si esos casi cuarenta millones de norteamericanos que se expresan en español no existieran. No es sólo una ventaja. Es una responsabilidad.

Liderazgo

El liderazgo necesita convicción y decisión. El ejercicio auténtico del liderazgo es el que combina convicciones fuertes con capacidad de decisión. Hay otros factores importantes. Está la capacidad de comunicación, que es indispensable en un mundo en el que hay que llegar a personas que viven en circunstancias muy diversas. Está la capacidad de formar equipos, está también la capacidad de persuasión. Pero por encima de todo eso están las convicciones y la capacidad de decisión.

El ejemplo de liderazgo que más me impresiona es el del Papa Juan Pablo II. Es un hombre absolutamente concentrado en su tarea, que sabe qué quiere decir y tiene fuerza interior para defenderlo, resistir a las mayores mareas y la capacidad, el coraje y la decisión de llevarlo adelante. Por eso el Papa tiene esa capacidad de movilización extraordinaria.

Lo que estamos viendo ahora es algo único. Nunca había visto esa capacidad de resistencia, esa negativa a dejarse caer, que supondría, probablemente, su propia desaparición. Es esa fuerza inmensa que le lleva a decir: «Todavía tengo cosas que hacer, quiero seguir vivo para hacer esas cosas y sufro lo que haya que sufrir, pero lo hago.»

Cuando van pasando los años, tiendes naturalmente a concentrarte en lo que consideras sustancial. Es un buen síntoma, porque indica que has ido acumulando experiencia y que sabes dejar al margen las cosas superfluas, las que no son de verdad interesantes. El Papa ha ido siempre a lo esencial y desde allí ha sido capaz de ejercer un liderazgo universal. Es absolutamente asombroso y admirable.

Los grandes líderes son los que logran cambiar el mundo, cambiarlo para bien, claro está. Churchill supo conjugar la convicción y la capacidad de decisión hasta límites extraordinarios. Forjó una resistencia en condiciones extremadamente difíciles, y lo hizo sobre valores morales, sobre los valores históricos más profundos en los que él creía, que eran los de la nación inglesa. Hoy en día esos años de 1940 son un punto de referencia en la historia de Gran Bretaña, y también en la historia del mundo: la nación inglesa se negó a ponerse de rodillas, se mantuvo en pie y consiguió salir adelante.

Eso lo hizo con Churchill a la cabeza. Luego Churchill cometió un error, y fue no irse a tiempo. Debería haberse marchado como lo que había logrado ser, el símbolo de la nación y de la historia inglesa, sin aspirar a seguir siendo primer ministro después de esos años en los que había hecho lo más importante de todo. Churchill decía que los grandes pueblos suelen ser desagradecidos, pero eso era probablemente para disimular la decepción que le causó haber perdido las elecciones inmediatamente después de la guerra. Al final, lo que la gente vino a decirle es que ya había hecho lo que tenía que hacer.

El liderazgo se demuestra cuando uno se enfrenta a situaciones adversas y es capaz de mantener sus propias convicciones. Yo sabía que me enfrentaba a una de esas situaciones cuando, ya antes de llegar al poder, decidimos plantar cara al terrorismo y a todos los que lo apoyan. Una vez en el Gobierno, comprobé hasta qué punto es un asunto que requiere una capacidad de resistencia muy fuerte, y que tiene que fundamentarse en convicciones morales y políticas de un calado muy profundo.

Uno de los problemas de los liderazgos modernos no es que los gobiernos escuchen poco a sus pueblos, ni siquiera que los escuchen demasiado. El problema viene cuando por encima de las responsabilidades que los gobiernos tienen que ejercer prevalecen políticas diseñadas pensando en las encuestas de opinión o en la popularidad a corto plazo. Es necesario escuchar a la gente, claro está, y luego hay que tener la valentía de tomar decisiones en función del interés general y en función de las convicciones propias. Las decisiones no se pueden adoptar bajo la presión de los medios o de las encuestas. Eso son liderazgos mediáticos que acaban siempre diluyéndose porque, al final, esos líderes son personas que no son capaces de decir y de mantener lo que creen y no están dispuestos a pagar el precio que hay que pagar en tales casos. Siempre he respetado a las personas que son capaces de decir y de mantener lo que creen, aunque no esté de acuerdo con ellos.

Durante la guerra de Irak yo hice lo que creí que tenía que hacer. También comprobé hasta qué punto el trabajo que habíamos realizado durante años había dado su fruto. El liderazgo sirvió ahí para mantener unido al partido, para que la gente no tuviera miedo y se sintiera respaldada. Un líder no puede nunca eludir sus responsabilidades. Si elude sus responsabilidades, no podrá hacer a los demás responsables de las suyas. Pero para que los demás asuman sus propias responsabilidades, han de poder equivocarse, y es ahí, en la conciencia del límite de su acción, donde también se comprueba el liderazgo.

Hay gente que cree que el liderazgo debe ser cuidado y preservado, y que para eso hay que estar mucho tiempo detrás del burladero, viendo cómo los demás hacen la faena. Yo entiendo que es al revés. No ha habido ningún asunto importante del Gobierno en el que yo no haya estado en cabeza. Lo he hecho con mucho gusto, además, porque en realidad yo no sabría hacer otra cosa.

Claro que las decisiones deben estar meditadas. A veces lleva mucho tiempo tomarlas y hay que reflexionar cuidadosamente. Luego, en el trato diario, puedes transmitir más o menos cercanía, o más o menos calidez, como se dice ahora. Pero eso no es lo esencial, y no sirve para disimular lo que es de verdad importante. Siempre se nota cuando uno no está siendo sincero o al revés, cuando uno se entusiasma con algún asunto. Una vez tomada una decisión, hay que saber mantenerla siempre. Cuando las decisiones están tomadas, nunca me he sentido en una situación de inseguridad.

Otra faceta del liderazgo es que se gana todos los días, se va forjando con el tiempo y con los años. Cuando llegué al Partido Popular, y luego cuando me fui dando a conocer, decían que no tenía madera de líder y resulta que ahora, cuando estoy a punto de dejar la Presidencia del Gobierno, soy un arquetipo de hiperliderazgo. Probablemente los que decían lo primero estaban equivocados, como lo están los que dicen lo segundo. Lo que ocurre es que el liderazgo está hecho para ejercerlo. Si el liderazgo va acompañado de resultados que una mayoría considera razonables, el liderazgo no decrece, aumenta con el tiempo, ya sea por razones políticas, por razones del propio ejercicio del liderazgo, o por razones morales.

Por eso se nota mucho cuando alguien no tiene capacidad de liderazgo. No es muy difícil distinguir un liderazgo de verdad de un liderazgo de cartón piedra. Las sociedades modernas fomentan liderazgos artificiales. Hay gente que llega a creerse que tiene madera de líder y no es así. Eso ocurre cuando se confunde el liderazgo con la imagen. Por eso, en general, en las sociedades modernas faltan líderes con convicciones.

Las sociedades modernas son sociedades abiertas, muy diversas, donde la gente vive en situaciones nuevas en las que debe tomar decisiones por su cuenta, decisiones que antes a lo mejor no tenía que tomar porque seguían las tradiciones o los usos establecidos. Por eso es imprescindible que haya puntos de referencia, convicciones mantenidas en el sentido profundo de la palabra. Lo que un auténtico líder no puede permitirse es crear inseguridad, intranquilidad, inestabilidad. Hay que indicar una dirección, y no fomentar la dependencia de la gente hacia el líder. Yo nunca he fomentado la dependencia. Nunca. Es necesario poner límites a las cosas, trazar una línea y decir hasta aquí hemos llegado.

Por otra parte, yo soy un carácter extrovertido... de puertas para adentro. Quiero decir, en mi casa. No siendo así, tiendo más bien a la sequedad, no a la sequedad desde el punto de vista personal, o en las relaciones políticas, sino a una cierta sequedad en la expresión. Qué le vamos a hacer, soy así. Es un poco como le decía Fernando de los Ríos a Azaña: «Pero no sea usted tan sequerón, don Manuel.» Con esa forma de ser y el ejercicio del Gobierno, se ha ido creando una imagen de mí que combina autoritarismo y prepotencia. Nunca me han interesado las cuestiones de imagen. Más aún, me producen rechazo.

Cuando se es presidente del Gobierno, lo que hay que hacer es presidir el Gobierno, y presidir el Gobierno significa tomar decisiones que nadie puede tomar por ti. Eso es lo que yo he hecho. No creo haber sido autoritario ni poco dialogante. Si alguien conoce a algún presidente que haya firmado más acuerdos sociales de los que yo he firmado, estaría encantado de conocerlo, la verdad.

Yo soy partidario de la seriedad, en las relaciones personales y en la política. Me gustan las personas consistentes, que dicen lo que piensan y actúan en consecuencia. En eso se basa la capacidad de diálogo, y en eso se basa la tolerancia. La tolerancia no consiste en no tener ideas y valores propios, ni en hacer lo que los demás quieren que uno haga. Consiste, como ya he dicho, en respetar las convicciones de los demás, sin ceder ni dejar de poner en práctica las convicciones propias. Lo que ocurre es que a mí me gusta decir las cosas de manera directa, y a ser posible clara, y con el paso de los años cada vez más. Antes me gustaba divertirme en los actos del partido. Ahora también, pero a medida que pasan los años lo que te interesa de verdad es decir lo que tienes que decir y, si es posible, que la gente se quede con ello. No me importa ninguna otra cosa, ninguna. Hace algún tiempo fui a Barcelona y empecé diciendo: «Os voy a decir tres cosas.» Y les dije tres cosas. Lo primero es esto, lo segundo es esto y lo tercero es esto. Y ahora vienen otros y lo van a hacer mejor que yo.

En esto pasa como en todo. La primera vez que se habla en público, o la primera vez que se entra a hablar en una plaza de toros llena, impresiona y gusta. Cuando has hablado en cincuenta plazas de toros, la cosa es diferente. Yo ya no busco una satisfacción personal. Quiero decir las cosas que me interesa decir. Claro que es agradable, e importante, ver a la gente, saludar a quienes se han molestado en asistir al acto y hablar con ellos. Pero lo importante es la decisión que te ha llevado hasta allí.

Churchill dice que no hay nada más inútil que una decisión a medias. Las decisiones no se pueden tomar nunca a medias, ni por razones políticas, ni por razones personales. Yo no valgo para tomar decisiones a medias. Si tengo una responsabilidad, la cumplo, y si no la tengo, no la tengo, simplemente.

La decisión de retirarme

Una decisión que no se puede tomar a medias es la de retirarse. Yo la tomé y me comprometí a hacerlo mucho antes de llegar a la Presidencia. Es una decisión que he recordado todos los días desde que estoy en el Gobierno. Todos los días he pensado en el día en que tendría que dejar la Presidencia del Gobierno. Es una buena disciplina. Sirve de vacuna contra las tentaciones y te reafirma en tu convicción. También me he obligado a decirlo y a comprometerme en público. Hay muchas personas que me pidieron que no lo hiciera, y aunque la gente suele saber que conmigo las presiones son inútiles, son muchos los que me dijeron que ni se me ocurriera hacerlo, gente de dentro y de fuera de España. Incluso ha habido quien pensó que era teatro, un truco para luego regresar entre aclamaciones.

Nunca he dado pie a ello. No he manifestado dudas. No he dejado que se crea que era un gesto para la galería y que después, entre bastidores, diría otra cosa de la que había dicho en público. Sé que a mucha gente no le gusta lo que he hecho. Hay gente que siguió dándole vueltas al asunto y sigue dándoselas cuando ya sabían que la decisión era irrevocable. Pero yo he sido absolutamente sincero en eso. Si no lo hubiese sido, se habría notado, porque la gente sabe cuándo no estás diciendo la verdad, sobre todo en algo tan serio.

No sé si habré establecido una pauta para el futuro. Sí que estoy muy convencido de lo que he hecho. Lo demás, ya se verá. Creo que retirarme después de ocho años en el Gobierno era bueno para la normalidad de las instituciones y también era bueno para el partido.

El Partido Popular ha tenido un comportamiento extraordinario. Era una situación muy arriesgada para todos. Requería mucha disciplina, la seguridad de que el proyecto que mantenemos es el mejor para España y una gran confianza, unida a la convicción de que, con independencia del resultado y por muy difícil que pudiera ser el trance, todos íbamos a actuar de buena fe. Eso es lo que se puso en juego en los días en que propuse a quien yo pienso que era el mejor candidato para la Presidencia del Gobierno español. Fue una prueba —una prueba más— de la fortaleza interna, de la cohesión del Partido Popular.

Mariano Rajoy es un hombre honrado, sensato, con sentido común, una excelente formación y una experiencia política sobresaliente. Es un hombre valiente, que se ha enfrentado sin temor a momentos de crisis muy delicados. Tiene clara la idea de España y los fundamentos históricos y constitucionales en los que se basa la continuidad de la nación, la prosperidad del país y la salvaguarda de nuestra libertad. Y como ya se demostró en aquellos días de septiembre, garantiza el liderazgo dentro del partido.

Ahora bien, tengo que reconocer que apartarme de las tareas de Gobierno no era lo mejor para mí. En estos años he estado haciendo lo que más me gusta. Nunca voy a tener un trabajo como éste. Nunca voy a disponer de tanta información, nunca volveré a tener la capacidad de decisión que tengo ahora. Hay una diferencia insalvable entre cualquier otro cargo público y la Presidencia del Gobierno. En este cargo, en este despacho, se tiene una responsabilidad intransferible: respondes ante tus conciudadanos de tus decisiones, y tu capacidad de decisión es determinante para muchas cosas. Eso sólo lo tiene quien ocupa la Presidencia.

Es cierto que no hay refugio ni burladero. Un ministro tiene burladero. Tú eres el burladero del ministro. Pero el presidente del Gobierno no tiene burladero, y si lo busca, se equivoca, porque la gente nota que no hay condiciones de liderazgo. Ésa es la verdadera diferencia. Y hay que estar dispuesto a pagar el precio de soledad que eso comporta. Eso no existe en ningún otro puesto, en ningún otro cargo con la dimensión que tiene aquí.

Haber sido presidente del Gobierno de mi país es lo más serio, lo más importante a lo que yo podía aspirar. La decisión de retirarme al cabo de ocho años ha sido una decisión muy dura, sobre todo cuando la aspiración a seguir es razonable, por la situación general y por la edad que yo tengo.

Pero estoy absolutamente convencido de que es lo mejor para mi país. Se puede argumentar, y yo mismo lo pienso, que yo he mandado mucho en mi partido y que ahora es bueno que manden otros. Que he decidido muchas cosas y que es bueno que otros lo hagan a partir de ahora. Que no es bueno que las cosas se personalicen. Pero si no hubiera creído que mi retirada era buena para mi partido y para mi país, no lo habría hecho.

CAPÍTULO DOS

Un partido de centro

El interés por los asuntos públicos me viene de familia. Mi padre, Manuel Aznar Acedo, era periodista. En casa se seguía puntualmente la información política. Entraban todos los periódicos de entonces, los de los años sesenta. Yo los leía y estaba al tanto de los acontecimientos, de las discusiones, de todo lo que iba ocurriendo. Mis compañeros de colegio no estaban tan interesados como yo en aquellos asuntos. Eso me llamaba la atención. Me parecía natural que todo el mundo estuviera interesado por los asuntos generales, pero no era así.

En la familia había también un gran interés por las cuestiones históricas. Mi padre lo había heredado del suyo, mi abuelo, Manuel Aznar Zubigaray, que era periodista y fue autor de varios libros de historia. Yo le conocí tarde, en 1967, cuando volvió a Madrid después de haber sido embajador en Naciones Unidas. Mi abuelo tenía una larga trayectoria vital y yo le escuchaba con mucho interés.

Cuando terminé la carrera de Derecho, en la Universidad Complutense, en Madrid, decidí que lo que tenía que hacer era procurar arreglar profesionalmente mi vida cuanto antes. Antes se cruzó en mi camino la que sería mi mujer, Ana, y decidimos que nos casaríamos cuanto antes. Para casarnos necesitábamos tener un trabajo estable. Los dos nos dedicamos a preparar las oposiciones. Ana preparaba las suyas, de técnico de Administración Civil del Estado, y yo las mías, de inspector de Hacienda.

Esto fue entre 1975 y 1976. En octubre de 1975 me habían recomendado una academia que preparaba las oposiciones. Me fui allí, le dije al director que quería sacar una plaza de inspector de Hacienda en un año y le pregunté qué era lo que tenía que hacer. Me explicó los temas que debía preparar y las saqué en el plazo previsto. Las aprobé en diciembre de 1976. El 1 de enero de 1977 ya estaba en la Escuela de Inspección Financiera. Son los primeros años de la Monarquía. Como Ana ya había sacado sus oposiciones en abril de 1977, nos casamos en octubre.

Primeros pasos en la política

Estuve en la Escuela hasta mayo de 1978. Entonces llegó el momento del primer destino. El mío fue Logroño. Así que allá nos fuimos. Logroño era una ciudad más pequeña y más familiar que ahora. Ana iba destinada de técnico de Administración al Gobierno Civil, y yo de inspector a la Delegación de Hacienda. Veníamos de fuera, éramos una pareja joven. Total, que nos hicieron la ficha inmediatamente.

Al día siguiente de nuestra llegada fuimos a cenar a un restaurante muy simpático y en el que se comía muy bien, como nos habían dicho. Era el restaurante Cachetero. Estaba regentado por una señora que se llamaba Floren. En cuanto nos sentamos, la señora Floren nos hizo la radiografía de quiénes éramos: el matrimonio que había llegado ayer de Madrid, usted inspector de Hacienda y usted en el Gobierno Civil. Lo sabía todo.

Al poco tiempo de estar trabajando en la Delegación de Hacienda, empezó a acercarse gente de distintos partidos políticos. En Logroño UCD era muy fuerte. De los cuatro escaños que le correspondían a la provincia, UCD había sacado tres en las elecciones de 1977. También había gente del grupo de

Areilza, que se llamaba Acción Ciudadana Liberal y estaba en la coalición de Fraga, Coalición Democrática. Y otros de Alianza Popular, que empezaron a hablar conmigo para ver si quería echar una mano.

Yo, al principio, no tenía mucho interés. Pero me dijeron que sería importante que les ayudara a atraer a favor de la Constitución a determinados grupos que en Logroño, como en todas partes, se sentían reticentes ante el texto constitucional. Yo les dije que estaba dispuesto a echar una mano. Y fue así como empecé a trabajar en política, en la preparación de un acto en defensa de la Constitución destinado a atraer al campo constitucional a personas que no tenían simpatía por ella.

En ese mismo acto conocí a Fraga. Y Fraga, como es natural, conocía a mi padre y a mi abuelo, Manuel Aznar. Había trabajado con los dos. Así fue como empezó a lanzarme cables, que luego continuaron en el partido, en Alianza Popular. Un día me enviaron a Madrid, a tomar contacto con José María de Areilza. Conocí a Areilza con motivo de la presentación de un libro suyo, *Así los he visto*, un libro de retratos. Areilza era un escritor excelente, muy fino, y era una cosa muy divertida ver a mi abuelo y a Areilza juntos. Luego Areilza me llamó y me dijo que quería que le autorizara a negociar con Alianza Popular mi inclusión como número uno en la candidatura de Coalición Democrática por Logroño. Le contesté que recién llegado a Logroño, era impensable que me presentara de número uno en una lista. Acabó yendo Álvaro Lapuerta, amigo mío.

Desde aquel mitin donde conocí a Fraga, empecé a trabajar con Alianza Popular en la preparación de la campaña para las elecciones de 1979. Yo hacía lo que tocaba hacer: recogía a la gente cuando no había nadie para llevarles a un mitin; anunciaba los actos con megáfono por la calle; pegaba carteles en las paredes, porque entonces todavía se podía pegar carteles. Aquella campaña fue una auténtica calamidad. Habían hecho unos carteles con fondo marrón y unas fotografías en blanco y negro de Fraga, y debajo iban las de los demás candidatos. No se veía nada, y lo poco que se veía era espantoso. Coalición Democrática, que era el nombre de la organización de partidos por la que se presentaban Alianza Popular y el pequeño grupo de Areilza, junto con otros, se dio un batacazo monumental.

Pero como a mí me gustan las cosas difíciles, decidí no dejarlo. No entré en el partido, pero empecé a ir más asiduamente por la sede, situada cerca de la plaza del Espolón. Luego ya rellené mi ficha de inscripción, y cuando me invitaron al Congreso Provincial de Alianza Popular en La Rioja, me dije que había que estabilizar la situación. Entonces me propusieron ser secretario general provincial del partido y acepté. Fraga había dimitido como presidente de Alianza Popular después de las elecciones de marzo de 1979, y el partido tenía entonces una estructura organizativa basada en los secretarios generales de las provincias. Luego, cuando Fraga volvió a finales de 1979, el partido adoptó una estructura presidencial, que es la que se ha mantenido hasta ahora.

Por entonces se creó la comisión que empezó a negociar y redactar el Estatuto de Autonomía de La Rioja. Yo participé en esas reuniones como asesor de los representantes de Alianza Popular, y como tenía conocimientos técnicos por mi condición de inspector de Hacienda, así fue como me metí, literalmente, en la creación del Estado de las Autonomías.

Ésas fueron las dos cosas que hice al principio de mi carrera política. Entonces, un partido como Alianza Popular no andaba sobrado de gente joven, y yo me dediqué primero a acercar a la Constitución a gente que no se sentía muy cómoda en la nueva situación. Había que persuadir a aquellas personas, que al fin y al cabo tenían sus razones y sus recelos, de que la Constitución suponía un paso adelante, un paso positivo para España.

Y luego estaba el tema de las Autonomías, que suscitaba desconfianza en ciertos sectores sociales. Los socialistas querían entonces que La Rioja y Navarra se incorporaran al País Vasco. Había quien quería integrar La Rioja en Castilla y León o en Aragón. No era una insensatez, como lo primero, pero al fin y al cabo salió lo que la gente quería que saliese, como se demostró en el proceso de petición de apertura del proceso autonómico, que votaron prácticamente todos los municipios de La Rioja. Pero sucedía lo mismo que ya había ocurrido con la Constitución. Había que hablar con la gente, convencerla, atraerla a lo que entonces era un proyecto sin definir del todo.

Poco después, a principios de 1980, se celebraron las primeras elecciones al Parlamento Vasco. Estuvimos a punto de no presentarnos, pero un militante del partido se empeñó en que teníamos que hacerlo y convenció a Fraga. Me pidieron que echara una mano en La Rioja alavesa y me recorrí todos los pueblos de la provincia de Álava repartiendo propaganda y dando a conocer nuestro programa. Hay un acto que no olvidaré nunca. Fue un mitin que celebramos en un cine en Vitoria. El cine estaba casi vacío y el acto se celebró prácticamente en la clandestinidad. Durante las elecciones fui apoderado del partido. Sacamos dos diputados.

Recuerdo aquellos años con cariño y un poco de nostalgia. Éramos muy jóvenes, todo estaba por hacer, trabajábamos duro y nos lo pasamos muy bien. En Logroño nació mi primer hijo, José María. Es espectacular ver lo mucho que Logroño y La Rioja han cambiado desde entonces. Cuando vuelvo, me produce cierta emoción verla convertida en una región tan próspera y tan rica. Pero me parece que los riojanos siguen siendo como yo los conocí, gente muy buena, muy honrada, muy trabajadora. Yo he mantenido los amigos que entonces hice.

Diputado por Ávila en 1982

Llegamos a Madrid en las Navidades de 1980. Entonces, entre 1981 y 1982, se empiezan a negociar los pactos autonómicos, y a mí me piden que asista a esas reuniones. En 1981 fui nombrado vicesecretario nacional del partido para las Comunidades Autónomas, y en febrero de 1982 fui elegido en un congreso secretario general adjunto. Eran las negociaciones previas a lo que luego sería la LOAPA (Ley Orgánica de Armonización del Proceso Autonómico). Allí estaban el ministro de Administraciones Públicas, Rodolfo Martín Villa, y el secretario de Estado, Manuel Broseta, que luego fue asesinado por los etarras. Poco antes de su asesinato, en 1992, estuve hablando con él de su incorporación al Partido Popular. Los dos se presentaban por UCD con Juan Manuel Reol de Tejada, que había sido presidente de la Pre-Autonomía de Castilla y León. Por el Partido Comunista iban Santiago Carrillo, Enrique Curiel y Carlos Alonso Zaldívar; por los socialistas, María Izquierdo y Alfonso Guerra. Por Alianza Popular, nos presentábamos Álvaro Lapuerta y yo. Allí estaba yo, recién llegado de La Rioja, con 27 años. Fue la primera vez que pisé Castellana 3, la antigua sede de Presidencia del Gobierno. Y allí, en aquellas reuniones diarias, fue donde conocí a toda esta gente.

Al final, los pactos los firmaron el Gobierno de UCD y el PSOE. No es que nosotros no estuviéramos de acuerdo, es que prescindieron de nosotros y para no compartir protagonismo nos marginaron del acuerdo. En aquellas fechas yo todavía no tenía ni muchísimo menos decidido el salto a la política profesional. A Ana seguía sin gustarle aquella idea, como no le había gustado nada hasta entonces. Entonces no había incompatibilidades. Yo tenía mi trabajo por la mañana y por la tarde acudía a las reuniones políticas; sin recibir nada, por supuesto.

Pero aquello me gustaba mucho. La verdad es que el trabajo de inspector de Hacienda no me entusiasmaba. Había sacado la oposición para casarme y estaba muy satisfecho, porque es un Cuerpo importante dentro del Estado. Pero cuando me enviaron a la Dirección General de Coordinación con las Haciendas Territoriales, del Ministerio de Economía, a poco de llegar a Madrid, me fui contento. Había estado trabajando de inspector dos años y medio en Logroño, y unos seis meses en Madrid. Además, mi trabajo profesional coincidía con las tareas políticas, porque en esta Dirección General es donde se empezaban a fraguar las grandes normas del nuevo Estado de las Autonomías.

Allí se decidió el método para calcular el coste efectivo de los servicios que se iban a traspasar; allí se desarrollaron las leyes de cesión de tributos y de participación en los ingresos del Estado. Todas las grandes leyes de financiación del desarrollo autonómico se estudiaron y se desarrollaron en la Dirección General. Se negocia con las Autonomías para la aplicación de la Ley Orgánica de Financiación de las Comunidades Autónomas; se deciden traspasos importantes; se diseña el Fondo de Compensación Interterritorial y hay dos grandes negociaciones muy relevantes, que son la del Concierto Económico con el País Vasco y la preparación del cupo. Yo trabajé como funcionario del Estado en la elaboración técnica de las Leyes de Financiación Autonómica y luego, siendo presidente de Gobierno, todas han sufrido cambios importantes. En fin, yo estaba allí, simultaneando mi tarea profesional con la participación en la vida política. Y cada vez veía que me gustaba más la política.

En 1982 Fraga me ofreció ir de candidato al Congreso de los Diputados por la provincia de Soria. Hubo algunos problemas porque el partido estaba poco organizado. La verdad es que no me recibieron bien. Fue entonces cuando Fraga me llamó para ofrecerme otra provincia: Ávila. Después de lo de Soria, yo estaba desanimado y me parecía que se iba a repetir la situación. Por eso no quería ponerme al teléfono para hablar con Fraga. En aquel momento Ana, mi mujer, se decidió. «Si quieres ser diputado», vino a decirme, «ésta es tu oportunidad.» Cogí el coche y me fui a Ávila. Antes había hablado con Fraga.

En Ávila me recibieron correctamente, aunque con distancia. No me esperaban. Tampoco esperaban que Alianza Popular ganara nada en la provincia de Ávila. Ávila era territorio de Adolfo Suárez, aunque para entonces UCD ya se había roto y Suárez había fundado su propio grupo, el CDS. Se pensaba que de los tres diputados provinciales, uno iría a UCD, otro al CDS, que se presentaba allí con el apoyo de Suárez, y un tercero al PSOE.

Ésos eran los cálculos. Los más sabios del lugar me dejaron bien claro que no tenía nada que hacer. En cualquier caso, tenía que acoplarme al ritmo de los militantes del partido en Ávila y al hecho de que el partido allí apenas tuviera base ni estructura. Me citaban un día a la una de la tarde, otro a las dos... Yo veía que las cosas se hacían muy lentamente, pero tampoco podía decir nada. Yo había llegado de fuera y no tenía medios para imponer nada.

Entonces, una mañana, esperando a alguien en una cafetería, apareció Feliciano, el que luego ha sido y sigue siendo mi buen amigo Feliciano Blázquez. Feliciano me dijo si creía que iba a ganar unas elecciones sentado en una cafetería. Claro que no, le contesté, pero ¿qué podía hacer yo? Feliciano me preguntó si estaba dispuesto a ir al día siguiente a El Barco de Ávila, que empezaba la feria. Entonces pensé para mí que había llegado uno de los míos. Cogimos el coche y nos plantamos allí. Nos pusimos de barro hasta las cejas. Recorrimos todos los pueblos uno por uno, casa por casa.

Y ganamos las elecciones. Alianza Popular fue el partido más votado, por delante del PSOE y del CDS —con Agustín Rodríguez Sahagún como cabeza de lista—. De UCD no salió nadie. Así es como empezó una historia en la que el Partido Popular acabaría siendo tan importante como en su día lo fue UCD.

Es verdad que la victoria del PSOE en 1982 fue aplastante, pero aquella noche yo estaba contento. Habíamos ganado en Ávila, que era muy difícil y además, con 29 años yo ya era diputado. Más adelante tendría que volver a ordenar toda mi vida, pero durante una temporada pude seguir compatibilizando el escaño y mi trabajo de funcionario. En el Congreso nos encontramos un grupo de gente joven, recién llegada al Parlamento. Allí estaban Rodrigo Rato, Juan Ramón Calero, Arturo García Tizón y otros. Como éramos los más jovencitos, nos encargaban trabajos de control y de disciplina parlamentaria. No era fácil, porque era un grupo muy variopinto, muy heterogéneo: había gente veterana, gente relativamente nueva y gente novísima, recién llegados como nosotros.

También había gente de todas las procedencias y todos los pelajes, con personalidades fuertes y grandes diferencias en la manera de pensar. Había una parte de Alianza Popular, del Partido Demócrata Popular, gente de los Clubs Liberales, del Partido Liberal, algún regionalista, como Hipólito Gómez de las Roces, y amigos de la Unión del Pueblo Navarro, como Jesús Aizpún.

Allí empezó una segunda fase de la construcción del Estado de las Autonomías, con la elaboración de los Estatutos, y como yo conocía bien estos asuntos, empecé a trabajar en este campo ayudando en la tarea parlamentaria, participando en las comisiones y actuando de portavoz de otras personas. Formamos lo que se llamó la Comisión Interparlamentaria, para coordinar a los parlamentarios de las diversas autonomías.

Pero lo fundamental fue comprender desde el primer día lo que nos esperaba. Enfrente teníamos al Partido Socialista, un bloque de doscientos diputados. En medio, unas cuantas personas de UCD, casi unos náufragos en aquella marea. Arriba, Adolfo Suárez, y nosotros arrinconados a la derecha, a la derecha de la derecha, en el Grupo Popular, con aquel grupo tan variado y tan heterogéneo. Aquello no podía ser, no correspondía a lo que yo creía que era la sociedad española.

Había algo en lo que discrepábamos muy profundamente en nuestro partido. Era el alcance de la victoria electoral de los socialistas. Aunque ahora resulte difícil de entender, había gente que pensaba que, en lo fundamental, aquella victoria se debía al derrumbamiento de UCD y que las cosas volverían pronto a su cauce. Era una opinión bastante extendida entre los miembros más veteranos del partido. Yo no estaba nada de acuerdo con aquello. Pensaba que la expresión de la voluntad de cambio de los españoles había quedado muy clara y, además, que ese cambio no era un cambio político como los que se producen en una democracia consolidada. No era un movimiento de alternancia normal. Aquello era un cambio de fondo, de trascendencia histórica, y como tal había dado origen a un movimiento que estaba destinado a durar mucho tiempo. Podía ocurrir algo incontrolable que lo hiciese descarrilar, pero no era previsible. Nos enfrentábamos a un período muy largo de mayoría socialista.

El centro-derecha, por su parte, se enfrentaba a una situación paradójica. Alianza Popular había conseguido 106 diputados. En el año 1979 había estado al borde de la extinción. De no tener prácticamente nada (nueve diputados en la anterior legislatura), ahora formaba un grupo importante y representativo. Las elecciones municipales de 1979 habían sido una calamidad. Pero lo importante fueron las elecciones de 1982. En muy poco tiempo, entre 1979 y 1982, habíamos dado un paso sustancial. Era un mérito de la base del propio partido, que había resistido en condiciones muy difíciles. Entonces se empezó a ver que UCD ya había cumplido su papel y tenía que dejar paso a una nueva fuerza política.

Gracias a Manuel Fraga esa transición fue posible y se empezó a consolidar una alternativa auténtica en la nueva situación. Admiro a Fraga por su trayectoria política, por su capacidad de trabajo, su curiosidad intelectual, su tenacidad y su confianza en lo que él llamaba el «proyecto España». Tengo con él una deuda muy seria, porque tuvo la generosidad de confiar en mí en momentos muy importantes de mi carrera. Pero, más allá de todo eso, que no es poco, le debo una parte de lo que luego he sido y de lo que soy. Hay en Fraga un sentido profundo del desprendimiento personal y de la honradez moral e intelectual que siempre me ha servido de modelo.

Pese a todo, el Grupo Popular no estaba ahormado ni tenía demasiada consistencia. Por un lado estaba Fraga, con su personalidad propia y un grupo de gente joven que trabajaba en lo que le encargaban y en lo que creía que era lo que había que hacer. Por otro, estaba un grupo de barones, gente con influencia, que había tenido un papel importante en los años de la Transición y aspiraba a seguir teniéndolo. A mí me pareció clarísimo que lo que había que hacer era volver a ocupar el centro, un espacio que habían hecho suyo los socialistas. Y había que procurar volver a reorganizar el partido para conseguir este objetivo. Había que reconstruir un partido sólido y consistente que nos permitiera volver a ocupar el centro. Ése era el objetivo.

Un partido en crisis

Fue entonces, una vez que el partido había empezado su tarea de reorganización, cuando Fraga me pide que yo sea presidente de Castilla y León. Era a principios de 1983 y en Castilla y León había un lío monumental entre dos tendencias, la de Burgos y la de León. Además, yo estaba contento con mi trabajo de diputado en las Cortes Generales, y Ana, mi mujer, tampoco quería marcharse de Madrid. Le dije a Fraga que no, que en aquellas condiciones más valía dejarlo para más tarde. Durante tres meses no me habló.

En aquellas elecciones autonómicas de 1983 se comprobó que nuestro partido tenía en Castilla y León un problema de fondo en cuanto a la organización. Ni siquiera pudimos presentar un candidato único a presidente de la Junta, porque todos los que encabezaban cada una de las listas provinciales se consideraban candidatos a la Presidencia.

Las elecciones de 1986 marcan un momento muy bajo dentro de la recuperación del partido. El referéndum sobre la OTAN nos había descolocado. Fue un disparate, y también fue una equivocación la abstención de mi partido. Yo siempre fui partidario de estar en la OTAN. Además, intervino la Operación Reformista, el intento de Miquel Roca por crear una supuesta alternativa de centro desde Cataluña. No tuvo ningún éxito, como era previsible, pero nos impidió consolidarnos como propuesta de centro. El resultado de todo aquello fue el estancamiento del partido. En combinación con la derrota de Coalición Popular en las elecciones vascas de 1986, a consecuencia de las cuales se formó el gobierno de coalición PNV-PSOE, todo aquello abocó a la dimisión de Fraga de su puesto de presidente del partido en noviembre de ese mismo año. Conviene recordar que una parte de la coalición la abandonó al día siguiente de las elecciones.

Para entonces Fraga había vuelto a proponerme la candidatura para la Presidencia de Castilla y León, y desde junio de 1985 yo era presidente del partido en la región. Lo acepté porque era una oportunidad para mi carrera y también una oportunidad para ampliar la base territorial del partido. Mientras íbamos reorganizando la estructura del partido, había que ir asumiendo responsabilidades en las autonomías.

La dimisión de Fraga provocó la convocatoria de un congreso extraordinario, el Congreso de febrero de 1987. Yo trabajaba en el grupo encabezado por Miguel Herrero, que era portavoz del grupo parlamentario. Allí estaban Rodrigo Rato, Federico Trillo, Loyola de Palacio y otros. Queríamos responder a lo que la gente estaba pidiendo, que era un cambio sustancial en el partido. Miguel Herrero era la figura más conocida y representaba la continuidad con Fraga. Herrero permitía una renovación sin rupturas. Enfrente teníamos la lista encabezada por Antonio Hernández Mancha, que había obtenido buenos resultados en las elecciones autonómicas andaluzas de 1986. También estaba apoyada por buena parte de las organizaciones territoriales del partido y por algunos vicepresidentes importantes.

A medida que se acercaba el Congreso, íbamos comprendiendo que nos iban a dar una paliza memorable. Íbamos directamente al desastre. Si salíamos vivos de allí sería por casualidad. Dos días antes del Congreso tuve una reunión con Herrero y le dije que debía meditar la presentación de su lista porque nos iban a derrotar. Él me dijo que seguía en todo caso, y yo le contesté que si él seguía, yo seguiría con él. Es verdad que teníamos muchos amigos y mucha gente que nos apoyaba. Pero ocurrió lo que estaba previsto.

Por si fuera poco, en abril de 1987, Rodolfo Martín Villa, del PDP —Partido Demócrata Popular—, anunció que iba a presentarse de candidato a la Presidencia de la Junta de Castilla y León. Fue una sorpresa, porque yo ya estaba nombrado desde hacía unos meses antes, en un mitin en Burgos al que asistió Fraga, y además era presidente del partido en la región. Martín Villa había sido ministro durante la etapa de UCD y era un rival de peso, pero no pensé ni por un instante en retirarme. ¿Por qué iba yo a retirarme? Estaba convencido de que podíamos ganar, como habíamos ganado en Ávila en 1982. En aquellos momentos de tanto desconcierto para el partido, era muy importante consolidar una base territorial amplia. De hecho, si conseguíamos esa base territorial, a partir de ahí podríamos empezar a pensar en una nueva posición dentro del partido. Si no se conseguía eso, la cosa se complicaba mucho. Antonio Hernández Mancha, que había ganado el Congreso, se portó bien. Me dijo que si yo quería seguir adelante con la candidatura a la Presidencia de Castilla y León, no había más que hablar.

Presidente de Castilla y León

Las elecciones de 1987 las ganamos, pero no por mayoría absoluta. Nosotros obtuvimos 32 procuradores, más un procurador que nos apoyó en la investidura, el PSOE otros tantos y el CDS 19, un resultado muy notable. Era un momento clave. Nuestro partido, que había sacado 107 diputados en las elecciones generales de 1986, se encontraba ahora con 67 por la marcha de los miembros del PDP y de otros diputados que se fueron por su lado, muy mal aconsejados, por cierto. Atravesábamos, por tanto, un momento de crisis. Y fue justamente entonces cuando a Antonio Hernández Mancha se le ocurrió interponer la dichosa moción de censura en las Cortes contra Felipe González.

Dados los buenos resultados que el CDS había obtenido en Castilla y León, si Adolfo Suárez hubiera tenido reflejos parlamentarios en aquella situación, no sé qué habría podido pasar. Por eso era vital para nosotros consolidar el avance en Castilla y León. Es verdad que ya gobernábamos en Galicia, en

Baleares y en Cantabria, aunque aquí en condiciones un poco excepcionales. Pero Castilla y León representaba la primera aportación del partido con una región muy extensa, con numerosos municipios y central geográficamente. Llegar al poder en aquellas condiciones era un poco como empezar a soñar. El caso es que ahí estábamos y había que intentarlo.

Las negociaciones con el CDS nos llevaron a gobernar solos en un primer momento. Pero a pesar de gobernar en minoría, fue una etapa enormemente gratificante. Llegamos con ganas de comernos el mundo, cada semana tomábamos una iniciativa nueva, no parábamos. Éramos jovencísimos y se creó un grupo de gente muy buena, muy brillante, verdaderamente extraordinaria. De allí fueron saliendo los equipos con los que luego he seguido trabajando tanto tiempo. Estaban los consejeros, como Juan José Lucas y Jesús Posada, y la gente que iba elaborando las iniciativas para una forma de hacer política que tenía que ser completamente renovadora: Mercedes de la Merced —que, además de seguir trabajando en el partido, ha sido concejal en el Ayuntamiento de Madrid durante muchos años—, Miguel Ángel Cortés —secretario de Estado de Cultura—, Carlos Aragonés —jefe de mi gabinete—, Ana Mato —coordinadora de Organización en el partido—, Miguel Ángel Rodríguez —que fue portavoz del Gobierno—, Juan Carlos Aparicio —ministro de Trabajo y hoy alcalde de Burgos—, y otros muchos.

Fue extraordinario poder empezar a poner en marcha, en Castilla y León, en la raíz misma de España, las ideas de origen liberal que habíamos ido elaborando en los años previos. Empezamos inmediatamente con medidas de contención en el gasto y en la administración: recortamos asesorías y altos cargos, suprimimos dietas y gastos inútiles, hicimos un enorme esfuerzo de austeridad. Luego relanzamos la actividad industrial, creamos parques industriales, intentamos dar facilidades para modernizar la región y también nos ocupamos de la recuperación y la restauración del patrimonio histórico y cultural de Castilla y León. Éramos muy ambiciosos, porque el patrimonio cultural y artístico de Castilla y de León es de una envergadura fuera de serie.

En Castilla y León fue donde empezamos a aplicar las políticas de control presupuestario y de liberalización que luego fueron calando, se fueron perfeccionando y por fin aplicamos en toda España. Para nosotros, era la confirmación de una esperanza de futuro. Fue formidable.

Además, en poco tiempo aquello se convirtió en una muestra de lo que el partido podía hacer si se lo proponía. Pronto empezó a venir a vernos gente de otros lugares, gente del partido pero también empresarios y sindicalistas, a ver qué estábamos haciendo. Valladolid se convirtió en un lugar de peregrinaje, donde se venía a ver lo que el nuevo centro-derecha podía hacer desde el poder. Así empezó a resultar verosímil la idea de un pacto con el CDS para dar estabilidad a aquel impulso. Cada vez con más insistencia se empezó a hablar de un posible acuerdo. Recuerdo una conversación con Adolfo Suárez en su despacho de la calle Antonio Maura, en Madrid. Fue una conversación muy agradable, muy abierta. Vino a decirme cuánto le gustaría que trabajáramos juntos.

Así es como cuajó el pacto con el CDS. Primero vino el gobierno estable en Castilla y León. Entraron dos representantes del CDS en el gobierno autónomo, contamos con el apoyo del CDS en el Parlamento autonómico y dejamos de gobernar en minoría. Luego llegó la moción de censura en el Ayuntamiento de Madrid, para que el CDS gobernara en Madrid y Agustín Rodríguez Sahagún, con el que yo fui diputado de Ávila en 1982, llegara a ser alcalde de la capital.

Pero antes de esto se produjo otro hecho, que fue el Congreso de 1989. Las cosas iban bien en Castilla y León, pero no dentro del partido. Muy al contrario, la situación se estaba deteriorando dramáticamente. Algunos irresponsables quisieron desestabilizar el grupo parlamentario en Castilla y León, y había maniobras complicadas contra nosotros. Al final, yo veía que todo el esfuerzo se podía perder en unas cuantas semanas. Yo no quería ir contra nadie, ni entonces ni después, pero tampoco estaba dispuesto a contribuir a que todo lo que habíamos hecho se destruyera. Hablé con Fraga. Fraga quería esperar, dar más tiempo para que las cosas se fueran calmando. Le dije que no podía ser, que no se podía esperar.

Así es como se prepara el Congreso de enero de 1989. El Congreso salió bien. Fraga volvió a ser presidente del partido. Yo fui elegido vicepresidente. Aquél fue el Congreso de la refundación, cuando se incorporan al Partido Popular, como se llama el partido a partir de ese momento, los miembros del viejo PDP, los democristianos y los liberales.

Marcelino Oreja había promocionado esta unificación y encabezó las listas del Partido Popular a las elecciones europeas de junio de 1989. El Congreso había resultado muy positivo, pero el mensaje no había llegado a la opinión pública con claridad. Las elecciones europeas fueron un fracaso rotundo. Después de la euforia del Congreso vino la gran depresión. Felipe González aprovechó aquel ambiente de derrota para adelantar las elecciones generales, que tenían que haberse celebrado en junio dc 1990, al 29 de octubre de 1989. Después del fracaso de las elecciones europeas, las encuestas nos pronosticaban unos resultados catastróficos en aquellas nuevas elecciones generales.

Todo el mundo decía que iba a ser un desastre. Íbamos a perder la mitad de los escaños que habíamos sacado con Fraga en 1986. Como mucho, llegaríamos a 80 diputados. Ésas eran las previsiones. Otra vez se habían acelerado las cosas, y yo me vi con la responsabilidad de encabezar las listas. Tuvimos que mudarnos a Madrid casi con lo puesto, todos, con los tres niños, y a una casa que no era la nuestra porque la nuestra la teníamos alquilada. Los muebles fueron a parar a un guardamuebles. Pero todo salió bien. El PSOE sacó 175 escaños, al borde mismo de la mayoría absoluta. Era una victoria, desde luego, pero ya no se repetían las cifras del año 1982, cuando la marea socialista. Y nosotros logramos 107 diputados. No sólo no retrocedíamos, como nos había dicho todo el mundo. Nos mantuvimos e incluso subimos.

Aquello reanimó al partido y nos ayudó a ganar las elecciones autonómicas gallegas. Fueron las primeras elecciones de Fraga en Galicia. Estaba claro que si Fraga no ganaba por mayoría absoluta, Fraga no gobernaba allí. Y era muy importante que Fraga llegara a la Presidencia de la Xunta de Galicia. Fraga se mostró muy expresivo y me dijo: «Nunca nadie hizo tanto en tan poco tiempo.»

La recuperación del centro

En abril de 1990 celebramos el X Congreso en Sevilla. Yo tomé la decisión de prescindir de todos los vicepresidentes que había en el partido. Había ocho vicepresidentes, cosa que complicaba la toma de decisiones y diluía las responsabilidades. Eso no puede ser: tiene que haber una sola cabeza, y esa cabeza es el presidente. Fraga me dijo entonces que, entre ocho y ninguno, tenía que haber algún término medio, dos por ejemplo. Le dije que era cero o nada. Era imposible seguir con el sistema de los ocho vicepresidentes. Alguien tiene que asumir la responsabilidad. Y salí elegido presidente del partido. Yo le había entregado a Fraga una carta de dimisión sin fecha y cuando Fraga intervino ante el Congreso, la rompió delante de todo el mundo, en un gesto muy espectacular.

Unos meses antes, el 9 de noviembre de 1989, los alemanes habían echado abajo el Muro de Berlín. Aquella victoria era un desafío para nosotros. En el Este se había derrumbado el socialismo real. En España había que presentar una alternativa al Partido Socialista. Ya no había hegemonía ideológica socialista, como la que existió en los años ochenta. Lo que habían llamado el «bloque social de progreso» se había deshecho, porque la situación social española había cambiado, y en consecuencia había una demanda para que el poder político cambiara de signo. Ya no podíamos seguir en política para resistir, como habíamos hecho hasta entonces. Había que salir para ganar, como habían hecho los alemanes. Nos jugábamos el futuro de varias generaciones de españoles. Teníamos que infundir un estilo nuevo de hacer política, teníamos que promover una sociedad libre, sin tutelas ni dirigismos, teníamos que promover un Estado eficaz. Para eso necesitábamos un Partido Popular distinto, que dejara de estar ensimismado en sus problemas internos.

Pensábamos que para sacar adelante aquel proyecto y llegar al Gobierno íbamos a necesitar dos legislaturas, contando desde el año 1990. Una primera legislatura para acercar posiciones a la gente, en un sentido parecido a lo que se había producido en el Partido Socialista mucho antes, cuando renovó a los dirigentes, se aproximó a la realidad española y dejó de vivir en una cultura de resistencia y de exilio. Había que construir un partido con un programa y una mentalidad de centro y había que ordenar el partido para que no siguiera formado por un conjunto informe de grupitos y banderías. Para eso había que dar paso a nueva gente, porque la que había entonces había llevado a cabo una gran tarea y ya había cumplido su cometido. Ahora bien, había que hacerlo sin traumas. Teníamos que conseguir un nuevo liderazgo, la renovación del grupo político y la elaboración de un programa de gobierno claro y consistente.

En aquel Congreso de Sevilla fueron muy importantes personas como Mariano Rajoy, Rodrigo Rato, Federico Trillo y Francisco Álvarez Cascos. Teníamos por delante el reto de construir un partido serio, un gran partido, con un programa capaz de suscitar confianza en un electorado que había asistido con perplejidad a lo ocurrido en el centro-derecha español. Francisco Álvarez Cascos, que fue confirmado allí como secretario general del Partido Popular, resultó ser una persona clave a la hora de dar consistencia al nuevo proyecto. Desde el principio ejerció una autoridad indiscutible.

En su trabajo hacia afuera, el partido tenía que empezar a ocupar de verdad el espacio del centro político, el espacio de la moderación, el espacio en el que se mueve la gente que no quiere que le digan cómo tienen que ser las cosas y que prefiere asumir la responsabilidad de su propia vida y de sus propias decisiones. Así como no teníamos que tener a nadie a nuestra derecha, tampoco debíamos tener a nadie entre nosotros y el PSOE. Para eso nos convenía tener claro que debíamos sumar, no restar. Había que integrar todo lo que era la expresión política del centro en el Partido Popular. Partiendo siempre de la misma premisa: en el nuevo partido no cabían ya facciones ni familias. Ya no iba a haber democristianos, ni liberales, ni grupos de ese tipo. Todo el mundo partía de la misma base.

Por esa razón toda la gente de UCD tenía que venir al Partido Popular, y de hecho acabó viniendo. Nos quedaba el CDS. ¿Por qué? Porque yo reclamaba la herencia y la legitimidad de UCD, la organización que había hecho la Transición. En ese punto el CDS, que venía directamente de la raíz de UCD, se resistía a la integración. Era un obstáculo que nos impedía crecer y nos restaba autoridad ante los electores, porque veían que había dos organizaciones con un ideario muy parecido y con las mismas aspiraciones políticas. Al final, todos acabaron integrándose en nuestro partido. Adolfo Suárez me ha dicho alguna vez, bromeando, que yo adelanté su jubilación política.

Esa integración era el primer paso. Luego venía el siguiente, en el que había que llegar aún más lejos. No solamente teníamos que ocupar un área colindante con el PSOE en el electorado. También teníamos que llegar más allá y adentrarnos en el territorio electoral del Partido Socialista. Había que ofrecer alternativas, promover un nuevo ideario, abrir las perspectivas y quitarnos de encima la losa que siempre pesaba sobre nosotros de que éramos un partido relacionado con el pasado. No podíamos aceptar los prejuicios que soportábamos, y que son el resultado de un prejuicio sobre la historia entera de España.

FAES (Fundación para el Análisis y los Asuntos Sociales) jugó un papel muy importante en esta renovación. El ejercicio de la política requiere ideas y proyectos claros y coherentes. Si queríamos gobernar España no podíamos dejar de debatir con seriedad y con realismo los esquemas de comprensión de la realidad, las cuestiones éticas que determinan las decisiones de los gobernantes, los límites entre lo privado y lo público. FAES nos permitió volver a pensar nuestra acción, nuestros objetivos y nuestro programa. También ayudó a que colaboraran con nosotros muchas personas que no compartían nuestra línea de acción política. Con tal de que tuviera algo interesante que decir, era bienvenida cualquier persona, con independencia de su ideología. Yo asistía a las reuniones, participaba en los debates, colaboraba en algunos de los papeles que se preparaban. Aquello fue la expresión intelectual y generacional de lo que queríamos hacer. Actuamos discretamente, con toda la reserva del mundo. No pedíamos compromisos públicos. FAES no es una operación de imagen. Se trataba de fomentar una plataforma de ideas y asentar el centro-derecha español en su propio espacio. Recuperar el centro, también en el terreno de las ideas.

La orientación de FAES era liberal, como lo he seguido siendo yo y como lo fue mi formación intelectual. Es verdad que no he sido democristiano. Además, por razones históricas, la democracia cristiana en España nunca ha conseguido cuajar en un proyecto político consistente. No obstante, que FAES tuviera una inspiración liberal no quería decir que excluyéramos a nadie del proyecto. Yo no he obligado a nadie a definirse ideológicamente en un sentido o en otro. Siempre me ha merecido mucho respeto un ideario que se basa fundamentalmente en el principio de responsabilidad. Por lo tanto, desde el primer momento compartíamos una forma de hacer las cosas en las que prima la voluntad de diálogo y el respeto. La integración era natural, y se hizo como tal, sin necesidad de forzar nada. Todos estamos de acuerdo en los grandes principios y en un ideario de libertad, de estabilidad y de reforma.

No se puede desconocer la aportación de la democracia cristiana a la reconstrucción de algunos grandes países europeos, ni su importancia en la propia construcción de la Unión Europea, que se refleja en el actual Partido Popular Europeo. El Partido Popular Europeo no es un simple conjunto de partidos nacionales, es una organización con vocación europea, que se inspira en principios comunes, con políticas orientadas a los mismos fines de prosperidad y de estabilidad, y que se está esforzando por elaborar una propuesta de centro reformista común a todos los países de la Unión. También es un foro de comunicación y debate, al que nosotros los españoles hemos contribuido con propuestas y que nos ha sido sumamente útil en algunas cuestiones que antes parecían de ámbito exclusivamente nacional. Si creemos, como yo lo creo, que la estabilidad de las democracias requiere de partidos sólidos, la apuesta por el Partido Popular Europeo es una apuesta de futuro.

Pero volviendo a nuestra situación a principios de los años noventa, era muy importante no repetir el modelo de una coalición de partidos, tradicional en el centro-derecha español. El liderazgo tiene que ser único, y a él le incumben las grandes decisiones, porque asume las responsabilidades. Pero para hacer una organización hay que delegar. Yo soy muy partidario de repartir responsabilidades. Pero si repartes responsabilidades, también tienes que exigirlas. Así como dejé claro que no quería repetir el sistema de las vicepresidencias, un modelo en el que nadie tenía la responsabilidad final de las decisiones, también dejé muy claro que a mí no me interesaban para nada los restaurantes, los conciliábulos y las tertulias de Madrid. Es un mundo que nunca me ha interesado. Sigue sin interesarme. Había que organizar un partido imparable, en el que todo el mundo fuera responsable de lo que hacía, con un liderazgo indiscutible. Un partido para ganar. Y había que hacerlo procurando no dejar fuera a nadie, aunque teniendo muy claro lo que queríamos. Yo no quería prescindir de nadie. Los que se fueron lo hicieron porque no les interesaba el proyecto, o porque les interesaban otras cosas, o porque pensaban que iba a fracasar.

Al mismo tiempo, en 1989, el Partido Popular entra en el Partido Popular Europeo y empieza a trabajar fuera con partidos como el nuestro. Primero, por los períodos transitorios que hay que cumplir, nos admitieron como observadores, y luego ya como socios de pleno derecho. Nos miraban con un poco de recelo. El PSOE llevaba ya ocho años en el poder, y a corto plazo no había perspectiva de que la situación fuera a cambiar mucho. Además, en pocos años llevábamos ya unos cuantos candidatos distintos. Cada vez que nos veían aparecer, debían de pensar que aquello no resultaba muy fiable. Pero yo sabía que ahora la cosa iba en serio. Y nuestra posición internacional cuajó. Luego nos integramos en la Internacional Demócrata Cristiana, que acabó cambiando de nombre para denominarse Internacional Demócrata de Centro, de la cual soy presidente.

1990-1996. En la oposición

La vida no sigue el ritmo que se le quiere marcar. Nosotros habíamos previsto una primera legislatura, entre 1989 y 1994, para reorganizarnos y acercarnos a la gente. La segunda, a partir de 1994, nos daba otros cuatro años para aproximarnos al Gobierno y llegar al poder en torno a 1998. Ésa era la estrategia prevista.

En 1990 empezamos a ver la luz después de uno de los momentos más críticos del partido, cuando estuvimos a punto de desaparecer del mapa. Tres años más tarde, en 1993, nos vimos forzados a enfrentarnos a unas elecciones que tenían que habernos servido para aproximarnos al electorado y continuar ocupando el espacio de centro. Sin embargo, fueron muy distintas de lo que habíamos previsto. Había que salir a por todas.

Esto merece una explicación. En primer lugar, en el año 1989 el PSOE había ganado por una mayoría muy ajustada. Ya no tenía el predominio aplastante que había tenido hasta ese momento. En segundo lugar, después de la huelga general de diciembre del año 1989, el Gobierno socialista inició una etapa de acuerdos con los sindicatos que dispararon el gasto público y llevaron a unas medidas económicas que provocaron una crisis brutal de la economía española.

Todos andábamos muy distraídos con los Juegos Olímpicos y la Exposición Universal en Sevilla, que fueron, sin duda alguna, acontecimientos muy importantes. Pero bajo aquella apariencia tan agradable, el país había entrado en una depresión brutal. Se suele hablar de la crisis del año 1993, pero cuando cambian de verdad las cosas, aunque no lo pareciera en ese momento, es en 1992. La crisis económica internacional había empezado antes y en España se agravó por las medidas económicas de un gobierno que se equivocó de política. Los grandes acontecimientos del año 1992 disimularon lo que estaba ocurriendo, pero fue entonces cuando se empezó a destruir empleo masivamente y llegamos a tasas de paro del orden del 23 por ciento a finales de 1993 y un déficit público por encima del 7 por ciento del PIB. Toda esa marea de fondo se inició en el año 1992. La sociedad española cambió mucho en ese tiempo.

Si se pretendía ser un partido de gobierno no se podía ignorar estos hechos. En contra de todo lo que habíamos previsto, es decir, una etapa de maduración de ideas, organización interna y acercamiento al electorado, la realidad nos obligó a plantear la campaña electoral del año 1993 como una campaña para llegar al Gobierno. Aquellas elecciones son las primeras en las que yo participé en términos reales, a fondo. En el año 1989 todo se hizo deprisa y corriendo. Tuvimos un mes y medio y bastante hice con salvar los muebles. En cambio, en el año 1993 ya pude hacer una campaña electoral en serio, enfocada políticamente a lo que es el objetivo de un partido de gobierno.

De hecho, ésas son las elecciones en las que se produce el gran salto del Partido Popular. Pasamos de 5.286.000 votos en 1989 a 8.201.000 en 1993. Ganamos prácticamente tres millones de electores, y a partir de ese momento hemos ganado todas las elecciones de carácter general que se han celebrado en España. Entonces mucha gente llegó a pensar que podíamos ganar. Se creó la expectativa de una victoria electoral. Los socialistas se vieron tan apurados que tuvieron que aceptar algo que nunca habían aceptado, que fueron los famosos debates en televisión. Estaban convencidos de que con los debates iban a obtener ventaja.

Ahí, en ese primer debate que tuve en televisión con Felipe González, se rompieron todos los esquemas. El Partido Popular apareció como una alternativa seria de gobierno. Sus líderes se podían medir sin problemas con los líderes del PSOE. De pronto se disipó aquella sensación de fatalidad que recorría la vida política, según la cual no había forma de vencer al Partido Socialista. Entonces fue cuando hubo que apelar a todos los recursos para impedir que sobre nosotros recayera la responsabilidad de gobernar. El resultado fue que se desplegó una gigantesca coalición destinada a impedir que ganásemos. Fue durante esta campaña cuando atemorizaron a la gente y le mintieron sobre lo que nosotros íbamos a hacer.

Yo ya había superado muchas maniobras y muchos intentos de desestabilización. Solían venir de fuera del partido. De una parte de los empresarios, de grupos mediáticos, de otra gente que siempre anda moviéndose en los círculos de poder. Entonces se recurrió a una táctica que los socialistas utilizan con cierta frecuencia: consiste en ir a destruir a la persona que tienen enfrente. Como en el primer debate expuse con naturalidad un programa en el que creía, había que pulverizarme. No es una discusión sobre las ideas, ni sobre el programa, ni siquiera sobre la capacidad o las aptitudes para el liderazgo político. Van a por la persona misma, a aniquilarla. A destruir su personalidad, a relacionarla con una caricatura, a burlarse de sus creencias, a adscribir lo que uno piensa a una aberración histórica. Es una especialidad de los dirigentes socialistas españoles y de mucha gente que anda alrededor. Son así.

Esto se suma al prejuicio histórico que pesa sobre el centro-derecha español y sobre la historia de España. Según este prejuicio, todo el que no sea de izquierdas es de ultraderecha. Por naturaleza, está incapacitado para pensar, para escribir, para enseñar, y con más razón para gobernar. Los efectos de estos dos prejuicios han sido devastadores. Pero esta vez lo superamos. Nosotros nunca, jamás, hemos utilizado ese tipo de ataques. Si uno se abstiene de caer en el mismo error, esas maniobras y esas campañas de descrédito acaban forjando carácter. Como el ataque ha sido personal, sales más fuerte, más templado.

Como ya he dicho, nunca me han importado las cuestiones de imagen. Jamás he prestado mucha atención a esas cosas. Un político europeo, vecino nuestro, llevaba bigote, le dijeron que se lo cortara para unas elecciones y se lo cortó. A mí me vinieron con lo mismo. Me aseguraron un aumento de cinco puntos en los resultados electorales si me afeitaba el bigote. Fue una conversación entretenida.

Tampoco como parlamentario he tenido ningún entrenamiento especial. Llevo de diputado muchos años, he trabajado en muchas comisiones y he subido y bajado de la tribuna en muchas más. He participado en debates de todas clases, desde la Ley del Impuesto sobre el Valor Añadido a la de Régimen Local, pasando por debates de investidura y todos los debates sobre el estado de la Nación, en la oposición y en el Gobierno. Un parlamentario debe trabajar en las comisiones y participar en los debates. Y, si se quiere llegar al poder, hay que curtirse en todos los debates, aunque parezcan muy áridos. Los debates de Presupuestos son importantes porque te permiten articular un discurso inteligible sobre la política económica, que es la clave de la política de un gobierno.

Siempre me gustó ser un parlamentario activo. A los debates hay que llegar mentalmente despejado, para tener los reflejos a punto si hay que responder a una objeción, y con los temas bien preparados, sabiendo muy bien lo que tienes que decir. Eso es lo importante, lo demás son adornos.

El mitin de Mestalla, en Valencia, durante la campaña electoral de 1996, fue el mitin más espectacular en el que yo he participado, y probablemente el más espectacular de la historia de la democracia en España. Fue un acto sensacional y muy emocionante, aunque la verdad es que los mítines en los que más he disfrutado, en los que más me ha gustado participar, son los que he celebrado en Valencia, pero en otros sitios, en particular en la plaza de toros. En un mitin político a mí me gusta comunicar con la gente, ver a los asistentes, hablar con ellos. El acto del estadio de Mestalla tuvo una dimensión tan gigantesca que era imposible entrar en contacto con los que estaban al fondo. En la plaza de toros en cambio existe cierta cercanía. Y además, Valencia es una ciudad alegre y muy viva. Siempre me siento a gusto con los valencianos. Eso se nota en los mítines.

Desde el principio mantuve la teoría de que nosotros ganaríamos las elecciones generales cuando diéramos la vuelta a la situación en Madrid y en Valencia. Por eso he prestado una atención muy especial a estas dos zonas.

Aunque es verdad que no ganamos las elecciones, ahora, visto retrospectivamente, estoy convencido de que la decisión de los españoles de no darnos la victoria fue una decisión correcta. El electorado vino a decirnos que lo estábamos haciendo bien, pero que le gustaría comprobar que éramos capaces de seguir en esa misma dirección. No voy a decir que me alegre de no haber ganado las elecciones del año 1993. Pero así como se puede decir que en 1996 el partido estaba totalmente maduro para hacerse con el Gobierno, en 1993 no estoy seguro de que se hubiera alcanzado el punto de madurez suficiente para encarar bien la tarea de gobernar.

El problema para el conjunto de la sociedad española es que si nosotros no habíamos alcanzado el punto de madurez, los socialistas lo habían rebasado ampliamente. Por decirlo de otra manera: los socialistas habían sobrepasado, y mucho, el punto de confianza. A pesar de los apoyos que tuvieron por parte de los nacionalistas catalanes, la legislatura de 1993 a 1996 fue una legislatura perdida. Venía a corroborar nuestro análisis de que los socialistas no comprendían ya la sociedad española, ni los cambios que se habían producido durante el tiempo en que habían gobernado.

Nosotros nunca hicimos durante esos años la misma clase de oposición personal que han hecho luego los socialistas con nosotros. Entre 1993 y 1996 se producen dos fenómenos en los que nosotros no tenemos nada que ver. Uno es la corrupción, del que parece que todavía los socialistas no se han recuperado, pero que entonces se intentó presentar como casos aislados y puntuales. No lo eran. Filesa no es un caso de corrupción aislado, ni tampoco lo es el caso de los fondos reservados. Eran el síntoma de toda una forma de concebir el Estado. Sobre eso, nosotros no teníamos ninguna responsabilidad. Y tampoco la tuvimos en la denuncia del GAL, que volvió a salir por una decisión judicial. A raíz de eso nosotros pedimos una comisión de investigación en el Senado, nada más.

Ahora bien, no podíamos abstenernos de cumplir con nuestra obligación, que es sacar las consecuencias políticas de lo que había ocurrido y de lo que estaba en pleno centro del debate público. ¿Qué teníamos que hacer? ¿Callarnos? Yo no disfrutaba haciendo discursos de alto voltaje en el Parlamento. A mí no me gustan los modos broncos ni la retórica apasionada. En el Parlamento he disfrutado después, cuando he podido explicar las cosas que estábamos haciendo. Pero entonces era nuestra obligación. No podíamos hacer otra clase de oposición, porque lo que teníamos enfrente no era una política, sino la descomposición total del poder político.

La victoria electoral de 1996

Es una de las razones de nuestra victoria electoral en 1996. En los meses previos teníamos la seguridad de que contábamos con una ventaja casi sideral. Eso nos perjudicó mucho. No porque los electores del Partido Popular se abstuvieran. Al contrario, conseguimos un crecimiento muy importante, de un millón seiscientos mil votos, hasta nueve millones setecientos mil votos. Lo que nos perjudicó fue la movilización de muchos electores ante la inminencia de la victoria electoral del Partido Popular.

Entonces sí que las alarmas tocaron a rebato de verdad. La campaña de 1993 fue muy dura, como luego lo fue la de 2000. Pero mucho más lo fue la del año 1996. De todas las campañas electorales, la de 1996 es la más brutal que yo haya vivido. Lo recuerdo muy bien porque mientras yo estaba hablando en los mítines y esperando para salir en directo por televisión, estaba viendo lo que se emitía antes y después de mi intervención. Así que mientras yo hablaba de regeneración democrática, sacaban los anuncios del dóberman, del «no pasarán», de la Guerra Civil e incluso de Franco en la batalla del Ebro. Allí salió todo a relucir. Aquella campaña removió todos los prejuicios que había en la conciencia de los españoles, sacó el fondo más turbio de la historia. Es posible que a largo plazo tuviera un efecto contrario al que en el momento se buscaba, porque, una vez utilizados esos argumentos, ya se ha removido todo lo que se tenía que remover y todo se queda corto con respecto a la brutalidad que se desató entonces. Aquello fue el rencor en su máxima expresión.

Pero lo que entonces parecía que iba a ser un triunfo muy claro, al final fue una victoria ajustada. Una victoria pequeña, pero al fin y al cabo una victoria. Hay quien ha atribuido el margen escaso por el que ganamos a que hicimos una campaña moderada, de perfil bajo. Yo creo que es al revés. Si en lugar de comportarnos como un partido de Gobierno, nos hubiéramos dedicado a responder a las barbaridades que nos decían en el mismo tono que utilizaban nuestros adversarios, probablemente habríamos perdido otra vez.

Pero pese a nuestros esfuerzos, aquélla no fue una campaña normal, propia de una democracia asentada. Además, el PSOE contó otra vez con un apoyo político, mediático y financiero espectacular. Probablemente quienes apoyaron la campaña del PSOE pensaban que lo ocurrido entre 1992 y 1996 era un paréntesis que se podía cerrar y corregir. Estaban equivocados. La mayoría de los españoles comprendieron que el Partido Popular era un partido de Gobierno. Y estaban muy cansados, hartos del espectáculo que estaba dando el Gobierno socialista.

No puedo decir que me sintiera satisfecho con los resultados. Pero tampoco me sentí decepcionado. Yo tenía ya la experiencia de ganar unas elecciones en Castilla y León por 3 500 votos. Ganar las generales por algo más de 300 000 no me parecía tan mal. Y era casi lo que tenía que ocurrir. Además, aunque a mí en la vida las cosas me han ido muy bien, también es verdad que todo he tenido que conseguirlo a fuerza de trabajo.

Los españoles nos mandaron un mensaje: «Estamos hartos de éstos y os sentamos en el Gobierno a vosotros. Pero ojo, no os creáis que todo eso es vuestro. A ver qué hacéis». Como posición de fondo, no está nada mal. Por eso yo no tuve ninguna duda de que el Partido Popular gobernaría, y también sabía lo que tenía que hacer. Claro que a partir de ese mismo instante se pusieron en marcha todo tipo de operaciones para impedir que llegáramos al poder.

Primero se intentó que hubiese un gobierno de gestión. Era absurdo, porque los socialistas habían gobernado en minoría desde 1993. En el fondo, este intento se amparaba en el argumento de la supuesta superioridad moral de la izquierda, que sería la única legitimada para gobernar. Luego se intentó la maniobra de que gobernara el Partido Popular, pero no Aznar. Alguna vez he dicho que aquél fue mi primer «Maura, no», en referencia a la campaña de oposición personal que sufrió Antonio Maura a principios del siglo XX. Una vez más, el partido estuvo a la altura de las circunstancias y aquello no cuajó. Formamos gobierno con el apoyo de Convergència i Unió y de Coalición Canaria.

En la vida, y sobre todo en la vida política, hay que olvidar muchas cosas. Pero creo que en la historia de España se debe recordar que en 1996 algunos trataron de impedir que gobernara quien había ganado las elecciones. Yo he tenido buen cuidado de que esa experiencia no se traslade a mis actos posteriores. Pero creo que, para que no se vuelva a repetir, habría que procurar tenerlo siempre presente.

CAPÍTULO TRES

El legado de la Transición

En 1983, poco después de que el PSOE llegara al Gobierno, respaldado en las elecciones por más de diez millones de votos, nuestro partido publicó un folleto que se titulaba «Esto tiene arreglo». Era una explicación bienintencionada y optimista de lo ocurrido, pero no tenía nada que ver con la realidad. Lo que había ocurrido en 1982 no fue un simple cambio de gobierno, ni una alternancia como las que se producen en las democracias consolidadas. Fue un cambio de fondo, que exigía la articulación de una respuesta nueva por parte de nuestro partido. Requería mucho más que un simple «arreglo».

A los socialistas les ocurrió algo parecido en 1996. No comprendieron bien lo sucedido y, de hecho, no han acabado de comprenderlo desde entonces. Pero mientras no analicen los cambios ocurridos, mientras no sean capaces de enfrentarse a la realidad y asumirla, como tuvimos que hacer nosotros a partir de 1982, va a ser muy difícil que vuelvan a gobernar España.

En términos políticos, la alternancia se produjo en las elecciones de 1996, cuando el PSOE pierde las elecciones. Pero, sólo cuando el Partido Popular gana por mayoría absoluta en el año 2000, se puede dar por terminada la normalización histórica del país. Todavía quedan por resolver los problemas de los nacionalismos, y los que se pusieron en evidencia durante la campaña de oposición a la guerra de Irak. Ahora bien, en términos históricos, la Transición terminó ahí, en 2000. En 1996, una victoria tan ajustada como la nuestra daba pie a pensar que nosotros éramos un paréntesis en la historia de España. Los resultados del año 2000 dejan claro que eso no es así, y que hay un centro-derecha democrático capaz de gobernar con el respaldo de los electores. Las elecciones de 2000 vienen a cerrar definitivamente la ruptura abierta por la Guerra Civil.

Claro que la Transición tiene unos jalones cuya importancia no se puede minusvalorar. El fundamental es la Constitución de 1978, que es el punto de encuentro de todas las fuerzas políticas. Es el único texto constitucional español pactado por todos los partidos en juego, el único en el que ninguna fuerza se impone a otra. Para llegar al texto constitucional hay dos procesos previos de enorme trascendencia. Uno el que lleva a la constitución de UCD, que permite la promoción del cambio desde los sectores reformistas que en buena parte procedían de la época anterior, e incorpora al proceso a otros que llegan a las mismas posiciones reformistas desde fuera. El segundo proceso es el que lleva a los socialistas a modernizar su ideario, a abandonar los resabios radicales y, al final, acaba conduciéndoles hasta el Gobierno de la nación, en 1982. Estas elecciones son otro de esos jalones fundamentales en la historia de la Transición, cuando la izquierda logra convencer al electorado de que es una alternativa creíble de Gobierno.

Yo era joven en esos años. Conocí a los protagonistas de la Transición mucho después. Mi pequeña contribución de entonces consistió en la voluntad de reconocer, como todos los españoles, que no podían volver los tiempos de monopolio del poder político y que había llegado el momento de iniciar una nueva etapa. Tuvimos la suerte de tener unos gobernantes dispuestos a que esa nueva etapa no naciera bajo el signo de la confrontación. Me refiero en particular a Su Majestad el Rey Don Juan Carlos, que lideró todo el proceso, pero también a los demás gobernantes y políticos de esos años. Todos, cada uno con su propia trayectoria política, respetaron esa voluntad. Los que venían de posiciones más extremas tuvieron que hacer un esfuerzo más intenso, pero lo hicieron, y lo más importante es que pronto encontraron la forma de sentar las bases de la normalización de España.

Siempre he mantenido una relación excelente con Adolfo Suárez. Si la Corona garantizaba la continuidad, Adolfo Suárez fue quien garantizó la estabilidad de la acción política que condujo a la estabilidad democrática. Hizo un trabajo extraordinario y todos somos herederos de su acción. Cuando hablo de partido de centro, no olvido nunca el ejemplo de Adolfo Suárez y su capacidad para reunir y sumar. Por otra parte, resultaba normal que la tarea política de Suárez se agotase donde se agotó, cuando hizo lo más difícil de todo y dejó encarrilada la Transición. Otra cosa es que acabase como acabó. Eso no tenía que haber ocurrido. La labor de Suárez se merecía un final distinto.

Leopoldo Calvo Sotelo fue un hombre valiente. Se hizo cargo de UCD en un momento muy difícil y tomó algunas decisiones importantes, como la entrada de España en la OTAN. Si esta decisión se hubiera respetado, como se debería haber hecho y como al final se hizo, nos habríamos ahorrado mucho tiempo y muchos problemas innecesarios. Adolfo Suárez siempre ha seguido con simpatía lo que hemos hecho desde el Partido Popular, y Leopoldo Calvo Sotelo ha estado siempre dispuesto a colaborar en lo que fuera necesario. Son dos grandes personas, con sentido del deber y de lo que cada uno le debe a su país.

La Transición española ha servido de modelo, y no sólo en países iberoamericanos, sino también en países europeos que han conocido más tarde procesos de transición a la democracia. Es, por tanto, un capital político extraordinario para España, para su prestigio y su influencia. Pero además de la Transición, lo que ahora también podemos poner como ejemplo es el éxito del país. Podemos demostrar que se puede hacer una transición pacífica a la democracia y también que el país surgido de esa transición puede tener, si se lo propone con seriedad, grandes éxitos en cuanto a prosperidad e influencia. Es un doble ejemplo y un doble legado. Primero, el de la voluntad de pactar y establecer un modelo de respeto, de tolerancia y de convivencia, y segundo, el de la voluntad de preservarlo, continuarlo y en la medida de lo posible, profundizarlo.

Los que nos dedicamos a las tareas de Gobierno, cada uno en su esfera, debemos esforzarnos por respetar ese legado, y más que criticarlo, deberíamos inspirarnos en él. Todos los protagonistas de la Transición se esforzaron por cumplir con la responsabilidad que tenían, que era construir un sistema democrático sin caer en la tentación de establecer rupturas. Ése era el mandato que les había otorgado el pueblo español. Y eso es lo que supieron cumplir.

Fue un trabajo extraordinario. Permitió dar por cerrada una etapa y abrir otra sin violencia ni enfrentamientos civiles. De lo que se trataba era de eso: de dar por cerrados muchos años de intransigencia. Ahora se escuchan algunas voces en la izquierda que pretenden revisar la Transición y poner en duda su legitimidad, supongo que para poner en duda la legitimidad del proceso que nos ha conducido adonde estamos ahora. Es absurdo. La Transición es uno de esos momentos en que los españoles estuvimos, sin duda alguna, a la altura de lo que se exigía de nosotros. Quien quiera iniciar la crítica a la legitimidad de la Transición debería tentarse muy bien la ropa antes de lanzarse a la obra. Debería ser muy exigente con sus propios argumentos y extremadamente cuidadoso a la hora de manejarlos. Si se le retira la legitimidad a la Transición, también se le está restando legitimidad a los catorce años de Gobierno del Partido Socialista, y a todos los que desde la izquierda —y no sólo desde la derecha o desde el centro— participaron con generosidad y buena fe en aquel pacto.

A veces se diría que algunos españoles se aburren en una situación estable, como les pasó con la Restauración a principios del siglo XX. Entonces pareció que no valía la pena defender veinticinco o treinta años de Constitución liberal. Ahora parece que algunos se aburren de estos veinticinco años de monarquía parlamentaria. Yo no comparto ese aburrimiento. A mí me gustaría que la democracia alcanzara una tradición tan larga, por lo menos, como la de algunos países del norte de Europa. Más de doscientos años de continuidad constitucional y democrática. Es un desafío con el que vale la pena soñar.

Eso no ha podido ser en la Historia española. Se han producido demasiados cortes, demasiada inestabilidad. La democracia requiere mucho tiempo, porque hay que interiorizar comportamientos de respeto y de tolerancia que no se aprenden de un día para otro. De hecho, ni siquiera se aprenden; han de convertirse en una costumbre, en una forma de ser. Eso lleva muchos años, pero es lo que nos hace falta: alcanzar una normalidad democrática y no aburrirnos de ella, aunque no presente episodios arrebatados ni grandes momentos de intensidad dramática. Uno de nuestros defectos tal vez sea la falta de constancia. Nos cansamos demasiado pronto de las cosas, sin justificación.

Tenemos que acostumbrarnos a que las instituciones funcionen, a que se cumplan los plazos previstos, a que gobiernen las leyes, a que el ejercicio de la alternancia sea algo natural, fruto de la elección de los electores y no de brechas históricas de dimensiones incalculables. Hay que tener la constancia suficiente para no caer en la tentación infantil, en la que alguna vez hemos caído los españoles, de romper las cosas por aburrimiento.

Por eso salvaguardar el legado de la Transición es tan importante. Para clausurar de verdad períodos históricos largos de inestabilidad como los que se han sucedido en la historia de España, hace falta mucho tiempo y cambios muy profundos en las mentalidades.

Todos los que participaron en la Transición se esforzaron por favorecerlos. Pero la contribución del centro-derecha fue muy importante. Apostó con claridad por el cambio en las instituciones. Negoció grandes pactos sociales. Fue de una extraordinaria generosidad en lo que respecta a la cultura, un campo en el que el centro-derecha no ha tenido revanchismos ni exclusivismos de ninguna clase. Y puso los fundamentos de lo que hoy es la posición internacional de España. Cada cual tendrá sus méritos, pero éstos son innegables.

Tal vez lo que esté ocurriendo hoy en día es que la reordenación mental que requería la Transición ha empezado ya a dar sus primeros frutos. En términos históricos, uno de los elementos de ese cambio estaba sustentado en la superioridad moral e histórica de la izquierda. Según esta perspectiva, la izquierda tenía los valores y las ideas que le permitían convertirse en el sujeto del cambio. Como nunca había gobernado, se podía esperar todo de ella. En cambio, sobre la derecha no se podía fundar la renovación democrática. La derecha era una vuelta al pasado.

Hoy en día, la realidad ha obligado a cambiar esta forma de ver las cosas. Después del Gobierno del PSOE entre 1982 y 1996, ya no se puede decir que la izquierda fuera completamente inocente de cualquier mal que aquejara a la sociedad. Menos aún después de las consecuencias de buena parte de las políticas que pusieron en práctica. En 1989, el Muro de Berlín se vino abajo, y con él cualquier ilusión basada en la posibilidad de cambiar el mundo desde la raíz. Hoy la izquierda se dedica a hacer lo que entonces, durante la Transición y algunos años después, la propia izquierda decía que estaba haciendo la derecha. Eso no puede ser. La izquierda no puede seguir volviendo una y otra vez la mirada al pasado, a un pasado inventado, además. Y tampoco puede seguir manteniendo las mismas posiciones que tenía cuando no había gobernado. Lo que tiene que hacer la izquierda es atreverse a enfrentarse a la realidad como es, y no intentar remover el pasado, seguir excavando fosas y exhumando cadáveres.

Eso no lleva a ningún sitio. La historia no se reescribe. Se pueden interpretar de manera diferente los hechos ocurridos, pero no se pueden cambiar. No se puede estar siempre diciendo que la República salió mal pero debió salir bien, y que, como consecuencia de la Guerra Civil, debió abrirse un proceso de reconciliación que nadie sabe cómo tendría que haber sido. Es como si los italianos dijesen que debían haber apoyado a los aliados antes de 1943, o como si los norteamericanos argumentasen que debían haber intervenido en la segunda guerra mundial antes del ataque de Pearl Harbor. Muy bien, ¿y qué? Cada país tiene su proceso histórico y ha de saber deslindar su presente de su pasado.

Cuando mantienen esa revisión permanente del pasado, como si el presente estuviera hipotecado por la historia que debió ser, están manteniendo una idea muy antigua del país, que es la excepcionalidad de España. España, desde esta perspectiva, debería seguir siendo el país donde ocurren las cosas que en los demás países no suceden. Nosotros tenemos deudas que saldar con el pasado que los demás no tienen, nosotros —los españoles— estamos obligados a mantener ilusiones que los demás ya han dejado atrás. Deberíamos seguir siendo la excepción, el país que antes visitaban los viajeros románticos en busca de exotismo y que ahora debería ser la última trinchera de la resistencia de la izquierda, para que vinieran a divertirse aquí los socialistas que lo perdieron todo en 1989.

Yo no quiero esa clase de reputación para mí país. Yo no quiero ser la excepción de nada. Mi país tiene un pasado que es tan digno como el de cualquier otro, y mi tarea como español es contribuir a que mi país sea un país próspero y libre. Yo he querido trabajar para que España sea un país con una democracia sólida y duradera. Eso es lo que me interesa.

Eso es lo que el Rey Don Juan Carlos puso en juego durante la Transición. La Corona significaba la garantía de la continuidad del proceso histórico. Con el respaldo de la Corona, la Transición se haría sin traumas. Por eso, sin la Corona, la Transición no se habría podido realizar. Al mismo tiempo, era una exigencia para quienes protagonizaron la Transición, porque sabían que sin la Corona no existía un marco para el acuerdo. En un momento o en otro, todos los partidos tienen que declarar explícitamente su lealtad a la Corona, y al hacerlo aceptan una determinada tradición histórica. Poco antes de cumplirse el 25 aniversario de la Constitución, el Rey fue capaz de reunir a los presidentes de las Comunidades Autónomas. Ahí estaban todos: ésa es la importancia de la Monarquía.

Al mismo tiempo, el Rey supo revalidar su papel como garante de las libertades con lo ocurrido el 23 de febrero de 1981, cuando el intento de golpe de Estado. Esa noche, y en los días siguientes, el Rey jugó el papel que le correspondía como heredero de una tradición y como representante de toda la nación. A partir de ahí, todos los españoles que querían convivir en paz y en libertad se identifican con el Rey y en él ven representada, y viva, una historia común.

El Rey siempre facilita las cosas. El Rey sabe perfectamente cuál es su función y cuál es su papel. La cumple con eficacia, con dedicación y con discreción. Siempre está dispuesto a colaborar con las instituciones. Siempre ha contribuido a que el mecanismo constitucional funcione. Es un gran ejemplo para todos.

También lo es la Reina. Me impresiona su profundo sentido del deber, y su humanidad, la capacidad que tiene para llegar al corazón de la gente sin dejar de ser nunca lo que es, la Reina de España. Afortunadamente para España, la continuidad de la Corona está garantizada por el Príncipe de Asturias.

La historia de un gran país

Yo me he esforzado en recuperar la tradición liberal española y me he ocupado, más de una vez personalmente, de que se saque a la luz esa tradición que estaba oscurecida por las circunstancias históricas de enfrentamiento y ruptura. Un partido de centro como el nuestro tenía que recobrar y reivindicar la tradición liberal, o liberal-conservadora que es la suya. No venimos de la nada, ni de una ocurrencia que haya tenido alguien a mediados de los años setenta. Venimos de una tradición consistente, que a pesar de todas las dificultades, no se ha roto nunca a lo largo de la historia del país. Desde Jovellanos hasta quienes ahora mismo se esfuerzan por aclarar de buena fe la realidad española y contribuir a construir un Estado moderno, liberal, garante de los derechos individuales, hay líneas de continuidad, muy de fondo, que no se han perdido. Es lo mejor de nuestra tradición intelectual. Manuel Fraga había contribuido a mantenerlas con sus estudios sobre el pensamiento conservador español. Para mí era un deber ayudar a rescatarlas y darlas a conocer.

También tengo la convicción muy clara de que España es una de las grandes naciones históricas de Europa y del mundo. Como todas las grandes naciones que han tenido un papel de liderazgo y han asumido responsabilidades de primera línea, hay en su historia momentos muy brillantes, como hay hechos discutibles. Pero deberíamos esforzarnos por no trasladar al pasado nuestras discusiones actuales. Era absurdo discutir sobre la conveniencia de celebrar un aniversario como el del Descubrimiento de América porque no nos gustan algunas de las consecuencias de aquel Descubrimiento. Y es absurdo que resulte problemático hablar con sinceridad de los Reyes Católicos, que fueron los que dieron cuerpo político a la nación española, sólo porque no parece correcto referirse a una monarquía católica. Lo mismo pasa con la Restauración —el reinado de Alfonso XII y la reina María Cristina—. Durante muchos años sólo nos ofrecieron de ella una visión negativa y crítica, cuando fue una larga etapa de estabilidad institucional, de convivencia pacífica y de respeto a las libertades.

Había que recuperar la tradición liberal española porque forma parte de la historia de España, porque permite comprender que en ella hay líneas de continuidad que se han mantenido a lo largo del tiempo, y porque así los españoles podrían asomarse tranquilamente, con serenidad, a su propia historia. Los españoles tenían que empezar a contemplar la historia de su país sin complejos, porque en la historia de España hay más motivos de satisfacción que de insatisfacción. España es una gran nación porque decidió afrontar una responsabilidad de primer orden durante siglos. Cuando dejó de jugar ese papel, entró en crisis la forma cómo los españoles se veían a sí mismos. Entonces empezamos a considerarnos un país exótico, ajeno a la normalidad europea, escindido de la tarea común a los países occidentales.

Era absurdo. Los españoles participaron en la empresa occidental e hicieron aportaciones fundamentales a este proyecto común. Nunca fuimos ajenos a él. Los españoles pueden contemplar su historia con confianza. Esta recuperación del pasado español formaba parte de la recuperación del sentimiento nacional español, un sentimiento del que se decía que estaba muy debilitado, aunque yo nunca lo he creído así.

Azaña decía que se sentía naturalmente español. Es una buena formulación. Cada uno podrá tener una determinada conciencia de su país, podrá ser más o menos crítico con determinados aspectos de su tradición o podrá identificarse más o menos con determinadas acciones del pasado. Pero, natural e históricamente, se es español y se expresa uno como español. No entiendo por qué eso tiene que ser problemático.

Liberales y conservadores

Azaña fue un mal gobernante y un escritor difícil. Pero lo que Azaña tenía muy claro era una idea nacional. Para Azaña, el país estaba por encima de los regímenes políticos. Azaña pensaba que se podía hacer una política nacional, pero no porque sólo hubiera una forma de hacer política que pudiera considerarse propiamente nacional, sino porque cualquier política que se desarrolle desde el Gobierno tiene que practicarse en función de los intereses nacionales y estar al servicio del conjunto del país. La política debía contribuir a fomentar la lealtad nacional, e incluso el orgullo de ser español. Eso es lo que a mí siempre me ha gustado de Azaña, desde que empecé a leerlo de joven.

Para mí, Azaña forma parte de la tradición liberal española. Esa tradición existía, pero había que traerla al presente, ponerla de relieve y darla a conocer. Había que impulsar el reconocimiento de su papel, aunque también había que tratarla con honradez y atreverse a criticarla cuando fuera necesario. Dentro de esa tradición, a mí me parecen particularmente importantes dos personajes: Cánovas y Maura. Cánovas y Maura son dos jalones fundamentales en la historia del liberalismo español, liberalismo conservador, pero liberalismo al fin y al cabo.

Cánovas venía de una gran crisis nacional que culminó en la Primera República. Y teniendo detrás esta crisis monumental, Cánovas fue capaz de hacer realidad un gran proyecto nacional e histórico. Continuar la historia de España, como él decía, y dar a España un régimen liberal, respetuoso con las libertades, dotado de instituciones sólidas, de dimensión propiamente nacional. Cánovas es la demostración de que la historia de España podía desembocar y continuarse en una concepción liberal de su país y del ejercicio de la política.

Maura, por su parte, era una visión más moderna, propia ya del siglo XX. Maura tenía algunas cosas muy claras y comprendió que había que democratizar el régimen heredado de Cánovas y de Sagasta. Él quería hacer la transición entre un régimen liberal del siglo XIX, como era el de la Restauración, y una monarquía parlamentaria y democrática, como correspondía al siglo XX. Si le hubiera sido posible hacerlo, a lo mejor nos habríamos ahorrado buena parte de los conflictos civiles que padecieron los españoles en el siglo XX. Es la tarea que inició Fraga, aunque en términos distintos, porque Fraga partía de una situación distinta. Luego la continuamos nosotros, una generación históricamente nueva, que se esforzó en hacer compatible una tradición histórica con la referencia democrática.

Para mí no hay distinción clara entre liberalismo y conservadurismo. Cuando me refiero a Cánovas y a Maura, considero que forman parte de la tradición liberal española, al mismo rango que Sagasta y Canalejas, otros dos grandes personajes de esta tradición en la que abundan los nombres significativos. Son conservadores, pero liberales al fin y al cabo. La unidad del pensamiento liberal-conservador se comprende muy bien tras la derrota del marxismo y de las ideologías derivadas del marxismo, que eran profundamente antiliberales. Lo que triunfó con la caída del Muro de Berlín fue la eficacia económica, sin duda. Pero esa eficacia está fundamentada en una serie de valores y de principios: la libertad individual, la responsabilidad, los derechos humanos, el respeto a la ley.

Por seguir con la referencia a la historia de España, el patriotismo democrático de Azaña no puede subsistir —y de hecho no pudo hacerlo— sin el respeto a los valores de autoexigencia moral que representaba el liberalismo conservador de Ortega.

Hayek lo dijo muy bien al principio de *Los fundamentos de la libertad*. La libertad no es simplemente un valor singular, sino la fuente y la condición necesaria de la mayoría de los valores morales. Yo puedo concebir una situación de completa libertad para mí, pero esa situación de libertad individual me ofrecería muchas menos oportunidades que las que me ofrece una sociedad libre. Una sociedad libre es precisamente aquella que me ofrece la posibilidad de descubrir y aprovechar oportunidades que sin ella no habrían sido siquiera imaginables.

Me ofrece la posibilidad de descubrir esas oportunidades porque me abre la posibilidad de cooperar con los demás, para lo cual es necesario el respeto a la libertad del otro, es decir la aplicación de los principios que organizan lo que Raymond Aron llamaba una «sociedad pluralista»: aquella en la que se respeta la ley y se respeta también el sentido del compromiso, que es la legitimidad parcial de los argumentos de los demás y la posibilidad siempre abierta de llegar a un acuerdo relativamente satisfactorio para ambas partes.

El liberalismo tiene sin duda aspectos que se prestan a la crítica. Ortega los resume cuando dice que la libertad nos obliga a ser más exigentes con nosotros mismos, a desentrañar en el ejercicio de nuestra vocación nuestra propia verdad. Siempre existe el riesgo de confundir libertad con relativismo, lo que antes he llamado el nihilismo, ese estado en el que cualquier cosa resulta indemostrable. Por otra parte, la libertad y la autonomía del individuo deben ser compatibles con el respeto de las instituciones, o incluso de tradiciones y de creencias. El principio de la libertad individual no debería minar los fundamentos de la seguridad, porque eso sería suicida para las sociedades abiertas. Tampoco la tolerancia, que es un principio básico de las relaciones entre individuos, debe llevar a la abdicación de las convicciones propias. Ni la búsqueda del propio interés, en el que se basa la prosperidad de la sociedad, puede acabar en un egoísmo individual incompatible con los principios de solidaridad y de cohesión que resultan básicos para el mantenimiento del orden democrático.

Tony Blair suele decir que la tragedia de la izquierda inglesa en el siglo XX es que se escindió de su raíz liberal. Es una reflexión que se puede aplicar en todo el mundo. Incluso en Estados Unidos, el Partido Demócrata sucumbió a partir de los años setenta a la tentación del radicalismo. En cambio, Clinton llegó al poder con un programa más centrista y no le fue nada mal. Los ocho años de la presidencia de Clinton fueron años de extraordinaria prosperidad económica. Pero tampoco le fue mal en términos políticos. Clinton, como Blair, debería ser el punto de referencia de la izquierda renovada, una izquierda que habría comprendido el significado de fondo de la caída del Muro de Berlín, que no es sólo económico ni se refiere únicamente a la libertad económica.

Los problemas de Blair con la izquierda laborista y la recuperación de la tradición radical dentro del Partido Demócrata norteamericano, a raíz de la intervención en Irak, demuestran que es más fácil conjugar liberalismo con conservadurismo que liberalismo con izquierdismo. Eso está fuera de duda. Nosotros no tenemos que excluir a nadie de nuestro proyecto ni de nuestro ideario. Tenemos que aplicar nuestras ideas y nuestros principios.

La labor de la oposición y los límites del consenso

Desde mi punto de vista, sería absurdo quejarme de que la oposición no se encuentre en las mejores circunstancias. Pero sí que he echado de menos a un Sagasta. Me habría gustado tener como interlocutor a una persona con una visión histórica de las cosas, con perspectiva nacional y global de los problemas. Nosotros nos esforzamos en cumplir ese papel cuando estábamos en la oposición. Firmamos los Pactos Autonómicos de 1992, en 1995 firmamos el Pacto de Toledo y seguimos la misma línea en los momentos en que la situación de España en el mundo estuvo en juego. Es lo que hicimos durante la guerra del Golfo de 1991, o en 1993, durante la intervención en Bosnia, cuando España llegó a enviar casi 1 500 soldados.

Otras veces intentábamos mejorar las decisiones gubernamentales con propuestas propias, pero complementarias, serias, y en cualquier caso no destructivas. En estos asuntos debería prevalecer una concepción meditada acerca del papel de cada uno de los grandes partidos.

El problema al que yo me he enfrentado consiste también en que he tenido a muchos interlocutores distintos. He tenido a González, a Almunia, a Borrell, he vuelto a tener a Almunia, no he tenido a nadie y, al final del mandato, la verdad es que no he tenido a casi nadie. En este caso a pesar de mis esfuerzos, porque a mí me habría gustado tener una relación más distendida con los socialistas. Cuando en el PSOE se produjo la crisis de la que salió el último secretario general que me ha tocado a mí, Rodríguez Zapatero, nosotros nos abstuvimos de hacer cualquier comentario sobre el proceso. No dijimos una sola palabra.

Se siguieron instrucciones expresas que yo di, porque pensaba que no nos competía a nosotros meternos a hurgar en las heridas del principal partido de la oposición. No era una opinión compartida por todo el partido, y había personas en el Partido Popular que pensaban que estábamos siendo demasiado benévolos. Intenté establecer una relación más fluida y evitar las críticas prematuras, porque me pareció que sería bueno para el país facilitarle las cosas al nuevo secretario general del PSOE, y que su partido se estabilizase. Yo tenía la impresión de que iba a tener más problemas por su lado que por el mío. Así se lo dije. Y es lo que acabó ocurriendo.

No puede uno marcharse de un partido político dando un portazo, cuando uno se va, hay que dejar un partido ordenado, con ideas claras y un proyecto articulado. Un partido no es una organización volcada sólo en ganar las elecciones y mucho menos una organización sustentada en la obsesión del desquite. Eso hay que rechazarlo completamente. Si uno se deja llevar por esas obsesiones, ya no es capaz de pensar libremente.

Los partidos deben estar preparados para estar en el poder y también para estar en la oposición. Y además de ser capaces de hacer oposición, también tienen que tener autoridad para llegar a pactos con el Gobierno. Si no se hace eso, se está creando una organización sin fundamento ni estructura. Es lo que ha ocurrido en el Partido Socialista. Ahora, el PSOE parece una confederación de partidos. No puede ofrecer alternativas serias y creíbles. Está continuamente pendiente de sus equilibrios internos de poder.

Cuando llegó el último secretario general del Partido Socialista, parecía que íbamos a poder alcanzar algún tipo de consenso sobre ciertas cuestiones fundamentales. Luego los socialistas cambiaron la estrategia en cuanto a la alternativa al nacionalismo en el País Vasco. Más tarde, se alinearon con Izquierda Unida durante la campaña contra la guerra de Irak y las elecciones municipales de 2003. Finalmente, parecen estar convencidos de que irán ganando cuotas de poder si, en vez de mantener un liderazgo y unas propuestas consistentes para toda España, se van aliando con los nacionalistas o los independentistas, con lo que un partido de ámbito nacional aparece ahora diciendo cosas distintas según las comunidades. Hay una falta de criterio en cuestiones de fondo, y una falta de perspectiva global e histórica muy notable.

En España existe un modelo muy particular y unos usos que sin duda irán desapareciendo con el paso del tiempo. En Gran Bretaña es inconcebible que el primer ministro se reúna para hablar con el líder de la oposición, excepto, claro está, en el Parlamento. En España hemos pasado por situaciones de carácter excepcional, como es un proceso todavía reciente de creación de instituciones básicas de Gobierno. Pero, excepto si pensamos en casos muy especiales, como en caso de conflicto bélico, me parece que en nuestro país exageramos un poco en lo de las relaciones entre el jefe del Gobierno y el líder de la oposición. Parece que el jefe del Gobierno y el jefe de la oposición deberían estar haciéndose cortesías continuamente.

A mí lo que me parece importante es que cada uno cumpla con su tarea. Se puede compartir una cierta visión, ciertos objetivos generales para el país, pero lo normal es que se formen mayorías, que estas mayorías funcionen y que el Gobierno tome las decisiones en función de la mayoría parlamentaria que le respalda, y que es la que ha sido elegida por la gente. Aquí, a veces da la impresión de que la mayoría lo es porque ha sido elegida, pero con la condición de no desarrollar sus proyectos ni cumplir su programa de Gobierno. Parece que lo que la mayoría debería hacer es cumplir los deseos de la minoría porque es la minoría quien de verdad tiene legitimidad. Y si no le haces caso a la minoría, es que no sabes qué es una democracia. Es completamente absurdo.

El consenso tiene dos límites. El primero es que el consenso no sustituye las responsabilidades propias. No se puede delegar en los participantes del consenso la tarea que uno tiene que hacer. Y por otra parte, el consenso no puede convertirse nunca en el objetivo único de la acción política. Lo importante es lo que se quiere hacer. Una vez se sabe qué se quiere hacer, es posible que el consenso resulte ser un instrumento válido. Pero no siempre es así.

Además, el consenso supone que los participantes en el mismo tienen posiciones claras. Yo puedo estar dispuesto al consenso, porque siempre he sido una persona dialogante, pero es muy difícil llegar a ningún consenso con personas que no saben qué quieren hacer. Finalmente, el consenso es un instrumento heredado de la tradición política de tiempos de UCD. Entonces fue una herramienta básica para la puesta en marcha del Estado constitucional. Esta forma de entender el consenso en la acción política supone que todos los que participan de él comparten algunas grandes ideas, unos cuantos conceptos de fondo y una perspectiva histórica. Estos consensos son importantes. Se echan de menos cuando no existen.

Yo he intentado una política de consenso y de concertación en algunos asuntos de calado en los que creía que se podía llegar a grandes acuerdos. Estaba convencido, y sigo estándolo, de que un proceso de diálogo y de apoyos sería extraordinariamente útil para conseguir los objetivos de estabilidad económica que nos habíamos propuesto. Esa línea se ha prolongado luego, por ejemplo en la renovación del Pacto de Toledo, en el año 2003.

En diciembre de 2000 pusimos en marcha el Pacto Antiterrorista —el Acuerdo por las Libertades y Contra el Terrorismo—, aunque en este caso ya surgieron serias diferencias, porque lo que pretendían los socialistas no era exactamente lo mismo que queríamos conseguir nosotros. Yo aspiraba a articular un acuerdo sobre dos tipos de cuestiones: la primera, la lucha antiterrorista, que es una cuestión concreta; y otra, la de la crear una alternativa política ante el desafío nacionalista, que es una cuestión de largo plazo. Es en esta segunda cuestión donde el acuerdo con el Partido Socialista es más difícil. Parece que el PSOE da más importancia a un acuerdo táctico, que le sirva sólo como cobertura para las elecciones, que a un acuerdo de fondo. Es una cuestión que se podría recuperar y, desde luego, yo pensaba entonces cumplirlo. En todo momento hemos dado las mayores facilidades.

Se ha roto el Pacto de Estado para la Reforma de la Justicia, que firmamos en mayo de 2001. Se ha roto de forma perfectamente gratuita, como lo demuestra el que esa ruptura se haya producido de la mano del Partido Nacionalista Vasco y de Izquierda Unida, que no aceptan la aplicación de las sentencias del Tribunal Supremo en el País Vasco. No había argumentos razonables para hacer eso. El desarrollo del Pacto de la Justicia se ha ido realizando de forma eficaz y continua. Se han renovado sistemas de elección, se han reformado los estatutos del Ministerio Fiscal, se han introducido reformas en la Ley de Enjuiciamiento Criminal, se ha reformado el Código Civil y se ha hecho un esfuerzo muy considerable para dotar de medios materiales y personales a los tribunales. Evidentemente, los objetivos del Pacto se van a seguir cumpliendo, con o sin el Partido Socialista. Pero habría sido más positivo que el pacto no se hubiera roto. No entiendo por qué un partido que aspira a gobernar da por acabado un pacto de esta naturaleza.

En cualquier caso, en estos años la justicia en España ha conseguido un avance muy sustancial. Yo mantengo hoy, como siempre he mantenido, que una sociedad libre no puede durar sin el respeto a las normas. Las reformas en la justicia han estado encaminadas a mejorar su funcionamiento, y también a conseguir que los ciudadanos españoles sepan que la ley merece ser respetada. No podemos emitir señales de debilidad ante quienes no cumplen la ley, y mucho menos en un país como el nuestro, que ha progresado sustancialmente en su prosperidad y se ha convertido en un país atractivo para la criminalidad organizada.

Hay que recuperar el sentido común, el mismo que nos indica que los profesores no pueden realizar su tarea de educar y transmitir el conocimiento cuando carecen de autoridad para hacer cumplir las normas que rigen la convivencia civilizada. También en esto me habría gustado llegar a un pacto con la oposición, aunque con o sin pactos hemos logrado a lo largo de estos años contribuir a crear una democracia con una calidad comparable a la de cualquier otro Estado desarrollado.

CAPÍTULO CUATRO

Un país que progresa

Cuando llegamos al poder en 1996 sabíamos que heredábamos una situación que iba a suponer un reto. La última legislatura socialista, la de 1993-1996, resultó muy negativa. En unos cuantos años se acumularon escándalos como los de Banesto, el de KIO, el de Grand Tibidabo, el escándalo de Filesa, el de Ibercorp, el de Gabriel Urralburu en Navarra y el de Manuel Ollero en Andalucía. Incluso el director general de la Guardia Civil y el gobernador del Banco de España se vieron comprometidos en casos muy graves de corrupción. Pero no era sólo un problema de algunas personas que no tenían conciencia ética y que anteponían sus intereses personales al servicio del Estado. Era algo más grave aún que eso.

España se había convertido en el escaparate de un modo de concebir y de hacer las cosas que tenía mucho que ver con una forma de ver la sociedad y la acción del Estado. Los socialistas no tenían una clara conciencia de qué son y qué significan los controles presupuestarios. Entendían la Administración como un instrumento intervencionista en la economía del país, que es tanto como decir en la vida de la gente. La frontera entre lo privado y lo público era tenue. De ahí surge la semilla de la corrupción, que fue percibida con nitidez en los últimos años de Gobierno del PSOE.

Hay que tener en cuenta que el triunfo del Partido Socialista en 1982 era un cambio de largo recorrido, no una simple cuestión de alternancia política. Además, a partir de ahí España prosperó, sin duda alguna. Más tarde hubo dos momentos muy importantes que explican lo ocurrido. El primero llegó en 1989. Después de la huelga general de diciembre de 1988, el Gobierno cedió y se abrió la espita de lo que ellos mismos llamaron «las alegrías de la concertación social». Aquello supuso un aumento desmesurado del gasto, un gasto que el país no podía soportar. Como aquel descontrol presupuestario era insostenible, el Gobierno recurrió a dos expedientes. El primero, que España ingresara lo antes posible en el Sistema Monetario Europeo, de tal forma que se controlara la moneda. El otro, mantener el cambio de la peseta artificialmente alto. Este conjunto de medidas no mejoraron las cosas, al contrario, provocaron un descontrol aún mayor. El país entró en una crisis económica muy grave entre 1992 y 1993. Si a todo eso se une la cuestión de la corrupción, el juicio sobre esos años difícilmente puede ser benévolo.

En 1995 se inició una recuperación económica general, que también tuvo efecto en España. En la etapa final del Gobierno socialista se introdujeron algunos elementos de corrección a la política económica que se había desarrollado hasta entonces. Había que ponerlos en marcha, pero no eran más que eso: mecanismos para intentar embridar una situación que estaba fuera de control.

Contra la resignación

¿Qué pensábamos nosotros? Primero, estábamos seguros de que España tenía capacidad para avanzar y prosperar. Segundo, se trataba de demostrar que dentro del respeto a la ley y con una menor intervención del Gobierno en la vida económica, se podían alcanzar los objetivos de crecimiento que nos habíamos fijado. En otras palabras, nos propusimos demostrar que cuanto más austero fuera el Estado y más libre fuera la economía, menos posibilidades de corrupción habría y más progresaría España. Ése era el objetivo principal de la lucha contra la corrupción, además de regenerar la vida pública. De castigar, ya se encargaría la justicia.

Rodrigo Rato estaba destinado a tener un papel extraordinariamente brillante en esta tarea. Rato tiene un gran crédito en lo referido a materia económica, y una gran autoridad política, derivada de su propia capacidad y de su papel en la historia del Partido Popular. Además, ha demostrado una gran capacidad de negociación. Entre nosotros siempre ha existido una confianza política estrecha. Compartíamos un mismo punto de vista sobre cuál era la situación y lo que había que hacer.

Estábamos convencidos de que en España se habían producido tres saltos muy importantes en los últimos cuarenta años. El primero fue el Plan de Estabilización, a finales de los años cincuenta, que abrió la economía española y propició una larga etapa de desarrollo. Luego vinieron los Pactos de la Moncloa, en 1977, que contribuyeron a estabilizar la situación de la economía. Finalmente, estaba la entrada de España en lo que entonces era la Comunidad Europea, que introdujo a España en un gran mercado y obligó a profundizar las medidas de apertura económica. Vale la pena apuntar que, de estas tres grandes decisiones sobre política, dos, las más importantes, son medidas de apertura y liberalización.

Quedaba el nuevo paso que había que dar en los años noventa con la entrada de España en el grupo de cabeza del euro. Para darlo en buenas condiciones había que dejar atrás una práctica política fundamentalmente intervencionista y sustituirla por otra basada en la liberalización económica. Así fue como empezamos a poner en práctica una política económica liberal. Continuábamos una línea que ya se había ensayado, pero nos dispusimos a hacerlo con una dimensión desconocida hasta entonces en la economía española.

Hay una frase de aquellos momentos que se suele recordar mal. Es el famoso «Váyase, señor González», que le dije al presidente del Gobierno durante el debate sobre el Estado de la Nación, en abril de 1994. La frase entera es: «Váyase, señor González, y deje a otro de su grupo como presidente del Gobierno.» Yo no pretendía que Felipe González convocase elecciones generales, ni quería deslegitimar al Gobierno. El PSOE tenía respaldo electoral para seguir gobernando y eso hay que respetarlo siempre. Lo que quise decir es que Felipe González ya no podía seguir gobernando el país en aquellas condiciones de corrupción y de naufragio de la economía. Lo que tenía que hacer era dejar que otra persona de su partido se hiciera cargo del Gobierno. Lo que yo le proponía a Felipe González era que ahorrara a su país lo que se había convertido en una auténtica agonía.

También es verdad que estaba seguro de que no me iba a hacer caso. Más aún, siempre di por sentado que Felipe González volvería a presentarse en 1996. Desde 1982 sabíamos que el Gobierno socialista iba para largo. Los socialistas pensaban en un período aún más prolongado de lo que algunos imaginábamos. Siempre hablaron de veinte o veinticinco años de gobierno. Para entonces, en 1996, los años de gobierno habían convertido al PSOE en una combinación original entre el Partido Revolucionario Institucional mexicano y la socialdemocracia sueca. Una de sus características era la afirmación de que no había alternativa a su política económica. Aquello sí que era lo que luego se ha llamado «pensamiento único». La única política económica era la que seguía el Gobierno del PSOE. Cualquier otra iba a llevar a España a la ruina.

Era una situación extraña, porque se fomentaba la resignación del país, y al mismo tiempo se carecía de auténtico liderazgo. Cuando nosotros llegamos al Gobierno, todo el mundo —incluido el Gobierno socialista— daba por supuesto que no entraríamos en la primera fase del euro. Nos decían que el nuestro no era un caso excepcional, porque tampoco iban a entrar Italia ni Gran Bretaña. A veces, incluso se sugería que el euro era un proyecto imposible, que no se iba a poner en marcha.

Por otra parte, España había quedado catalogada dentro de lo que algunos países del centro y del norte de Europa llamaban el Club Med, por el Club Méditerranée, como si los países mediterráneos, y en particular España, fuéramos incapaces de cumplir la disciplina económica y presupuestaria necesaria para entrar en el euro. Justamente, el Tratado de Maastricht estableció en 1992 unas reglas de juego para los Estados. Es la garantía que fijan los países del núcleo central europeo contra la indisciplina que parecía característica de otros países, en especial los del sur. Había incluso quien pensaba que el Pacto de Estabilidad debía servir para dejar a algunos países fuera. Al nuestro, por ejemplo.

Cuando en 1996 celebramos una cumbre hispano-italiana en Valencia me plantearon la posibilidad de que los países del sur de Europa, particularmente España e Italia, debían aliarse, abstenerse de entrar en el euro en un principio e incorporarse en una segunda fase. Contesté que no, que ni hablar.

Austeridad y liberalización

Nosotros teníamos una filosofía completamente distinta. Tomamos la decisión de hacer todo lo que estuviera a nuestro alcance para formar parte de los países que entraran los primeros en el euro. Éramos conscientes de que se trataba de una oportunidad histórica. Habíamos llegado tarde a la Unión Europea. Llegamos tarde a la OTAN. Parecía que en asuntos europeos estábamos condenados a ir siempre atrasados.

La moneda única era probablemente lo más importante que había ocurrido en la Unión Europea desde la creación de la Comunidad con el Tratado de Roma, en 1957. Y nosotros teníamos la oportunidad de participar en ese acontecimiento como protagonistas. De ninguna manera podíamos resignarnos a dejar pasar aquella oportunidad. Teníamos que hacer todo lo que estuviera en nuestras manos para llegar a tiempo.

El panorama con el que nos encontramos era muy difícil. Teníamos que cumplir las condiciones para participar en el grupo de países que iban a ser miembros fundadores de la Unión Monetaria Europea y de las cinco condiciones que imponía el Tratado de Maastricht, a mediados de 1996 sólo cumplíamos una, la referida a los tipos de interés. Nos quedaba por cumplir las exigencias con respecto a la inflación (el Pacto exigía menos del 2,7 por ciento), el tipo de interés a largo plazo (que debía ser inferior al 7,8 por ciento), el déficit de las Administraciones Públicas (menos del 3 por ciento) y la Deuda Pública (que debía ser menor del 60 por ciento del Producto Interior Bruto). Teníamos que hacerlo en muy poco tiempo, entre mayo de 1996 y diciembre de 1997, con una revisión de resultados durante ese último año. El plazo era, por tanto, extraordinariamente corto.

De esta decisión se derivan las primeras medidas económicas de nuestro Gobierno. En primer lugar, están las medidas relacionadas con la contención del gasto público. Se congelaron las retribuciones en el sector público, se redujo la contratación y la oferta de empleo, y se frenó el aumento de los presupuestos, que tuvieron que crecer siempre por debajo del crecimiento real de la economía. Sabíamos que pedíamos sacrificios, pero también estábamos convencidos de que esos sacrificios tendrían un fruto y que el resultado se podría comprobar muy pronto.

En segundo lugar, en junio de ese mismo año —1996— pusimos en marcha una batería de medidas de liberalización que introdujeran elementos de competencia en la economía española. En esto avanzamos más deprisa de lo que nos pedía Bruselas y decidimos no tener en cuenta algunas moratorias, como la que se nos había dado para liberalizar las telecomunicaciones. Sometimos la actividad profesional de las llamadas «profesiones colegiadas» a la legislación sobre competencia e impusimos la liberalización de los precios. Liberalizamos la telefonía móvil y regulamos la televisión por cable. Situamos a España entre los países más abiertos en cuanto al sector eléctrico y abrimos el mercado del transporte aéreo. No pudimos modificar la ley restrictiva del comercio promulgada por el gobierno del PSOE en 1985 porque CiU nos lo impidió y las Comunidades Autónomas tenían competencias sobre este asunto. También llegamos hasta donde pudimos en la liberalización del suelo. Una sentencia del Tribunal Constitucional, tras un recurso del PSOE, impidió lo que queríamos hacer, que era conseguir que la calificación del suelo no urbanizable se determinase sólo en función de criterios medioambientales y paisajísticos.

Son las servidumbres de la política. A mí me habría gustado una liberalización completa. No obstante, en su conjunto es el paquete de medidas de liberalización más importante de la historia reciente de España. Los efectos de la liberalización siguen notándose hoy. Si Madrid, por ejemplo, es una de las Comunidades Autónomas más prósperas, tal vez tenga algo que ver con ello el hecho de que en Madrid el comercio esté más liberalizado que en otras Comunidades.

A la disciplina presupuestaria y a la liberalización económica añadimos la privatización. La privatización era consecuencia de las medidas de liberalización. No se trataba de privatizar para pagar deudas o cubrir un déficit, conservando al mismo tiempo el control de las empresas privatizadas. Eso es lo que hicieron los gobiernos socialistas. Lo que nosotros queríamos era privatizar para dinamizar la economía, salvaguardando, en algunos casos, la famosa acción de oro en manos del Estado.

Lo que hicimos fue sacar al mercado las empresas que se podían privatizar en ese mismo momento. Así fue como privatizamos Argentaria, Enagás, Repsol, Endesa y Telefónica. Después privatizamos las empresas que todavía eran públicas en su totalidad, como Aceralia o Tabacalera, y finalmente sacamos al mercado otras como Iberia y Santa Bárbara. Hoy sólo quedan por privatizar determinadas empresas de sectores que requieren un tratamiento específico, como algunos casos de minería y de astilleros. Todo lo demás —telecomunicaciones, transportes y energía— está privatizado.

Una vez privatizadas las empresas, son éstas las que deciden su gestión, sus objetivos y la estrategia a seguir. Hay empresas de las que no conozco ni el nombre de su presidente. Las privatizaciones se realizaron con transparencia y de los cargos directivos se encargaron personas solventes y profesionales. Lo que buscábamos eran buenos gestores.

Cuando llegamos al Gobierno, nos decían que aquello de las privatizaciones era otra empresa imposible. Llegaron a recomendarnos incluso, literalmente, que vendiéramos Iberia por una peseta, es decir que la regaláramos. Hoy es una empresa rentable. Se deduce que no habríamos hecho un buen negocio, aunque eso era lo de menos. Nosotros estábamos convencidos de que todas esas empresas podían ser eficientes, competitivas y rentables. Y teníamos razón. También el Estado ingresó mucho dinero, mucho más del que inicialmente se había previsto. Eso facilitó el proceso, aunque lo que cuenta en este caso era que cuando una de estas empresas salía a Bolsa y los ahorradores cubrían la emisión, se demostraba otra vez que la sociedad española tenía recursos y confianza en dichas empresas, es decir, en la capacidad de la economía para progresar.

Luego he tenido algunos problemas en Europa con los resultados de esta privatización, porque no todos los países la han llevado a cabo. El resultado es que en Europa existe un mercado único, pero fragmentado. Hay zonas protegidas, con empresas públicas controladas y apoyadas por los Estados, y hay otras zonas en las que no existe esta protección y en las que las empresas compiten sin tener detrás el respaldo de sus gobiernos. Es una situación injusta y desleal para los acuerdos que se habían tomado. Hay que arreglarla. Pero lo que nosotros teníamos que hacer entonces era ser consistentes con nuestro programa y conseguir una mayor eficacia.

Las medidas de austeridad, de liberalizaciones y de privatizaciones nos permitieron emprender una política fiscal nueva en España. Se resume en una expresión muy sencilla: bajar los impuestos. Fue la reforma fiscal de 1999, cuando rebajamos el Impuesto sobre la Renta en un 13,7 por ciento de media, y cerca de cinco millones de personas dejaron de presentar declaración.

Era otro tabú de la campaña electoral. Nos habían dicho que tampoco en este asunto se podía hacer nada, y mucho menos bajar los impuestos sin aumentar el déficit. Pudimos hacerlo porque, como se comprobó, cuando el Estado deja de detraer recursos de la economía, la economía crece y aumentan los ingresos fiscales del Estado. También introdujimos reformas laborales y gracias a una política centrada en la concertación social, pudimos obtener moderación salarial.

Todo esto se tradujo en una evolución muy intensa. También recuperamos la confianza. En 1995, la prima de riesgo país estaba en torno a 600 puntos básicos. Hoy es cero. España es un país solvente y fiable.

En contra de todos los pronósticos, en diciembre de 1997 entramos en el euro en el grupo de cabeza. Así quedó demostrado que había una alternativa seria y creíble a la política económica socialista, aquella política que llamaban única. No había por qué resignarse ni tener complejos. Habíamos demostrado que podíamos estar entre los grandes países europeos.

El final del socialismo

Desde siempre me habían interesado las ideas económicas liberales. Había leído a Lucas Beltrán, que fue uno de los grandes economistas españoles, y también a Ramón Carande, aunque sobre todo como historiador. Había tratado a Enrique Fuentes Quintana, que había participado en la apertura de la economía española en los años sesenta y luego intervino en los Pactos de la Moncloa, durante la Transición. También conocía y había leído la obra de Juan Velarde Fuertes. En el partido me relacioné con un grupo de economistas entre los que estaba Rodrigo Rato y más tarde Cristóbal Montoro. Todos participan de ese conjunto de ideas y de convicciones morales que es el liberalismo económico.

Siempre he creído que un país es tanto más rico y más fuerte cuanto más prudente es la intervención gubernamental y cuanto más seguras y estables son las instituciones y el respeto a la ley. En eso consiste la tarea del gobernante: en asegurar que se cumplen las reglas del juego. Ahí es donde las convicciones liberales acerca de la autonomía de la sociedad y de la primacía moral de la libertad individual se encuentran con la vocación política.

Por otra parte, la superioridad de las ideas de liberalización se veía corroborada en la práctica. Era evidente para todo el que quisiera verlo que las políticas intervencionistas no llevaban a ninguna parte. Ni en el socialismo real que pusieron en práctica los regímenes comunistas, ni en el socialismo práctico que pusieron en marcha los gobiernos del PSOE. Aquí no había control sobre el presupuesto, ni contención de gastos, ni una idea clara capaz de deslindar qué es el Estado y qué es la sociedad.

En cambio, las políticas de liberalización y de austeridad sí que habían funcionado. Se había demostrado en la práctica que las ideas liberales eran correctas. Eso fue lo que significaron las políticas económicas de los años ochenta que se pusieron en práctica en Estados Unidos. Eran la constatación de que el consenso sobre políticas económicas de demanda, que había regido buena parte de la política económica occidental en los años sesenta y setenta, había fracasado.

Tuve ocasión de conocer a Margaret Thatcher. La vi en dos ocasiones. Una fue en la primera reunión de la Unión Demócrata Europea a la que yo asistí, porque entonces el Partido Popular no estaba todavía integrado en el Partido Popular Europeo. Fue una reunión en Helsinki pocos meses después de que Margaret Thatcher dejara su cargo. Yo hice una intervención sobre los riesgos del fundamentalismo islámico para la seguridad y, cuando terminé, Thatcher hizo un comentario, así como de pasada, pero en voz alta, diciendo: «Por fin encuentro a un político español que se entera de algo importante.»

Volvimos a vernos un par de años más tarde. Yo seguía en la oposición. Tuvimos una discusión, porque me preguntó por los viejos franquistas de mi partido. Incluso utilizó la palabra «fascismo». Como ya me habían avisado de que Thatcher tenía por costumbre provocar a su interlocutor para tomarle la medida, yo le contesté que de eso había más en su partido que en el mío. Federico Trillo, que estaba presente, no sabía dónde meterse. Pero después de haber empezado la conversación de una forma tan dura, acabó diciéndome: «Usted y yo nos vamos a entender.» Y así fue.

Cuando cayó el Muro de Berlín, en 1989, quedó demostrado que el socialismo había cumplido su ciclo histórico. El socialismo estaba agotado, no tenía nada que aportar. Eso es lo que quería decir Frances Fukuyama en su libro sobre el fin de la Historia. No era que la Historia, el transcurrir de los hechos que constituyen la vida de la humanidad, hubiera llegado a su final o a su cenit. Eso es una simpleza. Lo que Fukuyama apuntaba, y creo que sigue teniendo razón, es que se había terminado la Historia en el sentido marxista de la palabra. Había quedado demostrado que no hay paraísos en la tierra, que nadie tiene capacidad para arrogarse la verdad y toda la verdad, que nada puede sustituir a la sociedad en el conocimiento de sus propios intereses. Fukuyama sostiene algo que para mí es evidente: que no hay alternativas a las democracias liberales y que son estos regímenes los únicos que pueden mantener a largo plazo economías abiertas y flexibles, que son las que mayor bienestar proporcionan.

La concertación social

Cuando yo llegué a la Moncloa, después de las elecciones de 1996, no hubo ninguna reunión para despachar los asuntos que estaban pendientes en el traspaso de poderes. Hubo un almuerzo al que Felipe González me citó con Adolfo Suárez. No invitó a Leopoldo Calvo Sotelo. Los tres estuvimos charlando un rato. Felipe González me dijo que había que subir los impuestos. Yo no estaba de acuerdo y le expuse que pensaba lo contrario, que había que bajarlos.

No recibí ningún documento, ningún informe. De hecho,

al principio anduvimos un poco despistados, e incluso con cierta curiosidad, porque no recibíamos ni un solo papel. Nada. Hasta que por fin llegó uno. Era un parte de incidencias de la Guardia Civil, documentando lo ocurrido aquel día en el país. Lo leí con interés, como supongo que habrá seguido haciéndolo todos los días el ministro del Interior.

Cuando yo llegué al Gobierno no venía con intenciones revanchistas, ni para cumplir aquello de levantar las alfombras para ver qué había debajo, algo que los socialistas dijeron que iban a hacer en 1982. Primero porque nosotros, en el Partido Popular, siempre hemos pensado que el concepto de continuidad es muy importante para el gobierno de un país. Todos los gobiernos heredan lo que ha hecho el anterior y, aunque rectifiquen determinadas políticas, tienen que esforzarse por que no haya rupturas, ni cortes, y mucho menos venganzas personales. Pero además, es que yo no veía ninguna ventaja en los revanchismos. Y sigo sin verla.

Lo que nosotros queríamos no era ponernos a buscar qué había debajo de las alfombras: lo que nosotros queríamos era abrir las ventanas. Eso sí que era un cambio: variar de un modo cerrado de entender la economía y la vida de un país a otro en el que los agentes económicos tomaran sus propias decisiones de forma autónoma, sin intervención del poder público. Cuando yo llegué a la Presidencia del Gobierno, algunas personas venían a verme, empresarios, financieros, banqueros. Venían a pedir mi opinión, y a veces poco menos que la autorización para hacer determinadas cosas. Yo siempre les contestaba lo mismo, y era que eso a mí no me concernía. Me conciernen las decisiones estratégicas, que pueden afectar al interés de todos o a la posición de España en el mundo, pero no decisiones que afectan exclusivamente a una empresa, por muy importante que ésta sea. Eso era el cambio que yo quería llevar a cabo: introducir nuevas políticas, cumplir la ley, dar oportunidades a la gente. Yo estaba convencido de que eso iba a cambiar el ambiente del país.

Esta convicción me dio una gran libertad a la hora de tomar decisiones económicas. Jamás tuve ningún condicionante. Nunca me he sentido comprometido con ningún grupo de presión que hubiera podido aprovecharse del apoyo que me había dado antes. Más bien era al revés. Nunca nos fue muy favorable ese grupo de gente que se movía cerca del poder durante los años del Gobierno socialista. Ese grupo constituye un sector pequeño de la clase empresarial y en parte era obra del desbordamiento que produjo el dinero fácil y de la falta de disciplina de quien ocupaba el poder. Era consecuencia de una política de intervención de la vida económica española. Se dice que esa política corrige los defectos del mercado. No lo sé. Lo que es seguro es que con esa política es mucho más fácil dar favores y lograr favores que cobrar.

Nunca he sido partidario de esas cosas, y nunca tuve, antes de llegar a la Presidencia, ninguna estrategia particular para agradar a nadie. Siempre me he esforzado en tener un trato correcto y normal con todos los agentes económicos, incluidos los empresarios. No siempre lo he logrado. Cuando estábamos en la oposición hubo varios momentos de discusión dura. En 1992, el ministro de Economía, Carlos Solchaga, presentó un programa de convergencia, y yo le dije que iba a durar cinco meses. No me equivoqué. Aquello no me atrajo ninguna simpatía por parte de algunos empresarios.

Tampoco conté con el apoyo de esos mismos empresarios en 1992, cuando los sindicatos hicieron contra el Gobierno una huelga general de media jornada. Entonces el Gobierno socialista, también con Carlos Solchaga en Economía, quiso lanzar lo que llamaba Plan para la Competitividad y pretendió, a través de algunos empresarios, que nosotros asumiéramos los costes de una política con la que no estábamos de acuerdo. Yo me negué en redondo, porque no me parecía coherente que hiciéramos nuestras unas medidas en las que no creíamos.

Por entonces vinieron a vernos los miembros del Instituto de Empresa Familiar y nos recriminaron nuestra actitud porque nos oponíamos a algunas medidas tributarias que el Gobierno quería poner en marcha. No nos parecían justas ni tampoco convenientes. Y así se lo dije en aquella reunión. Más aún, les dije que nosotros no estábamos allí gracias a ninguno de ellos, y que por mucho que se empeñaran, no íbamos a apoyar aquella política. En pocas palabras, yo no tenía buen cartel estando en la oposición e incluso hubo intentos de que aceptáramos compromisos fuera de nuestras posibilidades.

Así como teníamos muy claro que no íbamos a defender los intereses de un determinado grupo de empresarios desde el Gobierno, también llegábamos dispuestos a mantener buenas relaciones con los sindicatos y las organizaciones de los trabajadores. En la oposición, ya había mantenido contacto con algunos sindicalistas, especialmente con Nicolás Redondo y también con algunos dirigentes de Comisiones Obreras. Fui el primero de mi partido que asistió a un Congreso de Comisiones Obreras y a otro de la Unión General de Trabajadores. Tenía una buena relación con Nicolás Redondo (padre) y un año me invitó a ir a un congreso de UGT. Me dijo que no me preocupara, porque seguro que alguien se ponía a gritar. Le contesté que a mí eso no me preocupaba nada. Efectivamente, hubo algunos gritos aislados cuando entramos. Yo iba con Celia Villalobos y, al final, cuando se pusieron con el puño en alto a cantar la *Internacional*, Celia me preguntó: «¿Y ahora qué hacemos?». «Pues nada», le contesté. «Levantarnos y escuchar.»

Con Nicolás Redondo tuve muchas reuniones reservadas. Es un hombre sensato, sus opiniones políticas siempre resultan interesantes y posee una gran calidad humana. Me ayudó en muchas cosas. Se fue creando una relación personal intensa que luego ha continuado con su hijo, y he tenido un diálogo fluido con José María Fidalgo, que tiene una capacidad notable para hacer propuestas interesantes. Antonio Gutiérrez y Cándido Méndez han sabido mantener abierta la comunicación sin renunciar a sus convicciones.

Mucha gente, que estaba encastillada en unas posiciones rígidas, se sorprendía que pudiéramos llegar a tener una relación de cooperación con los sindicatos. Se dijo que yo iba a intentar destruir las organizaciones sindicales. Llegó a decirse incluso que yo venía a hacer una política del rencor. Como si yo, que había ganado las elecciones, tuviera la intención de hacer una política que perjudicara a la gente. Era absurdo. Tendrían rencor los que las habían perdido.

A los sindicatos les dije desde el primer momento que estaba dispuesto a practicar la política en la que siempre he creído, que es la política de concertación. El diálogo es bueno para el país, y yo no venía a perseguir a nadie ni a desarticular ninguna organización. Los instrumentos de concertación, como los grandes sindicatos y la negociación colectiva a nivel nacional, me parecen muy importantes, entre otras cosas porque mantienen la cohesión en el conjunto del país. Siempre y cuando los sindicatos estuvieran dispuestos a ello, yo actuaría sin ningún tipo de prejuicios.

Es la política que pusimos en marcha. A su frente estuvo, desde el Ministerio de Trabajo y Asuntos Sociales, Javier Arenas, que firmó con los sindicatos el acuerdo de 1997 para la reforma del mercado laboral. Javier Arenas demostró una tenacidad y una capacidad de diálogo fuera de serie. No se rinde nunca y esa tenacidad era particularmente valiosa en aquellos momentos. Primero, porque nos habíamos propuesto objetivos muy ambiciosos y cualquier paso que diéramos en la buena dirección, aunque fuera pequeño, era extremadamente valioso. Y por otra parte, era fundamental mantener un buen clima social, un clima de diálogo que permitiera ir avanzando sin traumas y aumentando la credibilidad de las políticas que se hacían. Si teníamos que renunciar a ir más deprisa o a aplicar medidas más profundas, a cambio de conseguir un paso en la dirección que queríamos dar, lo hacíamos. Más valía un paso corto que nos acercara al objetivo que otro que en realidad nos alejara de él. Y sobre todo, lo que vale es la acumulación de pasos cortos, porque la confianza aumenta a medida que las cosas se van consolidando. En eso consistía la famosa «lluvia fina».

Es cierto que los sindicatos hicieron una huelga general en junio de 2002 contra las reformas encaminadas a flexibilizar el mercado de trabajo. Pero en aquella huelga hubo una parte política, y otra más social. En cuanto a la política, estaba claro que después de haberle hecho tres huelgas generales a los socialistas, alguna tenían que hacernos a nosotros. En cuanto a la vertiente social, aquella huelga resultó un poco más complicada. Cuando se hace una huelga general contra un gobierno, el Gobierno siempre pierde. Siempre, aunque la huelga fracase. Lo que nos planteamos entonces fue qué podíamos hacer para recuperar el clima de concertación social que siempre, desde 1996, habíamos logrado salvaguardar. Eso era lo importante, sin renunciar al fondo de las medidas que se habían adoptado. Fue lo que hicimos pasado el verano, cuando volvimos sobre algunas de las decisiones a las que se había respondido con la huelga general.

Políticamente, el esfuerzo estaba perdido. Como es lógico, los sindicatos aprovecharon aquella decisión del Gobierno para convertir lo que había sido una derrota, por lo menos una derrota relativa, porque no consiguieron parar el país, en una victoria política. Yo, por mi parte, no puedo decir que hice lo que me hubiera gustado hacer. Pero, entre seguir con las medidas adoptadas y recuperar el fundamento del diálogo social, que ha sido una de las claves del progreso de España en estos años, opté por intentar la segunda opción. La verdad es que no me arrepiento.

Equilibrio presupuestario

El proyecto que nos propusimos cuando llegamos al poder en 1996 requería una rebaja muy sustancial en los gastos del Estado. Ése era un proyecto personal que yo asumí desde que empecé a participar en la elaboración del programa económico del partido y que luego he seguido defendiendo. También he participado en la elaboración de los presupuestos y siempre, como líder de la oposición, he intervenido en el debate anual de los Presupuestos Generales del Estado en las Cortes.

En los primeros tiempos creamos la Oficina Presupuestaria en la Presidencia del Gobierno. Recogía información y estaba al tanto de lo que se gastaba en cada ministerio. Más aún, lo que se pretendió con la Oficina fue establecer una presión directa sobre quienes tenían la capacidad de decidir el gasto del Gobierno. Tenían que saber que desde Presidencia del Gobierno se estaba vigilando de manera permanente lo que hacían en este sentido. La Oficina estaba presidida por el profesor José Barea, que es un buen economista, un hombre al que siempre he apreciado. Había que enviar un mensaje muy claro: el profesor especialista en el control del gasto público, conocido en la universidad y en la Administración, tan respetado como temido, estaba al lado del presidente. Barea cumplió bien con su trabajo.

También está la autoridad política del ministro de Economía y Hacienda, que tenía todo el respaldo de Presidencia para llevar a cabo los recortes de gastos que hicieran falta. Cuando se estudiaban y se hacían los presupuestos, decidíamos dónde y cómo se podían recortar gastos. Yo participaba en esa tarea personalmente. Una vez tomada la decisión, no había mucho más que hablar. Se cumplía y punto. Ésos eran los datos y a eso había que atenerse. En un solo año, en 1996, conseguimos reducir el déficit del 6,6 al 4,4 por ciento del PIB.

Pero el objetivo de conseguir el equilibrio presupuestario era, y sigue siendo, un objetivo de largo plazo. Había que ser disciplinados entonces y, lo que era aún más importante, había que establecer la cultura de la disciplina presupuestaria. Desde principios del siglo XX, desde el ministro Fernández Villaverde, no había habido equilibrio presupuestario. Azaña incorporó a su proyecto político una Hacienda saneada y un presupuesto equilibrado, en la medida en que la época lo permitía, que era bastante poco. Lo que yo he querido es sacar a España de esa falta de disciplina y de exigencia en la que llevaba instalada tanto tiempo. Por eso insistía tanto en que nada es gratis, en que el dinero que gasta un gobierno es siempre el dinero de los demás, el dinero de todos los españoles. Había que conseguir de una vez lo que tantos gobiernos se habían propuesto. Y una vez conseguido, había que mantenerlo.

Presentamos nuestro propio Programa de Estabilidad para 1998-2002, que se ha venido actualizando desde entonces. Entre las principales medidas tomadas está la aprobación por las Cortes de una Ley General de Estabilidad Presupuestaria y, sobre todo, la introducción de una cultura de equilibrio y austeridad en las finanzas públicas. También hemos cambiado la forma de presentar los presupuestos. El Parlamento fija unos límites de gasto que el Gobierno no puede sobrepasar, y establece también proyecciones con varios años de adelanto. Ahora podemos tomar medidas a largo plazo, y el Gobierno tiene que someterse a controles mucho más estrictos que antes. Ya no caben las alegrías presupuestarias que antes eran moneda corriente.

Además, España es uno de los países más descentralizados del mundo y es necesario establecer mecanismos de control en cuanto al gasto de las Comunidades Autónomas. De cada 100 euros que gastan las administraciones públicas, la Administración del Estado gasta 48. El resto lo gastan Comunidades y Ayuntamientos. Por eso es importante mantener mecanismos de disciplina general, aceptados por todos. Todo el Estado debe participar de los mismos objetivos.

Lo más importante es el cambio en la mentalidad de la gente. Los españoles saben ya que nada es gratis, nunca. Lo que un gobernante gasta lo paga siempre el conjunto de los españoles. Por eso me parece que los españoles han entendido que el Estado no debe gastar más de lo que ingresa, y que cuanto menor sea el gasto del Estado, dentro de las responsabilidades que le incumben, mayor será la prosperidad de todos. Así es como hemos podido reducir el porcentaje de gasto del Estado de un 47 por ciento del PIB en 1996 a un 40 por ciento ahora. Y por eso conseguimos alcanzar el equilibrio presupuestario, el famoso déficit cero, en 2001, y mantenerlo en los años siguientes. En 2003 conseguimos un superávit, es decir gastar menos de lo que ingresamos. Es el período de equilibrio presupuestario más prolongado de la historia de España, y como el excedente procede de la Seguridad Social, contribuirá a asegurar para el futuro las prestaciones sociales que debe ofrecer el Estado español. Con ese objetivo creamos en 2000 el Fondo de Reserva de la Seguridad Social, en cumplimiento del Pacto de Toledo, y que hemos ido dotando con esos excedentes.

Hoy en día, técnicos y profesores pueden debatir sobre si un cierto grado de déficit o de endeudamiento es necesario en algún momento. Es una discusión puramente académica. Fuera de eso, ya hemos demostrado que cuando el ciclo económico entra en declive, como ocurrió desde el año 2000, la estabilidad presupuestaria y la disciplina le permiten a un país seguir creciendo, generando empleo e invirtiendo fuera. ¿Alguien se imagina lo que habría sido la situación española entre 2001 y 2003 con un déficit del 2 o del 3 por ciento del PIB? Nos habríamos endeudado, la actividad económica se habría estancado y estaríamos destruyendo empleo. Habríamos vuelto a la situación de 1993.

Afortunadamente, ya nadie discute en serio los beneficios del equilibrio presupuestario para la prosperidad general. Al final, todos los grandes partidos lo han incorporado a sus programas, porque saben que los electores han comprendido la importancia de este mecanismo. Parece que hasta la oposición se ha sumado a este consenso.

Bajar los impuestos

Pero nuestro proyecto en el Gobierno tenía otros objetivos, además de instalar a nuestro país en una cultura de la disciplina presupuestaria y de la contención del gasto público. En realidad, ese objetivo se encaminaba a crear empleo y, más aún, instalar la economía española en el horizonte del pleno empleo. Para eso era necesario que la economía española creciera hasta converger con la media de las economías europeas.

Ése ha sido siempre el gran proyecto político y económico de todos los gobiernos españoles, desde que la economía española empezó a abrirse a principios de los años sesenta. Siempre que la economía española se ha abierto al exterior, España ha crecido y los españoles han prosperado. Por eso teníamos que continuar con esa línea. Hoy tenemos una de las economías más abiertas de Europa. Hemos pasado de un grado de apertura del 47 por ciento en el año 1996 a otro del 58 por ciento en 2003. Somos un país que recibe una fuerte inversión del exterior porque, aunque los costes de la producción en España han ido aumentando —como era lógico—, España se ha convertido en un país fiable, estable, jurídicamente seguro y con un grado muy alto de transparencia, lo que quiere decir ausencia de corrupción. También somos un país que, por primera vez en mucho tiempo, ha empezado a invertir fuera. Los españoles y las empresas españolas se sienten lo suficientemente seguros para lanzarse a la aventura en el exterior, a competir en mercados que les son extraños.

Hemos recuperado el espíritu de iniciativa, que es en lo que consiste la economía de mercado. Ésa es una cuestión ancestral en la vida española. Con independencia del color político de quien lo dijera, siempre se nos ha dicho que la economía de mercado es inmoral porque se basa en el egoísmo. También se nos decía que la economía de mercado es perjudicial porque la prosperidad que crea es aparente y sólo beneficia a unos cuantos mientras deja fuera a la mayoría de la gente. Yo creo que las cosas no son tan sencillas. La economía de mercado se basa en la libertad individual y la libertad se basa en el principio de la responsabilidad.

El Estado moderno tiene que asegurar un determinado grado de bienestar y de oportunidades para todos: entre otros deberes, tiene que garantizar el acceso a la Sanidad, el pago de las pensiones, una educación de calidad. Pero no tiene que entrometerse en la libertad de la gente, porque no puede sustituir la responsabilidad individual de cada uno sobre sus propios actos. Lo que le cabe hacer, en este aspecto, es garantizar un marco legal y unas instituciones que permitan el ejercicio de esa responsabilidad, y que aseguren que quien se salga del marco jurídico quedará excluido del juego. Eso es lo que había que hacer en España: devolver a la gente la confianza en su propia capacidad para emprender iniciativas que mejoran la situación de cada uno y que no perjudican al interés general. Al revés, cuando uno trabaja en beneficio propio dentro de un marco institucional estable, seguro y transparente, también trabaja en beneficio de todos.

En eso se basa el crecimiento de un país. Como ya he dicho, emprendimos medidas de austeridad presupuestaria desde el mismo momento en que llegamos al Gobierno. También hemos reducido la deuda del Estado en 18 puntos, del 68,1 por ciento del PIB en 1996 al 50,1 por ciento en 2004. El Estado, es decir los españoles, se ahorran en pago anual por los intereses de la deuda 1 700 millones de euros.

Ese ahorro y la contención del gasto público es lo que ha permitido bajar los impuestos. Éste era otro tema tabú antes de que llegáramos nosotros. Nadie se había atrevido a bajar los impuestos porque se decía que el Estado se quedaría sin recursos para cumplir sus funciones. Fue el argumento que utilizaron los socialistas en la campaña de 1993, cuando dijeron que íbamos a dejar a los jubilados y a las personas mayores sin pensiones, como si alguien que pretende gobernar España pudiera tener como objetivo quitarle la pensión a nadie.

En cuanto llegamos al Gobierno empezamos a trabajar en la bajada de impuestos. Primero redujimos los impuestos para las empresas y despenalizamos el ahorro, porque en España, hasta hace ocho años, se castigaba a quien apartaba dinero para su jubilación, para sus hijos o para invertir en una empresa. Redujimos también el pago por las transmisiones familiares, y luego impulsamos la supresión del Impuesto sobre Sucesiones en las Comunidades Autónomas donde gobierna el Partido Popular.

Por fin —y con esto volvemos atrás, al año 1999— llegó el momento culminante de esta política, que es la rebaja en el Impuesto sobre la Renta. Para entonces las acusaciones sobre si íbamos a suprimir las pensiones ya estaban descartadas, porque no le habíamos quitado las pensiones a nadie. Habíamos cumplido todos los compromisos. Y como esa crítica ya no servía, volvió uno de esos debates absurdos que tanto gustan a la izquierda. Se dijo que la rebaja de los impuestos iba a ser injusta porque iba a beneficiar a los ricos y perjudicar a los más necesitados. Todos sabemos que los impuestos gravan sobre todo a los trabajadores, a quienes cobran por nómina, a las clases medias. Es la inmensa mayoría del país, y esa mayoría es la que soporta de verdad la carga impositiva que impone el Estado.

Las rebajas de impuestos tienen la intención de devolver a esa mayoría de españoles una riqueza que el Estado les detraía. Se trataba de devolver a la sociedad algo que el Estado estaba embargando, sin necesidad y en perjuicio de la propia sociedad. Cuando esa inmensa clase media que constituye la gran mayoría del país empieza a comprender, al ver en su propia nómina, que el Estado va a rebajar la presión fiscal, comprende también que puede disponer de esos recursos para llevar a cabo sus propios proyectos.

Éste es uno de los factores que ha permitido que la economía española crezca. Y también ha permitido que, en contra de lo que se decía, aumentaran los ingresos del Estado. La bajada de los impuestos permite un aumento de la actividad económica, y ese incremento hace posible una mayor recaudación. Es un hecho comprobado que a la izquierda le ha costado mucho tiempo admitir. Hoy ya nadie lo niega.

Ningún partido se presenta hoy a los electores con un programa de subida de impuestos. Saben que no les votan. Y saben que no les votan no sólo porque la medida sea impopular, sino porque la mentalidad de la gente ha variado.

Ese cambio sí que plantea nuevos retos y nuevos debates. Y ya no son los debates agotados sobre si la rebaja de los impuestos va a favorecer a unos o a otros. Ésa es una discusión demagógica. La cuestión es que el Estado garantice la igualdad de oportunidades y el cumplimiento de la ley y que los españoles sepan que pueden emprender sus proyectos sin obstáculos.

La revolución silenciosa: hacia el pleno empleo

En estos años hemos avanzado en uno de los objetivos históricos de la política española, que es la convergencia con los niveles de renta europeos. En 1996 nos encontramos con un país cuya renta alcanzaba el 78 por ciento de la renta europea. Teníamos un retraso muy importante. También aquí se nos decía que la convergencia era imposible, una utopía. Esto de la utopía, dicho entre paréntesis, tiene gracia, porque muchos de quienes nos decían que alcanzar la renta europea era utópico, reivindican la utopía como si fuera lo único que justificara la actividad política. Fuera utopía o no, el caso es que en el año 2003 hemos alcanzado el 86 por ciento de la renta europea. Hemos aumentado ocho puntos en menos de ocho años, cuando la convergencia llevaba estancada en el 78,3 por ciento desde 1976 hasta 1995. Incluso había bajado un poco, es decir, que nos habíamos alejado de los niveles de vida europeos.

Lo que ha permitido esta evolución es una etapa de crecimiento sostenido durante más de nueve años. Éste es un dato nuevo en la historia española. No se conoce un ciclo de crecimiento sostenido tan largo desde hace mucho tiempo. Entre 1997 y 1999 la tasa del incremento anual del Producto Interior Bruto fue del 4,2 por ciento. Superamos en más de un punto la media de otros países occidentales. En 1999 y 2000 la economía española creció en un 4,1 por ciento.

Hay un dato que resulta aún más revelador: es que la economía española ha roto con una pauta de comportamiento a la que parecía condenada históricamente. Cuando nuestros vecinos europeos crecían, nosotros también crecíamos y lo hacíamos a un ritmo superior. Pero cuando el ciclo económico cambiaba y la economía de los países vecinos dejaba de crecer, la economía española entraba en una recesión aún más aguda. Es decir, cuando se crecía, nosotros crecíamos un poco más deprisa, y cuando se retrocedía, nosotros retrocedíamos más. Eso hacía imposible cualquier horizonte de convergencia.

Se trataba, por tanto, de romper esa pauta histórica. Es lo que hemos conseguido en estos años. Hemos crecido por encima de la media del resto de los países europeos cuando el ciclo ha sido bueno. Pero cuando han llegado las vacas flacas, a partir del año 2000, nosotros no hemos vuelto a repetir el comportamiento clásico de retroceder con los demás o más que los demás. Al contrario, hemos seguido creciendo. Hemos crecido un poco más moderadamente, pero no hemos dejado de crecer. Más o menos, en torno a un 2,5 por ciento, cuando las economías de algunos de nuestros socios comunitarios, como Francia o Alemania, se estancaban o incluso entraban en una ligera recesión. No quiero dar lecciones a nadie, y menos aún a países con una larga y acendrada experiencia democrática y con una indiscutible capacidad de crear riqueza. Lo que me importa subrayar es que los españoles han hecho realidad un proyecto que nosotros teníamos desde el primer momento.

Eso quiere decir que nuestro crecimiento no está basado en el capítulo exterior, porque nuestros principales socios comerciales, los países a los que principalmente exportamos nuestros productos, están ahora en buena medida estancados. La recuperación se debe a la propia capacidad de la economía española para generar ahorro, actividad e inversión. En estos años los españoles han recuperado la confianza en sí mismos.

Todo esto nos ha permitido hacer realidad el objetivo principal que nos habíamos propuesto. Y es un aumento del empleo que nos permitirá por fin alcanzar el pleno empleo en el horizonte del año 2010. El problema de la economía española no era sólo que tuviéramos una tasa de desempleo muy alta. En 1996, cuando llegamos al poder, era del 23 por ciento, es decir estaban en paro 3,7 millones de personas. El problema era además que en España, a diferencia de lo que ocurría en otros países europeos, trabajaba mucha menos gente porque la economía española no conseguía crear empleo. En 1975 trabajaban doce millones de personas. Más de veinte años después, en 1996, en España trabajaba exactamente el mismo número de personas, esto es, doce millones.

Eso había que cambiarlo. Había que conseguir que la sociedad española creara trabajo para los jóvenes, para quienes se incorporaran a la vida laboral de nuevas. Pero también había que conseguir que aumentara la cantidad de gente ocupada. Ése era un objetivo personal, algo que yo me había propuesto conseguir o por lo menos encarrilar para que se pudiese solucionar progresivamente.

Lo habíamos dicho muchas veces, pero cuando nos daban lecciones sobre justicia social y sobre el Estado de bienestar, contestábamos siempre lo mismo. No vamos a reducir las prestaciones sociales. No sólo no vamos a reducirlas: vamos a aumentarlas.

Cuando llegamos al Gobierno, la Seguridad Social estaba en quiebra. En 1995 alcanzó un déficit presupuestario del 0,7 por ciento del PIB: quinientos mil millones de pesetas. En los primeros meses tuvimos que pedir préstamos para pagar las pensiones. En la situación en la que estaba la Seguridad Social, no se podía pagar a los pensionistas a fin de mes.

Hoy, la Seguridad Social está saneada. Como la sociedad española ha creado puestos de trabajo y gracias a las medidas fiscales ha aflorado buena parte del empleo sumergido, hoy tiene 16,6 millones de cotizantes, 4,3 millones más que en 1996, cuando contaba con 12,3 millones. Gracias a eso tiene superávit y hemos podido cumplir los acuerdos del Pacto de Toledo y crear un Fondo de Reserva de la Seguridad Social para atenuar los efectos de los ciclos económicos bajos y garantizar el equilibrio financiero del sistema de pensiones. El objetivo para 2004 es dotar este Fondo con algo más de seis mil millones de euros. Pues bien, se va a duplicar la dotación con creces.

Además de cumplir los compromisos del Pacto de Toledo hemos seguido buscando el consenso y el compromiso de todas las fuerzas sociales y políticas para asegurar que se mantengan las grandes líneas de bienestar y Seguridad Social. El mismo año de 1996, en octubre, firmamos un gran acuerdo con los sindicatos en este sentido. También hemos aumentado las pensiones, en particular las pensiones más bajas, que se han ido revalorizando más que las pensiones más elevadas para paliar las desigualdades existentes en el sistema. Y aprobamos en el Parlamento la ley por la que el Gobierno se compromete a revalorizar las pensiones de acuerdo con la subida del índice del coste de la vida.

Pero nosotros estamos convencidos de que la política social más eficaz, y al cabo la más justa, es dar a la gente la oportunidad de trabajar. No hay mejor política social que asegurar a la gente que va a poder cumplir un proyecto, hacer realidad una idea, aprovechar una nueva oportunidad que surja en la sociedad. Los españoles tenían que saber que su esfuerzo no es inútil, que vale la pena luchar y arriesgarse por conseguir lo que uno quiere.

Gracias a eso se han creado 4,2 millones de empleos a lo largo de estos ocho años. Hemos pasado de 12,6 millones de personas ocupadas en 1996 a 16,8 millones en 2003. La mitad de estos puestos de trabajo están ocupados por mujeres. Eso demuestra que nuestra idea de incorporar al trabajo a una parte importante de la sociedad española que estaba fuera del mercado laboral era la correcta y se podía realizar. Aunque queda todavía mucho camino que recorrer, las mujeres ahora están aportando a la prosperidad común un esfuerzo y una iniciativa que antes estaba reducida al trabajo en casa. El trabajo en casa es muy importante, pero también lo es que las mujeres que lo desearan supieran que podían tener un trabajo, llevar una vida independiente y aportar dinero a la familia. No es del todo irrelevante que la Presidencia del Congreso de los Diputados y la Presidencia del Senado hayan sido ocupadas por primera vez en la historia de España por dos mujeres, que son dos personajes políticos de primera categoría, Luisa Fernanda Rudi y Esperanza Aguirre.

A veces me he referido a esta creación de empleo como una auténtica revolución social. Una revolución silenciosa y discreta, pero que ha cambiado profundamente la vida española. Ha permitido sanear la Hacienda, la Seguridad Social y las cuentas públicas. Ha permitido a las familias disponer de más recursos, y ha creado oportunidades para todos, porque al aumentar la prosperidad aumentan también las posibilidades de encontrar nuevas fuentes de riqueza, nuevas demandas y nuevas posibilidades de satisfacer esas necesidades que antes ni siquiera existían. El trabajo es lo que permite la libertad, la confianza y la autonomía personal.

En contra de lo que muchas veces se dice, esos más de cuatro millones de puestos de trabajo que la sociedad española ha creado a lo largo de estos años no son en su mayoría precarios. Al contrario. Ésa era otra de nuestras prioridades cuando llegamos al Gobierno. Entre 1987 y 1996 los trabajadores con contrato fijo se habían reducido en casi medio millón, mientras que los temporales habían aumentado en 1,8 millones. Había que cambiar esa tendencia creciente hacia la precariedad del empleo, que se había iniciado a mediados de los años ochenta. Había que invertirla y conseguir que los empleos estables aumentaran por encima de los empleos con contrato temporal.

Para eso hicimos una reforma laboral consensuada con todos los agentes sociales en el año 1997. El efecto fue inmediato. Ese mismo año empezó a cambiar la tendencia, con un aumento de la contratación estable del 90 por ciento. La tasa de temporalidad ha pasado de un 33,5 por ciento, en 1997, a un 30,6 por ciento en 2003. Desde 1996, el número de trabajadores con contrato indefinido ha crecido en 3,3 millones, lo que quiere decir que ocho de cada diez nuevos asalariados de los últimos siete años han accedido a un contrato fijo. Esto también es muy importante. Con un contrato fijo, la gente puede organizar su vida a largo plazo, pensar en crear una familia y tener hijos o comprar una casa.

Eso forma parte también de la revolución silenciosa a la que antes me refería. Y refleja muy bien cuáles son los problemas que se plantean a la hora de crear trabajo. Los acuerdos de 1997 para la reforma laboral incluían bonificaciones importantes en las cuotas a la Seguridad Social para las empresas que se decidieran a crear empleos estables. Eso indica que las empresas tienen muy en cuenta la reducción de los costes laborales a la hora de decidir nuevas contrataciones y cómo hacerlas. Y no me estoy refiriendo sólo a las grandes empresas. Estoy hablando también de las empresas familiares, las pequeñas empresas y aquellas que tienen entre uno y diez empleados. En conjunto, estas empresas medianas y pequeñas, e incluso muy pequeñas, son las que más empleo crean.

Lo peor del empleo temporal no es la temporalidad en sí misma. En España el turismo es uno de los sectores económicos más importantes. En una parte importante de la industria turística los ciclos de ocupación son estacionales. Lo que me preocupa del trabajo temporal es la incertidumbre que crea cuando los contratos temporales no responden a una necesidad clara, sino a otras cosas. Es cuando los trabajadores se ven obligados a renovar una y otra vez contratos limitados, sin poder alcanzar nunca la seguridad de un empleo fijo. Esto genera a veces falta de cobertura, y en general falta de seguridad y de confianza, porque la gente enganchada a este mecanismo no ve la posibilidad de salir de él y contemplar un horizonte estable a largo plazo.

Tal vez este régimen de temporalidad continua le venga bien a algunos empresarios. Es posible que también le venga bien, en contra de lo que se piensa, a los sindicatos. Dudo que les venga bien a los trabajadores. Sea lo que sea, plantean además otro problema, que no es el del coste laboral, sino el de la flexibilización del propio mercado laboral. En la Reforma de 1997 redujimos la indemnización por despido de 45 a 33 días trabajados al año. Este cambio contribuyó también, sin duda alguna, a la creación de empleo estable.

Defensa de la globalización

Soy un firme partidario de la globalización. En la historia de la humanidad ha habido grandes períodos de apertura de la economía: la expansión de España en América y hasta Extremo Oriente, la revolución industrial, los años previos a la primera guerra mundial... Son tres momentos en los que las economías se abren y salen más allá de sus fronteras. Y son momentos de avance en la prosperidad general.

El ejemplo de España durante estos últimos cincuenta años demuestra también que cuanto más abierta es una economía, más progresa el país en su conjunto. Se demostró en los años sesenta, luego en los ochenta, y se ha vuelto a demostrar ahora, cuando nos hemos integrado definitivamente en el mercado global de bienes y servicios.

España ha pasado de invertir en el exterior un 0,1 por ciento del Producto Interior Bruto en 1990 a invertir fuera el 10 por ciento del PIB en 2000. ¿Acaso los españoles vivimos peor ahora que en 1990? Yo creo que la respuesta está clara. La apertura de los mercados no sólo no nos ha resultado perjudicial sino que nos ha brindado una oportunidad que hemos sabido aprovechar. Por ejemplo, en Iberoamérica. Entre 1990 y 1995 invertimos allí 5 000 millones de dólares. Entre 1996 y 2000, invertimos 105 000 millones. Es una suma muy importante. Indica una voluntad de aprovechar las oportunidades que ofrecía la apertura económica de los países iberoamericanos. También señala la disposición a asumir riesgos. La inversión española en Iberoamérica fue una decisión estratégica, a la que nosotros en estos años le hemos dado una máxima expresión. España es el primer inversor europeo en la zona y el segundo del mundo.

Todos hemos salido beneficiados de ella. Se aprovecharon con inteligencia los años de expansión. Y se han planteado nuevos problemas, como que nos vean como una potencia avasalladora y eso ponga en peligro la actual situación y el futuro desarrollo. Pero cuando la situación ha cambiado, hemos sabido resistir y permanecer allí. Es lo que había que hacer.

Ahora se nos abre una segunda gran oportunidad con los mercados de los nuevos países de la Unión Europea. Ahí España tiene una nueva posibilidad de expansión y mucho que ofrecer. Es una situación distinta, porque estos países van a estar integrados en un mercado único, y por tanto también van a competir con nosotros. Pero en vez de quejarnos, tenemos que hacer lo posible por aprovechar las nuevas oportunidades que nos ofrecen.

Una vez dije que me negaba a que España dejara de ser un país industrializado. No hemos dejado de serlo. Tenemos más empresas vivas que nunca, en torno a las 2,6 millones. Somos un país exportador de automóviles, de alimentos, maquinaria, materiales de transporte y productos industriales intermedios. No podemos permitir que todo eso se pierda, aunque, evidentemente, estemos evolucionando hacia una sociedad centrada sobre todo en la producción de servicios. Pero también éstos son objeto de exportación: en el turismo, por ejemplo, donde tenemos una experiencia y un saber hacer que podemos vender fuera.

Ahora bien, España cuenta con un tejido muy denso de pequeñas y medianas empresas. Dado su tamaño, tienen poca capacidad para salir fuera y explorar nuevos mercados. Desde el Gobierno hemos ayudado en todo lo posible, pero hay que seguir haciéndolo. Hay que dar más facilidades para que las empresas se integren en la sociedad de la información y participen de todas las ventajas que se les ofrece. Hay que conseguir que las empresas españolas sigan aumentando en competitividad, aunque estoy convencido de que ya lo han hecho, y más de lo que se dice, en estos años. Hay que seguir manteniendo un clima social favorable, que permita realizar proyectos estratégicos a todas las empresas, tanto grandes como medianas. Es decir, hay que profundizar y consolidar el clima de confianza que hemos creado durante estos años.

Si se mantienen los ejes básicos que generan confianza, el Gobierno podrá dedicarse a trabajar en lo que es propiamente su terreno: mejorar la seguridad, mejorar la justicia, mejorar la proyección exterior de España, mejorar las Fuerzas Armadas. Los dos procesos van en paralelo. Uno consolida la confianza de la propia sociedad española, y el otro contribuye a mejorar la confianza de los demás países en España. Si esos dos procesos continúan y se alimentan mutuamente, podremos seguir generando actividad, riqueza y empleo. Así se podrá mantener la educación, la cobertura sanitaria, las pensiones y el gasto social en su conjunto.

El bienestar social no se mantiene con políticas proteccionistas. Al contrario. Los argumentos proteccionistas, los argumentos a favor de cerrar las economías a los supuestos riesgos y a las supuestas amenazas del exterior siempre favorecen a los ricos y siempre perjudican a los más pobres. Es la prosperidad de un país la que mantiene el principio de solidaridad interna en que se basa el gasto social. Y esa prosperidad está directamente relacionada con la apertura de la economía.

Hay quien sigue teniendo recelos ante la economía abierta. Algunos países prefieren mantener sus economías cerradas e intervenidas. También dicen que así ejercen la solidaridad y la cooperación. No es verdad. En estos casos el discurso de la solidaridad y la compasión sólo sirve para lavar las conciencias. El proteccionismo perjudica en primer lugar a esos mismos países, porque acaban perdiendo oportunidades y los propios ciudadanos pagan un coste muy alto en regulaciones, en barreras y en aranceles. Y, además del perjuicio interior, también perjudica a los países menos desarrollados, porque les impide acceder a mercados más ricos y por tanto, obstaculiza su progreso.

Los proteccionistas, o los antiglobalizadores, no le preguntan a la gente de los países en vías de desarrollo si quieren vivir mejor. Eso no les interesa. La pobreza, las malas condiciones de trabajo, la explotación infantil... esas lacras no se extirparán poniendo barreras a la libertad de circulación de la gente, a la libertad de comercio o a la libertad de información. Tampoco se resolverá así el problema del terrorismo, que no es un hecho relacionado con la globalización, ni siquiera con la pobreza, porque el terrorismo, como sabemos muy bien en España, no tiene sus raíces en el retraso económico. El resultado que consiguen es mantener a esas personas en un nivel de desarrollo muy inferior al que podrían alcanzar si vivieran en países con economías abiertas.

Aún peor: lo que muchas veces se consigue con el proteccionismo disfrazado de antiglobalización es la supervivencia, en los países pobres o en vías de desarrollo, de oligarquías corruptas y de sistemas de gobierno opacos y nada democráticos. Cuando digo que estoy a favor de la globalización, quiero decir también que sin la extensión de instituciones democráticas, que garanticen los derechos individuales y la participación de los ciudadanos en las decisiones políticas, ningún país podrá aprovechar las oportunidades que ofrece la apertura de los mercados. Éste es uno de los grandes debates de hoy en día, y tiene respuestas muy difíciles. Entre otras cosas, porque si se quiere fomentar la democracia en países que no lo son, habrá que estar dispuesto a ayudar y a hacer sacrificios que muchos no parecen dispuestos a hacer.

La institucionalización de la democracia no es sencilla. Y también es muy difícil crear mercados abiertos y transparentes, en los que la información circule y esté a disposición del máximo número de personas, para que todos puedan aprovecharla. Por ejemplo, ¿cómo es posible que países con poblaciones no muy grandes, productores de petróleo, con materias primas, con salidas fáciles a los grandes mercados, países potencialmente ricos, en pocas palabras, estén en condiciones de altísima pobreza? Adam Smith diría que es porque la fuente principal de la riqueza, que en este caso sería el petróleo, está en manos del Estado. También diría que la riqueza se crea cuando se respetan las leyes, la propiedad privada y la competencia.

Habrá quien tache esta voluntad de extender la prosperidad y la democracia de imperialista. Yo no lo veo así. No veo en qué es imperialista un proyecto de prosperidad para todos, en especial para los países menos desarrollados. Y tampoco creo que sea imperialista la idea de que el conjunto de las naciones participen de los valores que sustentan la democracia en el mundo. La libertad del individuo, la responsabilidad, la igualdad de oportunidades y la participación en la vida política no son valores exclusivamente occidentales. Son valores universales, que todo el mundo puede compartir. Su puesta en práctica es lo único que hoy en día puede garantizar la paz y el orden mundial. Ése es el desafío al que nos enfrentamos ahora.

La confianza era la clave para poder abordar estos nuevos desafíos de forma correcta. Es lógico que la gente sienta recelos ante la posibilidad de que sus costumbres o su identidad cultural desaparezcan. Pero también en este asunto los españoles hemos aprendido mucho durante estos años. Cuando están de verdad enraizadas en la vida y en la mentalidad de la gente, ninguna de las formas de vida propiamente españolas se ha visto en peligro, ni siquiera amenazadas por nuestra incorporación a un mercado global y a espacios de libertad mucho mayores que los propiamente nacionales. Hoy por hoy, las tradiciones culturales españolas, de cualquier tipo que sean, poseen una vitalidad que muchos creían imposible hace algunos años.

Un país solvente

En la segunda legislatura, después de las elecciones de 2000, pusimos en marcha dos grandes paquetes de medidas económicas. Uno al comienzo de la legislatura y otro en 2002-2003. También bajamos por segunda vez el IRPF. Suprimimos el Impuesto sobre Actividades Económicas y el Impuesto de Sucesiones. Además, pusimos en marcha el Plan de Infraestructuras para 2002-2007, que está en el origen de las grandes iniciativas que se están llevando a cabo ahora. Es un esfuerzo muy ambicioso, que ha continuado y profundizado lo que se había hecho hasta entonces, y también ha aprovechado los resultados de las políticas puestas en marcha durante la primera legislatura. Continuamos con la política de concertación. Firmamos un acuerdo sobre pensiones con Comisiones Obreras y se renovó el Pacto de Toledo prácticamente por unanimidad.

Un gobierno debe garantizar la igualdad de oportunidades y la solidaridad, e impulsar la modernización del país. A lo largo de estos años, hemos defendido que todas las personas deben tener iguales oportunidades en todo el país. No tienen que existir diferencias entre pensionistas por vivir en uno u otro territorio. Hemos puesto en marcha el Plan Hidrológico Nacional, que es una expresión práctica de solidaridad y una necesidad histórica. Hemos impulsado un plan muy ambicioso de infraestructuras, vital para la modernización de nuestro país, y que está transformando España gracias a las autovías, las autopistas y los trenes de alta velocidad. Nos hemos esforzado en ampliar el acceso a internet, para que todos los españoles tengan acceso a la red. Y nos ha parecido básico fomentar la movilidad tanto en la educación, con la implantación del distrito único universitario, como en el ámbito laboral.

La forma como la economía española ha encarado y superado la crisis ha venido a demostrar que teníamos razón. Muchos países europeos han pasado esta crisis con un crecimiento prácticamente cero. Nosotros hemos seguido creciendo y creando empleo. No cabe mejor demostración de que las políticas de control y presupuestario, de austeridad, de reformas para la liberalización y flexibilidad eran algo más que una obsesión personal nuestra.

Al principio se decía que la estabilidad presupuestaria era una especie de manía. La economía española podía permitirse el déficit, teníamos margen para aumentar los impuestos y gastar sin control. En cambio, había que repartir el trabajo existente porque, según nos decían, era imposible crear más trabajo. Era una forma absurda de ver las cosas. Nosotros dijimos no a todo eso. No había por qué resignarse a seguir con aquella política.

El resultado es que ahora ya no se discute la política de estabilidad presupuestaria. Ahora todo el mundo está de acuerdo en que tener un presupuesto equilibrado es posible. Y bueno para el país. Lo que se discute ahora ya no es la estabilidad presupuestaria. Lo que ahora estamos discutiendo en España es... qué hacer con el superávit. Porque ahora, desde 2003, los presupuestos del Estado no sólo no tienen déficit sino que tienen superávit.

Bajamos los impuestos en la primera legislatura. Seguimos bajándolos en la segunda legislatura. Hemos mantenido y aumentado las prestaciones sociales del Estado. Hemos creado un Fondo de Reserva para las Pensiones que ayude a garantizar a nuestros mayores un futuro digno. Y tenemos las cuentas no sólo saneadas, sino en superávit en un momento en el que la economía está pasando por un mal momento en todas partes.

Para nosotros, está claro que lo que hay que hacer con el superávit no es aumentar las prestaciones actuales. No se debe gastar ahora el superávit de la Seguridad Social. Lo que hay que hacer es ahorrar para que el día de mañana todas las prestaciones sociales sigan garantizadas, como lo están hoy en día. Y también hay que seguir trabajando para tener un marco estable que garantice a los pensionistas que sus pensiones se van revalorizando todos los años y que no van a ver mermados sus ingresos por la irresponsabilidad de los gobernantes. En este asunto no se puede jugar al oportunismo político y gastar hoy para encontrarnos con que el día de mañana hay que rebajar los ingresos de la gente que ha estado toda su vida trabajando.

Hemos demostrado que teníamos razón cuando propusimos que existía una política alternativa, que esa política era posible, y que era beneficiosa para el conjunto del país.

Cuanto más flexible sea la economía española, tanto mejor para los tiempos que se avecinan. Será mejor para el propio país, ha sido mejor para España en la Europa a quince, y será mejor también en la Europa a veintisiete. Los españoles tendrán más oportunidades y más capacidad de iniciativa, y la economía española tendrá más crecimiento y más capacidad para competir. En vez de tener miedo a la globalización, podremos aprovechar las oportunidades que crea.

Ése es el cambio de mentalidad que yo quería para España. Ahora en España hay varios millones de accionistas que se levantan todas las mañanas sabiendo perfectamente qué significa una economía de mercado y sabiendo qué es recibir un dividendo. Hay cuatro millones y medio de personas más que trabajan, es decir que tienen la oportunidad de comprar una casa, oportunidad —hay que insistir en esto— de la que antes carecían. Hay un mercado de la vivienda muy dinámico. No cabe duda de que el precio de la vivienda es muy alto, en particular porque la legislación sobre el suelo en España es defectuosa. Pero también es verdad que se ha producido una demanda muy fuerte, derivada del cambio social de estos años.

Nosotros hemos facilitado el acceso a la vivienda. Los intereses hipotecarios son bajos, hay desgravaciones fiscales especiales, hay ayudas para la compra de la primera vivienda y hay ayudas para jóvenes que quieran comprar una casa. También hay extranjeros que vienen a nuestro país, a veces para pasar unos meses al año y otras para instalarse aquí, con una perspectiva de vida de veinticinco y treinta años. Muchos adquieren una vivienda en España. Es un gesto de confianza. Durante un viaje a Estados Unidos, el secretario de Estado de Seguridad, Tom Ridge, que antes había sido gobernador de Pennsylvania, me decía que la gente de su estado, cuando se jubilaba, se iba a vivir a Florida. A él no le gustaba aquello, pero añadió que debía reconocer que para Florida era excelente.

Ahora partimos de un marco estable, y además saneado. Habrá que ir tomando iniciativas en este sentido, porque sin duda alguna hay espacio para continuar con las reformas, pero ahora el punto de arranque ya no es el mismo. Hemos dejado de ser un viejo país sin crédito, en el que no se confiaba, para convertirnos en un país moderno, disciplinado, que cumple los acuerdos y las normas y que hasta cierto punto constituye un punto de referencia. Han sido muchos años de trabajo, muchos años de esfuerzo, muchos años de remar contracorriente. Hay que seguir trabajando.

CAPÍTULO CINCO

El papel de España en el mundo

El 11 de septiembre de 2001 yo estaba en viaje oficial a Estonia. Eran los meses previos a la Presidencia española de la Unión Europea y habíamos decidido visitar los países que iban a incorporarse a la Unión. Aquellos días estaban dedicados a los Países Bálticos. La tarde del 11 de septiembre me encontraba reunido con el primer ministro de Estonia. De pronto, nos informaron que en la televisión estaban transmitiendo imágenes con las Torres Gemelas incendiadas. Interrumpimos la conversación, salimos y comprobamos que había sido un atentado. Dimos una primera conferencia de prensa de condena del terrorismo y suspendimos el resto del viaje. Volvimos inmediatamente a Madrid.

Mucha gente me ha preguntado si en aquellos momentos pensé en el atentado que yo mismo había sufrido en 1995. Pensé en la gente que viajaba en los aviones secuestrados, en la que estaba en las Torres Gemelas y en lo que aquello significaba. El atentado de 1995 no cambió mi visión del terrorismo ni la perspectiva política de lo que el terrorismo significa. Sin embargo, el hecho de ser superviviente de un atentado sí ha cambiado mi acercamiento personal a algunas cosas. Desde entonces he sido más consciente de lo que significa el hecho de que muchas personas, como en el 11 de septiembre, hayan perdido su vida, o su familia o a sus amigos en un atentado.

Siendo presidente del Gobierno me he sentido responsable, personalmente responsable, de la atención a las personas que han sufrido el ataque del terrorismo. De ahí deriva mi insistencia en que las víctimas del terrorismo son lo más importante, el dar ánimo a las personas para resistir y sobreponerse, la cercanía que he intentado mantener con quienes están amenazadas o han sufrido un atentado. Y también eso es lo que me ha llevado a ser especialmente claro respecto a estos asuntos. Cada uno tiene derecho a decir lo que quiera y a proponer soluciones diversas, e incluso a hacer apelaciones al diálogo. Pero desde entonces, desde 1995, yo sé muy bien qué es el terrorismo.

El 11 de septiembre

En aquellos primeros momentos, el 11 de septiembre, hubo una gran confusión. Pero una vez se supo que era un ataque terrorista y se comprendió su magnitud, fue evidente que había empezado una historia nueva. Había que analizar muy bien las consecuencias de aquella acción, las diferencias entre los liderazgos y las diversas acciones políticas que se podían adoptar. Todo eso iba a depender de forma determinante de decisiones políticas que tomaron en aquellos momentos. Por dos razones.

La primera es que se había materializado de una forma brutal y cruel lo que antes era sólo un riesgo. Los atentados terroristas masivos como el del 11 de septiembre habían sido previstos como una posibilidad. Ahora se había pasado de la teoría a la práctica. La segunda cuestión es que se había atacado a Estados Unidos, a la cabeza. Y los ataques a la cabeza son siempre trascendentes.

Desde un punto de vista estrictamente español, el 11 de septiembre tuvo consecuencias muy importantes. Nosotros nos habíamos sentido muchas veces solos en la lucha contra el terrorismo. Demasiadas veces se había considerado que era un problema local y, más allá de las declaraciones formales, habíamos notado que estábamos un poco desasistidos por falta de comprensión del verdadero alcance del terrorismo. Además, aquél era el momento de dar un paso adelante tanto desde el punto europeo como desde el planteamiento político contra el terrorismo internacional. Había llegado el momento de que España, que había hecho una bandera de la lucha contra el terrorismo, manifestase su posición, una posición que no diese lugar a ningún tipo de dudas ni de titubeos.

Estaba seguro de que se iba a producir una cadena espectacular de solidaridades inmediatas, a cual más diligente, para ver quién llegaba el primero, quién hacía más gestos. Luego, casi inmediatamente, vendría la carrera contraria, más o menos rápida, a ver quién *no* estaba dispuesto a asumir las responsabilidades correspondientes.

Yo no quise participar en esa carrera de apoyos generales porque estaba absolutamente seguro de que llegaría un momento en que la carrera de la solidaridad se detendría y empezaría la de la falta de responsabilidad. Asumí una posición pública, hablé inmediatamente con el presidente Bush y le envié una carta que intentaba expresar mi solidaridad y mi apoyo en los términos más cordiales. Pero no viajé a Washington hasta noviembre.

Luego vino la intervención en Afganistán. Pero el derrocamiento del régimen talibán, que estuvo respaldado por toda la comunidad internacional, se deriva de la lógica del ataque y de la solidaridad subsiguiente. Hasta más tarde, hasta la intervención en Irak, no empiezan a deducirse todos los efectos del 11 de septiembre. Y es ahí donde empezó a romperse la cadena de solidaridades. Yo no sabía en qué momento iba a ocurrir, pero estaba seguro de que ocurriría en algún momento. Y fue con la discusión sobre Irak.

Solidaridad y responsabilidad

Mientras tanto, había que aprovechar el tiempo y profundizar en las posiciones internacionales de lucha contra el terrorismo. Lo aprovechamos fundamentalmente para cambiar toda la legislación antiterrorista, algo sobre lo que veníamos peleando desde hacía mucho tiempo. Yo había planteado, como lo hicieron los gobiernos anteriores, la superación del procedimiento de extradición en el primer Consejo Europeo al que asistí, en Florencia en junio de 1996. Fue lo primero que puse sobre la mesa y avanzamos con dificultades, que se resolvieron más tarde. Algunos países plantearon determinadas dificultades de orden constitucional, pero todos se mostraron sensibles y receptivos a los cambios de legislación. Nadie puso objeciones serias, ni ahí ni en las Naciones Unidas. Otra cosa fue aplicar luego la legislación de Naciones Unidas.

Entre la expresión de la solidaridad manifestada en un primer momento y la falta de responsabilidad que vino después existe una relación que hay que explicar. Se entiende mejor si se tiene en cuenta lo que significa una cierta concepción de la política, pero también los clichés y los prejuicios antinorteamericanos. Cuando se olvidan las primeras solidaridades meramente formales, surgen las preguntas sobre los motivos de los ataques del 11 de septiembre. Entonces aparece la tentación de explicar las causas de los atentados, como si el terrorismo tuviera alguna explicación que permitiera entenderlo. Hubo quien atribuyó la responsabilidad de los atentados a los mismos que han sido víctimas de esos atentados. En este caso, se trataba de Estados Unidos.

En España esa actitud tuvo algunos adelantados, hasta el punto de que el día después del atentado, hubo quien mostró su preocupación por aspectos inverosímiles de la cuestión. Fue eso de: «El mundo aguarda estremecido la respuesta de Bush». Entonces ni siquiera se sabían cuántos miles de personas habían muerto en las Torres Gemelas. Se hablaba de veinte, treinta o tal vez cincuenta mil personas asesinadas. Pero parecía que el mundo no estaba estremecido con eso. Lo estaba con la eventual respuesta del presidente Bush. Por eso, desde el primer momento resultó evidente lo que vendría después.

Aquí, en España, hemos vivido este fenómeno de una forma muy intensa, cuando se ha manifestado cierta comprensión hacia las acciones terroristas y se sugiere que no se puede vencer al terrorismo. Es entonces cuando se apela al diálogo y no a la derrota del terror. Hay una zona gris, muy amplia, que al final acaba abriéndose paso y saliendo a la luz. Y después del 11 de septiembre se materializó en el antiamericanismo. Es fácil mostrarse solidario cuando hay una desgracia, pero es muy difícil asumir responsabilidades cuando hay que actuar. Así empezaron a surgir todos los prejuicios que nos llevaron a la situación en la que acabaríamos encontrándonos.

El apoyo a la intervención en Irak

Se escuchan muchos argumentos antinorteamericanos. El primero se basa en una percepción evidente. Quien tiene la responsabilidad de gobernar no es popular. Menos aún lo es quien tiene responsabilidades de gobierno de la primera potencia del mundo. En los tiempos en que España era una gran potencia, los españoles no fuimos precisamente populares. Nos adjudicaron la leyenda negra, que ha durado siglos. Éramos arrogantes, soberbios e insolentes. Tampoco los ingleses ni los franceses gozaron de gran popularidad cuando fueron grandes potencias. Y tampoco la tienen ahora los norteamericanos.

Otro argumento es que en Europa lo políticamente correcto es ser antinorteamericano. Es un desprecio absurdo, sobre todo cuando los europeos se permiten dar lecciones a los demás, como explica Jean-François Revel. Hay que recordar que en el siglo XX, sobre todo en la primera mitad del siglo, los problemas europeos proceden de dentro de Europa. La primera guerra mundial fue provocada por los europeos, como la segunda. El comunismo y el fascismo son problemas surgidos en Europa. Buena parte de los problemas de los países en vías de desarrollo surgen de conflictos y de ideas nacidos en Europa y exportados desde Europa. Es absurdo dar lecciones a un país como Estados Unidos, que lleva más de doscientos años sin romper la estabilidad ni la continuidad de las instituciones democráticas.

El antiamericanismo nace de ciertos complejos y prejuicios europeos que vienen de la primera guerra mundial. Con el final de la primera guerra, los países europeos pierden su capacidad de decidir sobre los asuntos del mundo. Eso se acentúa aún más con la segunda guerra y el país que se da cuenta de eso antes que nadie, a pesar de ser una de las potencias vencedoras del conflicto, es Gran Bretaña. Por eso Gran Bretaña construye la denominada «relación especial» y realiza un esfuerzo colosal por no despegarse de ahí.

Durante la guerra fría el asunto quedó latente, porque para su seguridad frente a la amenaza de la Unión Soviética los europeos dependían de los norteamericanos. Pero con la caída del Muro de Berlín cambia todo el panorama. Estados Unidos obtiene uno de los mayores triunfos de la historia: desarticular un imperio sin disparar un solo tiro. Entonces Norteamérica emerge como potencia única, y es a partir de ahí cuando muchos europeos cometen un grave error: ya que se ha acabado la amenaza soviética, piensan que también se han acabado las amenazas. Entonces deciden bajar la guardia y desarmarse.

La primera consecuencia es que crece la distancia respecto a Estados Unidos en cuestiones de capacidades y tecnológicas de seguridad, porque los norteamericanos no hicieron el mismo análisis y comprendieron que el final de la Unión Soviética no implicaba el final de los conflictos ni de las amenazas. Cuando los europeos quieren darse cuenta de que es así, ya es demasiado tarde.

Para entonces, esas nuevas amenazas surgidas tras el colapso de la Unión Soviética ya se habían hecho realidad. Está el terrorismo internacional, que es capaz de crear redes autónomas y autosuficientes, como Al Qaeda, muy difíciles de controlar. Está la proliferación de armas de destrucción masiva, y además los Estados sin principios. Estos tres elementos combinados son extraordinariamente peligrosos.

Otra amenaza viene del fundamentalismo islámico. No es que el mundo islámico de por sí sea una amenaza contra el orden mundial. Pero sin duda alguna el mundo islámico sufre una batalla muy dura entre los integristas y las tendencias más moderadas. Esta batalla perjudica en primer lugar al mundo árabe, que sufre en primera línea el ataque de los fundamentalistas radicales. Pero Occidente también está en el punto de mira, porque está claro que los fundamentalistas islámicos le han declarado la guerra a Occidente. A Occidente, no exclusivamente a Estados Unidos, y si se ha atacado a Estados Unidos es porque es la cabeza de Occidente. La expresión más clara de esa guerra es el 11 de septiembre, por mucho que en Europa haya gente que sienta o diga que ese ataque no va con ellos y sólo afecta a los norteamericanos.

Estados Unidos es, sin duda alguna, la gran democracia liberal del mundo, y hay mucha gente a la que eso del liberalismo y la democracia no le gusta nada. No gusta el liberalismo, y mucho menos, por no decir absolutamente nada, la economía libre. Ése es el fondo de la mentalidad de la que nacen todos los prejuicios europeos sobre lo pernicioso que es el sistema norteamericano.

Ahora bien, la decisión española de apoyar a Estados Unidos en su lucha contra el terrorismo no supone un cambio en nuestra situación. No hemos dejado de ser proeuropeos para ser proamericanos, o proatlánticos. No hay una Europa europea y otra Europa atlántica. Es lo mismo. Desde el punto de vista español, habíamos ido dando los pasos correctos y siempre con el respaldo de un consenso muy amplio. España había ingresado en la Unión Europea y en la OTAN. Nuestra capacidad era respetable, manteníamos buenas relaciones con nuestros socios, pero nos comprometíamos al mínimo. Por ejemplo, no ingresamos en la estructura militar de la OTAN. Yo nunca compartí esa decisión.

Así es como llegamos a las consecuencias del 11 de septiembre. Entonces las circunstancias nos dieron la oportunidad de cambiar este estado de cosas y decidir que la posición española fuese la misma que siempre habíamos querido para nuestro país. Una decisión de esta naturaleza exigía una primera decisión personal en cuanto que las convicciones que la respaldaban son personales, como no puede ser de otra manera. También es una decisión personal en cuanto a liderazgo, que en este caso es la determinación de asumir determinadas responsabilidades. Pero deja de ser una cuestión personal en cuanto el Gobierno entero respalda con su posición lo que yo había propuesto para mi país. También deja de serlo cuando la respalda un partido entero, y por fin cuando los ciudadanos corroboran en las urnas una posición favorable a ese mismo partido, como ocurrió en las elecciones municipales y autonómicas de mayo de 2003. Entonces ya no es sólo una posición personal, es una posición asumida. Y puede serlo porque nuestra posición en la crisis de Irak respondía a la defensa de los intereses nacionales de España.

Otra cosa es que haya existido más o menos claridad o determinación a la hora de poner en práctica esa convicción. Pero lo importante es que se asumiera. Era muy difícil explicarla, porque en medio del estruendo, la pedagogía es mucho más difícil. Además, si se contraponen sentimientos a razones en un país que no tiene la costumbre de intervenir en primera línea en asuntos exteriores, el resultado es previsible a corto plazo.

En los últimos doscientos años, nuestro país no había asumido responsabilidades internacionales. Tampoco ha tenido mucho interés en los temas económicos ni en participar globalmente en la economía mundial. Después del desastre de la invasión napoleónica, España fue expulsada de la política europea en el Congreso de Viena, en 1815. A partir de ahí, salvo algunas incursiones puntuales, España se refugió en sí misma.

Desde 1978, las cosas van cambiando. Fuimos dando los pasos adecuados. Ingresamos en la Unión Europea y en la OTAN, teníamos una política sobre el Mediterráneo y el norte de África. Todo eso se hace de forma consensuada, aunque también hay que decir que a los españoles no se les contaba exactamente la verdad. En realidad, lo que se les estaba diciendo era que somos un país un poco de segundo orden. Lo mejor era seguir en el pelotón, despuntando un poco, pero sin llegar a asomar la cabeza. Y eso es lo que cambió: la voluntad de asumir responsabilidades.

Para mí este cambio deriva de dos cosas. La primera es la propia posición de España, que ha ido ganando fuerza y protagonismo. La otra es la decisión del Gobierno. Antes de la democracia éramos un país que no existía en el mapa internacional. Y ahora sí lo estamos. A eso es a lo que yo me refería cuando dije lo de «no quiero que España se quede en el camino de la Historia». Comprendo que es difícil asumir un cambio tan profundo en tan poco tiempo y teniendo a nuestras espaldas una tradición tan larga de aislamiento relativo. Cuando se publicó la foto de la Cumbre de las Azores, donde yo aparecía con Bush y con Blair, en marzo de 2003, mucha gente pensó: «¿Por qué tenemos que estar ahí? ¿Por qué nosotros?».

Existe un precedente que sirve para enmarcar históricamente la decisión española con respecto a Estados Unidos. En 1998 hubo un momento de fuerte tensión entre Estados Unidos e Irak y el Gobierno norteamericano estuvo a punto de intervenir en en este país. Entonces en Estados Unidos gobernaba Clinton, porque la crisis de Irak no es una cuestión que hayan inventado George W. Bush o los republicanos. Pues bien, Clinton me llamó entonces para pedirme apoyo. Luego, el Gobierno norteamericano hizo pública una declaración en la que decía que Estados Unidos contaba con el apoyo de algunos países europeos amigos, como Reino Unido y España. Pero antes, cuando me llamó Clinton, yo le dije que consideraba que había llegado el momento del compromiso, y añadí lo que he dicho siempre: que la legalidad internacional tiene que respetarse y que nosotros apoyaríamos una estrategia norteamericana amparada en las resoluciones de Naciones Unidas. Ésa ha sido luego nuestra línea de acción.

Apoyamos la intervención en Irak porque el régimen de Sadam Hussein no cumplía las resoluciones de Naciones Unidas y no mostró nunca la menor voluntad de colaborar con los inspectores de la ONU encargados de comprobar que se había destruido el armamento y se habían paralizado los programas de armas de destrucción masiva.

Aliados: Clinton, Bush, Blair

Con Clinton siempre mantuve una buena relación. Es un hombre extraordinariamente simpático, y siempre que nos vemos es un placer hablar con él. Solemos intercambiar mensajes.

Pero es verdad que, aunque la relación ha sido muy positiva, no ha sido tan estrecha como la que he mantenido con otros líderes. Tony Blair, por ejemplo. Blair es un hombre completamente clintoniano. Es un gran comunicador, es afable, como Clinton, y su gran amigo era Bill Clinton. Pero llegaron las elecciones americanas, se produjo un relevo presidencial y Blair ha sabido ejercer y jugarse el liderazgo cuando le tocó convivir con otro presidente norteamericano. Blair actuó no por afinidades ni por amistad, sino en virtud de sus convicciones y de los intereses estratégicos de su país. Eso demuestra, por otro lado, que en algunos países existen constantes históricas y una continuidad que todo el mundo respeta cuando le llega el turno de gobernar.

A mí me ha resultado fácil trabar amistad con Tony Blair. Es una cuestión generacional, porque somos de la misma edad. Y desde su primera visita a España, en la Semana Santa de 1997, hubo una relación personal intensa. Hubo amistad y respeto mutuo. Además confluyeron otras cosas, más generales. Siempre he sido partidario de mantener muy firme el rumbo de la política atlántica. Siempre he creído en el vínculo atlántico y en el atlantismo. En eso coincidía plenamente con la política de Gran Bretaña, cuyo interés atlántico es aún mayor que el nuestro. He hablado mucho con Blair acerca de la posición histórica de Gran Bretaña y la posición histórica de España al principio de este siglo, y eso nos ha ido uniendo porque estamos fundamentalmente de acuerdo en cuál debería ser el rumbo de cada uno. Además, a mí me interesa el modelo económico y social anglosajón. Me gustaría poder decir, como puede decir un inglés, que mi país lleva siglos gozando de libertades constitucionales, y también que ese sistema se basa en la libertad individual y en unas instituciones que se muestran capaces de protegerla y garantizarla. Blair y yo siempre hemos tropezado con la misma piedra, que es la izquierda política.

Con George W. Bush la relación ha sido distinta. Siempre he tenido una buena relación con Kissinger, y en una ocasión Kissinger me dijo: «Te vas a llevar bien con Bush». También recuerdo que cuando el recuento de votos en Florida, durante las elecciones presidenciales en las que salió elegido George W. Bush, su padre se encontraba precisamente en España. Andaba hecho un manojo de nervios porque los resultados iban muy ajustados, y naturalmente quería que su hijo fuera presidente. Por fin le conocí y fue entonces cuando aquellos avisos se confirmaron. Fue antes del 11 de septiembre.

El primer viaje de Bush a Europa después de ser elegido presidente fue a España. No fue Gran Bretaña, ni Francia, ni Alemania. Empezó su gira europea en Madrid. Su compromiso con la lucha antiterrorista fue total. Faltaban meses para los hechos del 11 de septiembre. Los Reyes de España fueron los primeros jefes de Estado que visitaron Estados Unidos después de su elección. Bush siempre ha tenido una especial sensibilidad ante la importancia de la cultura española o hispana en Estados Unidos y en el mundo. Fue gobernador de Texas y conoce bien el mundo hispano de Estados Unidos. Además, estaba claro que la Administración norteamericana tenía que diseñar una nueva política con respecto a Europa. Pero con independencia de esto, yo me di cuenta en cuanto le conocí de que estaba ante una persona muy especial. A Bush le tocaba convertirse en el primer líder del mundo, y tenía ante sí la tarea de cambiar las cosas. Hay líderes políticos que son capaces de hacerlo e imprimen un nuevo rumbo histórico a la realidad. Para eso hace falta estar hecho de una pasta muy particular, y estar dispuesto a asumir responsabilidades muy pesadas. George W. Bush es uno de esos líderes.

Comparto con él la idea de que es necesario, sobre todo en una situación tan cambiante como ésta en la que vivimos, un liderazgo fuerte y basado en valores y en principios sólidos, capaces de comprometer al conjunto de la población. Hay unos cuantos presidentes, pocos, que han cambiado Estados Unidos. Bush es uno de ellos. Reagan otro, como lo fue en su tiempo Kennedy. Y no se trata sólo del 11 de septiembre. La cuestión es haber comprendido qué quería decir aquello, las medidas que se requerían y cómo había que responder al pueblo norteamericano. Claro que eso en Europa es muy difícil de entender. Casi es un tabú. Cuando bromeo con él le digo que ha conseguido tener una imagen todavía peor que la que Reagan tenía entre los europeos y le digo que eso tiene mérito. No hay que olvidar que Reagan contribuyó decisivamente al derrumbamiento del imperio soviético.

Con George W. Bush ha cuajado una intensa relación personal que él mismo me demostró en el último viaje que hice a Washington, en el mes de enero de 2004, con una despedida y un afecto que van más allá de la relación política.

La guerra de Irak y la opinión pública española

Los gobiernos que yo he presidido siempre han sido gobiernos proeuropeos, partidarios de la integración y de la idea de una Europa unida. En cambio, nunca hemos sido partidarios de unos Estados Unidos que emprendan acciones unilaterales, ni de que los norteamericanos se encierren dentro de su país y se desentiendan del resto del mundo. No creo, en cualquier caso, que Estados Unidos apueste por la destrucción de la unidad europea. Creo, eso sí, que es muy necesario abrir y profundizar la Unión Europea.

Siempre hay quien se arroga el privilegio de definir lo que es europeo y en función de eso definir quiénes son los que están en contra de Europa, pero ésa es otra cuestión. Por ejemplo, cuando suscribimos la que luego se denominó *Carta de los Ocho* acerca de la intervención en Irak, el 30 de enero de 2003, *The Wall Street Journal* me pidió que escribiera un artículo sobre el asunto. Entonces se me ocurrió que, en lugar de firmarlo yo en solitario, lo firmáramos los dirigentes europeos que manteníamos unas posiciones abiertas a la colaboración con Estados Unidos y al mantenimiento del vínculo atlántico. Así es como me puse al habla con Blair y acabamos publicando el artículo firmado por ocho presidentes de Gobierno y primeros ministros: nosotros dos y los de Italia, Portugal, Dinamarca, Hungría, Polonia y Chequia. En la primera publicación de la *Carta* éramos ocho y acabamos siendo dieciocho.

Esta declaración está inevitablemente relacionada con algo que había ocurrido poco antes con la celebración del Aniversario del Tratado de Versalles, a la que no fue invitado ningún otro socio europeo, y que generó un sentimiento de exclusión y la posterior definición de Francia y Alemania de su posición ante Irak, manteniendo que ésa era la posición europea. Ante eso, nosotros y el resto de los países miembros de la Unión teníamos que decidir si teníamos o no una posición, si aceptábamos lo que decían Francia y Alemania o si adoptábamos una posición común, que recogiera nuestra perspectiva. Pues bien, lo hicimos. Ése es el sentido del artículo de *The Wall Street Journal*, que es la expresión de un cambio muy importante, yo lo llamaría incluso fundamental, en la historia reciente.

En esos momentos previos a la intervención en Irak, le ofrecí a la oposición la misma colaboración que nosotros establecimos con el Gobierno socialista durante la primera guerra del Golfo o la intervención en Yugoslavia. Llamé a José Luis Rodríguez Zapatero y le planteé que en el año 1990, cuando Irak invadió Kuwait, yo era líder de la oposición y fui a la Moncloa, en las mismas condiciones que él ahora. Yo quise hacer una política de Estado, no porque me tocara gobernar, sino porque entonces, como en 2003, España tenía que responder a una situación de crisis y tenía que hacerlo como nación. Ahora le tocaba al PSOE ejercer ese mismo papel desde la oposición. Le expliqué las razones que tenía para tomar la decisión que habíamos tomado, que son las que ya he explicado. Le dije que yo no tenía inconveniente en que introdujera todos los matices e incluso las reservas que creyese convenientes en el debate parlamentario, pero que en un asunto del alcance de éste convenía que la oposición y el Gobierno estuvieran de acuerdo.

Ahí es donde se produjo la ruptura. Rodríguez Zapatero no quiso aceptar aquella posición y fue entonces cuando el PSOE, Izquierda Unida y todos sus acompañantes rompieron el consenso que siempre había existido sobre la política exterior española. Era una actitud del todo nueva.

Estoy convencido que se ha producido un retroceso. Una parte de la izquierda española carece de un comportamiento homologable al que tiene la izquierda en otros países. Y es que, en el fondo, la izquierda española sigue pensando que los demás, todos los que no comparten su misma posición, están desautorizados para gobernar. Según la izquierda, nosotros no tenemos legitimidad histórica para gobernar España. Esa creencia es lo que se escenificó en la campaña contra la posición del Gobierno en el conflicto iraquí. Es la misma operación que se hizo contra Antonio Maura, en el año 1909, cuando la campaña del «Maura, no». En política, los factores personales son muy importantes. Había mucha gente que no acababa de creerse que yo dejaría el Gobierno tras ochos años de mandato como presidente. Pero, por si acaso, pensaron, vamos a hacer todo lo posible porque no salga bien del Gobierno.

Aquí, en contra de lo que ocurrió en los demás países europeos, lo que se cuestionó fue la legitimidad del Gobierno, la legitimidad de un gobierno democrático para dirigir el país. No era sólo una discrepancia en un punto concreto ni en varios. Era algo más.

Evidentemente, tan legítima como nuestra posición era la de quienes se manifestaban en contra de ella, ya fuera a través de los medios de comunicación o en la calle. Pero lo que se expresaba en esas manifestaciones tenía que encontrar una traducción en la acción política, y fue ahí donde las cosas fallaron.

La oposición no supo encontrar una expresión concreta, viable, a lo que se estaba diciendo en la calle y derivó la manifestación de una opinión legítima hacia algo que no se debe hacer nunca, como es la puesta en cuestión de la legitimidad de un gobierno democrático. Eso es lo que le impidió, por lo menos en buena parte, aprovechar electoralmente las movilizaciones que se produjeron a principios de 2003. La oposición no ofreció una alternativa válida y cuando llegó el momento de presentarse a los electores, no tenía nada que ofrecer.

A ello se añade que hubo numerosos fenómenos de violencia. Todos los días se producían ataques a las sedes del Partido Popular, agresiones personales a la gente del partido y a los miembros del Gobierno. Era una mezcla de presión callejera y de agresión, y salió a relucir un rostro de una parte del país muy agresivo, muy turbio y capaz de poner en cuestión las cosas más fundamentales, las de principio. Tampoco en esto la condena por parte de la oposición fue tan rotunda como habría sido de desear.

Esa actitud hace imposible el diálogo. No queda más que claudicar o seguir adelante. Si en aquel momento el Gobierno hubiera doblado la rodilla, algunos elementos básicos de la democracia en España se habrían tambaleado y se habría puesto en peligro la estabilidad de las instituciones. Una cosa es ser derrotado en unas elecciones democráticas y otra cosa muy distinta es dejar que las instituciones se dobleguen a la presión. Eso no es democracia, pero ése fue el riesgo que hubo que asumir. Yo era perfectamente consciente de eso, pero nunca tuve ninguna duda de qué era lo que tenía que hacer.

El liderazgo se forja en los momentos de calma, pero se demuestra en los momentos de crisis. Yo tenía la legitimidad que me habían dado las urnas y no estaba en ningún caso dispuesto a cambiar una política que creía justa, legítima y, además, respaldada por una mayoría democrática. Si aquella prueba salía bien, habría quedado demostrada la madurez democrática de España. Ya no se podrían derrocar gobiernos a base de manifestaciones ni de presiones callejeras. A partir de aquí, será siempre imprescindible pasar por las elecciones y por el sistema democrático.

Yo me sentía respaldado por el Gobierno y por el Partido Popular. Estaba seguro de que el Partido Popular respondería al reto. Pero la presión llegó a ser tan fuerte que había razones para preguntarse por cuánto tiempo la gente podría seguir aguantando todo aquello. Me reconfortó ver que el trabajo de tantos años había dado su fruto. Personalmente, significó una expresión de respeto y de confianza, porque sin duda había muchas personas que no estaban completamente convencidas de nuestras decisiones, pero que en esos momentos tan difíciles nos demostraron que confiaban en nuestras razones para adoptarlas y mantenerlas.

El momento culminante corresponde a la votación secreta en el Congreso de los Diputados. Entonces se intentó dividirnos y forzar la ruptura del partido. Y se vio que el Partido Popular no se rompe, que aguanta las presiones y las agresiones. No hubo ni un solo voto del Grupo Popular en contra del Gobierno. Así se demostró lo que es el Partido Popular, que la gente sabe lo que tiene que hacer y estar a la altura de la responsabilidad histórica. La frustración de la izquierda aumentó aún más.

No se puede decir lo mismo de la oposición. En aquellos días todo valía contra el Gobierno, y cualquier cosa era motivo para intentar sacar provecho electoral de la situación. Me sorprendió la posición de Convergència i Unió. Yo mantuve muchas conversaciones con Jordi Pujol en aquellos momentos. Sabía qué pensaba él de todo este asunto. Y me llamó poderosamente la atención la distancia entre lo que yo sabía que él pensaba y lo que su partido estaba diciendo.

Los prejuicios de la izquierda

Como casi toda la gente de mi generación, yo aprendí francés en el colegio y soy francófono. Me eduqué en la admiración por la cultura francesa, que fue un modelo cultural, e incluso político, para muchas generaciones de españoles. Francia, por otra parte, es en muchos asuntos un aliado fundamental de España. Es nuestro principal socio comercial, un inversor de primer orden y un mercado primordial para nuestras exportaciones. Hemos compartido muchas cosas a lo largo de nuestra Historia, como demuestra la influencia de la cultura francesa en nuestro país, y seguiremos compartiendo muchas más.

Ahora bien, habiéndome criado en un ambiente en el que la cultura francesa tenía una importancia predominante, también es verdad que desde muy temprano sentí una gran admiración por los países de cultura anglosajona. Lo que me interesaba de los países anglosajones es que son países serios, articulados, capaces de garantizar la continuidad histórica, que es algo que a mí me parece muy importante. Son países con instituciones sólidas, con capacidad para mantenerse a lo largo del tiempo. También son países capaces de defenderse y de responder a una agresión. Los países son fuertes cuando sus instituciones son fuertes y sólidas. Ése es uno de los motivos de fondo de cualquier acción política. Los gobernantes han de esforzarse en fortalecer las instituciones. Hay que evitar someterlas a tensiones innecesarias, y mucho menos utilizarlas en provecho propio. Y eso hay que hacerlo sobre todo en España, donde muchas instituciones son aún recientes.

A este respecto, lo eficaz no es la imagen pública, ni lo que uno sea capaz de expresar. Nunca he intentado provocar el entusiasmo ni la admiración de la gente con mis discursos. Lo que hay que hacer es trasladar a la realidad un proyecto y una convicción. Ésa es la mejor pedagogía que se puede realizar. Pero requiere tiempo, mucho tiempo, porque no basta con decir las cosas. Hay que trabajar para que se vayan incorporando a las costumbres de la gente, a los hábitos políticos, al funcionamiento normal de las cosas.

Es verdad que en este punto yo, y conmigo muchos otros, hemos tenido que enfrentarnos a un prejuicio muy fuerte, o a una concepción muy distinta de ver las cosas. En mi educación hubo un fuerte componente de cultura francesa, pero, eso sí, nunca saqué de ello las conclusiones que muchos de mi generación sacaron de esa educación. Quiero decir que nunca fui socialista, y nunca he sido «progresista», entendiendo por progresista el disfraz posmoderno del socialismo. Nunca he creído en los experimentos de ingeniería social, y nunca he creído que el Estado tenga capacidad para imponerle a nadie un camino determinado, la forma como tiene que vivir, o interferir en los proyectos que tenga. Las instituciones se encaminan a garantizar la libertad dentro de la ley, no a imponerle a la gente determinados criterios o determinadas pautas de vida. Tampoco he sido nunca nacionalista. Con lo cual no tengo ningún complejo, ni ninguna cuenta que saldar con la izquierda ni con los nacionalistas. No me avergüenzo del hecho de ser español ni de la historia de España. Tiene zonas oscuras y complicadas, pero ¿qué país no las tiene? Sobre todo si es un país importante, y posee una historia dilatada.

En septiembre de 2003, durante un viaje a Estados Unidos, tuve que explicarles a los cubanos de Miami —y no era la primera vez que lo hacía— que en Europa hay muchísima gente que acaba de darse cuenta ahora, después de los fusilamientos de junio de 2003, que Fidel Castro es un dictador y su régimen la expresión del más puro totalitarismo. Hasta que esa misma gente no se ha ido dando cuenta de que las cosas no eran como ellos querían que fueran, no ha habido forma de que empezaran a cambiar. Por otra parte, la Historia nos ha dado la razón a nosotros. Ya nos la había dado antes, pero la demostración definitiva llegó con la caída del Muro de Berlín.

Es verdad que esta gente, gente en buena parte de mi generación, tenía que acercarse a posiciones más templadas, menos dogmáticas. De hecho, han ido cambiando mucho, y muchos de ellos han abandonado las posiciones de izquierda dogmática, puramente ideológica. Más de uno votará ahora al Partido Popular. Pero me parecía inútil intentar cambiar sus creencias. Cuando el Partido Popular empezó a gobernar en 1996, nos consideraron un paréntesis en la historia de España. No era sólo por razones de poder inmediato ni porque querían desalojarnos del poder a toda prisa.

Era porque la gran coartada de la izquierda, en España, ha sido que nosotros no teníamos legitimidad histórica para gobernar nuestro país. Que el centro-derecha español hubiera llegado al poder era un accidente o una desgracia. Con eso pretendían intimidarnos. Pero no era una maniobra táctica o puramente cínica, era también la expresión de un prejuicio muy arraigado, compartido por mucha gente. Y contra esa clase de prejuicios, la persuasión no vale, ni siquiera vale el razonamiento. Lo único que vale es una pedagogía a largo plazo, acompañada de hechos.

Por otra parte, siempre he creído en el sentido común. La gente, aunque sea con los matices propios de su situación y de su perspectiva personal, entiende que algunas cosas se hacen no por motivos ideológicos ni en función de intereses ocultos, sino porque se deducen del sentido común. Por ejemplo, ha habido muchas polémicas sobre asuntos educativos en estos últimos años. En algunos casos han sido auténticas batallas. Pero muchos de los temas que se planteaban eran de puro sentido común: cuestiones como que es necesario respetar la autoridad del profesor en la clase, o que para pasar de curso hay que demostrar que se ha aprendido lo que se tenía que aprender.

En estos casos, siempre he visto tan claras ciertas cosas, que creía que todo el mundo, o por lo menos mucha gente, las vería igual que yo. Hoy, por ejemplo, no hay discusión en España sobre la necesidad y los buenos resultados de la estabilidad presupuestaria. Parece que a todo el mundo le parece bien. Y no parece tampoco que a nadie se le ocurra subir los impuestos. Así que las cosas acaban cuajando.

En el caso de Irak pasó algo distinto, y más grave. El caso de Irak demuestra que en algunas ocasiones el prejuicio de la izquierda es algo más que eso, porque cuando la izquierda se queda sin argumentos, no siempre tiene en cuenta la realidad, ni reacciona reflexionando sobre su propia actitud. Al revés, en vez de intentar entender lo ocurrido, se dedica a alimentar el rechazo a las medidas que se han tomado y que han demostrado tener una justificación, un sentido y una viabilidad. Entonces es cuando se producen hechos como los que ocurrieron en España con ocasión de la guerra en Irak. Pero poco a poco la sociedad española se ha ido transformando y las cosas han ido cambiando. Ahí reside la fortaleza del Partido Popular, y la causa de que el Partido Socialista no sea capaz de articular una oposición consistente.

El vínculo atlántico

Nuestra relación con Estados Unidos nos ayuda en varios aspectos. Estados Unidos es hoy en día la garantía de la seguridad en el mundo. No existe alternativa a esa garantía. Jugar a elaborar posiciones distintas es una frivolidad para España y para Europa. Si se garantiza la seguridad, se garantizan también los principios básicos en los que se sustenta esa seguridad, que son las libertades que proporcionan los sistemas democráticos. Una cosa va con la otra. La seguridad se basa en el establecimiento y la estabilidad de sociedades abiertas y regímenes democráticos. El mundo sería un lugar mucho más peligroso si no mantuviéramos una buena relación con Estados Unidos.

Nosotros tenemos una vocación atlántica evidente por nuestra posición geográfica y por nuestros lazos con América. ¿Cómo se puede explicar la historia de España sin América? También estamos en la OTAN. Desde un punto de vista español, no sacar el máximo partido de esa posición atlántica me parece un error de dimensiones históricas. Y desde el punto de vista estratégico, las grandes cuestiones a las que se enfrenta la seguridad de España nos aconsejan que mantengamos viva la relación y contribuyamos a que sea sólida y duradera. Yo espero que sea así, con independencia de los cambios de Gobierno en Estados Unidos y en España.

Todo esto debe ser compatible con el compromiso europeo de España. Desde mi punto de vista, no hay incompatibilidad alguna entre la relación de amistad con Estados Unidos y el compromiso europeo de España. Así lo demuestran los hechos y la colaboración del día a día, más allá de las tensiones que puedan surgir en un determinado momento.

Ahora bien, por otro lado, yo estaba seguro de que las diferencias estratégicas entre Europa y Estados Unidos eran, hace ya tiempo, más complicadas de lo que parecía. Había distintas perspectivas, distintos intereses y distintas tradiciones. Tampoco se hizo la misma lectura de la situación después de la caída del Muro de Berlín, ni después del 11 de septiembre. Después de la caída del Muro de Berlín muchos europeos pensaron que la amenaza había prácticamente desaparecido, y que no era necesario seguir preparándose para garantizar una seguridad que ya se había logrado. Por otro lado, muchos europeos siguen pensando en términos de guerra fría, con dos ejércitos regulares enfrentados, con una frontera clara entre ambos, y una percepción común de la amenaza que cada uno constituye para el otro. Las cosas han dejado de ser así.

De hecho, la situación tiene una dimensión nueva. Muchos otros países participan ahora en las tareas de garantizar la seguridad en todo el mundo, y no sólo los norteamericanos y los ingleses. España participa en las tareas de reconstrucción y seguridad en Irak junto con fuerzas centroamericanas. Es la primera vez que nuestros soldados trabajan codo con codo, fuera de la región, con otros soldados iberoamericanos. Todos ellos son magníficos soldados. Iberoamérica se está incorporando a los mecanismos de defensa de la seguridad, está asumiendo responsabilidades y España está a su lado. Forma parte de la nueva dimensión que tiene este asunto de la seguridad. Nosotros debemos contribuir a que Iberoamérica se incorpore al vínculo atlántico.

Pero, además, en Irak hemos colaborado con fuerzas polacas. Cuando veo en una foto a los soldados españoles con los soldados polacos, pienso que estamos haciendo lo correcto . Yo aposté desde 1998 por una alianza, que llamé estratégica, entre España y Polonia. Me parecía —y sigue pareciéndomelo— que la amistad entre España y Polonia es algo fundamental. Por muchas razones, entre ellas que somos países de dimensiones parecidas, con una población similar, y los dos muy interesados en mantener y reforzar el compromiso atlántico. Tenemos, además, algunos rasgos culturales que nos llevan a entendernos bien. Y asimismo está la férrea voluntad de independencia de Polonia, un país maltratado muchas veces a lo largo de la historia. A los polacos nadie les ha regalado nada. Eso les da un temple especial.

Cuando se hablaba de la ampliación de la Unión Europa, se empezó a afirmar que nosotros éramos adversarios de la ampliación. Fue una campaña que intentó enemistarnos con Polonia, siendo así que nosotros no tenemos ninguna razón para despreciar o para ser adversarios de Polonia. Al contrario, éramos amigos y forjamos una alianza estratégica, antes de la guerra de Irak. Yo mismo la firmé en 1998. A nosotros nos interesaba que Polonia se convirtiera en un gran país, en una potencia emergente.

España y Polonia, junto con otros países, tienen mucho que aportar a Europa. Debemos ser un factor de dinamismo en el sentido social, en el sentido económico y en el sentido político. Los polacos tienen, como muchos otros antiguos países del Este, una sensibilidad especial para una acción política menos intervencionista. Han conocido lo que de verdad es el intervencionismo del Estado, y saben muy bien que no quieren repetir la experiencia. Y tienen, por razones históricas evidentes, pero también por su situación geográfica, una sensibilidad especial hacia el atlantismo. Para ellos el vínculo atlántico es la mejor garantía de seguridad y de libertad. Eso es lo que aportan a la Europa más clásica, la Europa que siempre ha vivido protegida dentro del bloque occidental. En buena medida, es lo que también podemos aportar nosotros.

Tenemos que conseguir que España se convierta en una de las democracias más importantes de Europa. Si no torcemos el rumbo podemos lograrlo de aquí al final de la década. Mi tarea política era trazar un camino, y mi deseo político es que no nos desviemos de él. Sinceramente, estoy convencido de que si no nos desviamos, lo lograremos. Pero eso significa también no quedarse quietos. Significa tomar iniciativas y capacidad para mantenerlas y mantener, además, una posición propia. Es verdad que para muchos era más cómoda una España callada, sin criterio o con criterios marcados por otros. Pero no es ésa la España que yo quiero, ni lo que yo creo que se merece mi país. Yo quiero una España que se mueva, que tenga criterios y voz propios. Aunque a veces pueda molestar.

El islote de Perejil

En la intervención en el islote de Perejil cumplimos con nuestra obligación, ni más ni menos. En cuanto supimos que los marroquíes habían tomado posiciones en Perejil hablamos con el Gobierno de Marruecos y le explicamos nuestra posición. El islote de Perejil estaba libre de cualquier ocupación militar, y así debía seguir. Eso es lo que nosotros mantuvimos siempre. Luego buscamos el respaldo de las Cortes, el de la Unión Europea y el de la OTAN. Pero la decisión de intervenir en Perejil si era necesario estaba tomada desde el primer momento. Di órdenes de que todo estuviera preparado para la intervención, pero también dije que yo decidiría cuándo había que intervenir. No había que actuar hasta que todo estuviese preparado y hubiéramos conseguido los respaldos necesarios.

Eso es lo que aún nos diferenciaba de otros países. Después de la ocupación de Perejil por el Ejército marroquí, tardamos una semana en intervenir, cuando cualquier otro país importante lo habría hecho el mismo día, en veinticuatro horas. Se lo dije luego a varios colegas de la Unión Europea: «Lo que vosotros habríais hecho en un solo día, yo he tenido que esperar una semana para hacerlo». Es una diferencia pequeña, pero muy expresiva de cuál era la verdadera situación. Espero que no vuelva a pasar nada parecido, pero si vuelve a ocurrir, quien tenga que tomar una decisión sabrá que puede hacerlo inmediatamente, sin esperar ningún respaldo porque ya contará con esos respaldos.

Recabamos los apoyos en muy poco tiempo. También nos respaldó Estados Unidos. No es que nosotros fuéramos a llamar a Estados Unidos para pedirle su ayuda o su permiso, ni mucho menos. Es que Estados Unidos estaba vigilante y sabía lo que estaba en juego. Todos los países europeos lo entendieron en el mismo sentido y casi todos nos respaldaron, aunque en este punto hubo diferencias relevantes en cuanto a la intensidad, diferencias que luego se fueron corrigiendo.

La ocupación de Perejil por parte de Marruecos fue un reto serio y mal planteado porque colocaba al Gobierno español en un compromiso del que no tenía más forma de salir que haciendo lo que hicimos. Por eso se produjo la reacción que todos conocemos entre la opinión pública española. No hubo manifestaciones, ni expresiones de fervor de ninguna clase, pero el Gobierno se sintió siempre respaldado. Me parece que los españoles supieron desde el comienzo que el Gobierno estaba actuando como debía. Además, la gente se sintió orgullosa de que lo hiciéramos limpiamente, sin bravatas ni alharacas. Y de que saliera bien, como salió. Creo que acertamos al declarar desde el primer momento que no queríamos ninguna historia, que no teníamos ninguna reivindicación, que lo único que queríamos era que la situación volviera al estado previo a la intervención marroquí, que es como efectivamente ha quedado después.

En 1991 España firmó con Marruecos el Tratado de Amistad, Buena Voluntad y Cooperación. El rey Mohamed VI visitó

España en septiembre de 2001, y yo había viajado a Marruecos poco antes. Marruecos es el primer receptor de fondos españoles de ayuda oficial y cooperación al desarrollo. Es un país en donde las empresas españolas han venido invirtiendo con intensidad. Estas inversiones han contribuido a promover un nuevo modelo productivo que requiere, para su pleno desarrollo, una sociedad moderna y unas instituciones estables. Ése es el reto que Marruecos ha asumido desde hace ya muchos años. Es un esfuerzo extraordinario, de enorme importancia para el progreso y el bienestar de los propios marroquíes, para la estabilidad del Mediterráneo y, ni qué decir tiene, para la seguridad de España.

Por eso yo estaba preocupado. No quería malentendidos, y deseaba fervientemente que la relación con Marruecos prosiguiera después del incidente con normalidad. Hubo quien dijo que ya que habíamos intervenido, teníamos que quedarnos. Eso no era así, y estoy convencido de que no es eso lo que pedía la opinión pública española. Pero la población española tenía la sensación de que cada vez que se le había echado un envite a su país, el país había retrocedido y había cedido terreno. Estaba expectante por si eso ocurría otra vez, sabiendo —y yo también lo sabía— que su repetición sería sumamente perjudicial. España no se podía refugiar otra vez en una posición pasiva, sin reaccionar ante una agresión y teniendo en el recuerdo otras ocasiones en las que tampoco se hizo frente a la situación. Además, si no hubiéramos intervenido, estoy convencido de que las cosas se habrían complicado mucho para todos, para nosotros y para los demás países europeos.

Compromiso con la defensa

Una de las decisiones importantes que hemos tomado en cuestiones de defensa en estos años es la supresión del servicio militar obligatorio. Es notable, por decirlo de una forma suave, que esa decisión la haya tomado un Gobierno del centro-derecha español. Es verdad que ése ya es un debate anticuado, aunque hubo personas que argumentaron que sin servicio militar obligatorio no habría posible defensa de España. Históricamente, sucede más bien al revés. El servicio militar obligatorio tiene su origen en la Revolución francesa. España tuvo sus mejores ejércitos cuando no había servicio militar obligatorio. Y con el servicio militar obligatorio, el Estado español tuvo serios problemas con su Ejército, aunque no fuera ésa la causa. Yo no quería presumir de ejército nacional, como si el Ejército fuera un símbolo o un adorno. Tenía otra idea de lo que deben ser las Fuerzas Armadas.

Lo primero era empezar a garantizar que el número de efectivos del Ejército fuera el adecuado para la defensa de nuestro territorio. Teníamos que adecuar el tamaño del Ejército a nuestras necesidades reales. Después, España tenía que entrar en la OTAN en igualdad de condiciones, es decir ingresar en la estructura militar y adaptar nuestras fuerzas y nuestros recursos a esa exigencia. Eso también lo hemos ido haciendo, y el Ejército español participa en misiones conjuntas con eficacia y profesionalidad. Y la tercera cuestión era que, si queríamos asumir responsabilidades, teníamos que mejorar nuestras capacidades. Partíamos de años de recortes, a veces incluso de recortes a mitad del ejercicio presupuestario —algo impensable ahora—, y de años de descapitalización crónica. Hemos intentado cambiar esta situación. En 2003 presentamos programas de capacidades de Defensa, los más importantes que se han diseñado en mucho tiempo, y que mejorarán en los próximos años la situación de nuestra Defensa. Estamos haciendo el mayor esfuerzo de dotación de las Fuerzas Armadas que se ha realizado desde Carlos III.

Nuestro trabajo ha estado orientado a estos objetivos. Que España sea capaz de defender su propia seguridad en el entorno en el que está situada. Y que nuestro Ejército esté disponible y sea eficaz para asumir las nuevas responsabilidades a las que se enfrenta el país. En esto han trabajado los dos ministros de Defensa que se han sucedido en el Gobierno. Eduardo Serra, que se responsabilizó de la participación española en la guerra de Kosovo, que profesionalizó las Fuerzas Armadas y cuya presencia en el Ministerio sirvió para demostrar la importancia que atribuimos a la continuidad de determinadas políticas de Estado. Serra es ahora presidente del Real Instituto Elcano, una fundación que en muy poco tiempo ha logrado un considerable prestigio por sus estudios sobre política internacional y la nueva posición de España. Federico Trillo, que había tenido un papel relevante como jefe de la Asesoría Parlamentaria del Grupo Popular y como presidente del Congreso de los Diputados, se enfrentó después a la tarea de modernizar las Fuerzas Armadas. Me gustaría destacar su éxito en la reforma del Centro Nacional de Inteligencia y en su gestión de la participación de las Fuerzas Armadas españolas en Irak junto a nuestros aliados, tras la crisis del 11 de septiembre.

Durante los años noventa, las misiones de paz han sido la columna vertebral de la intervención exterior de las Fuerzas Armadas europeas. Seguirán teniendo su sitio en el futuro, pero hoy ya sabemos que no estamos a salvo de nuevas amenazas. La opinión pública española tiene que darse cuenta de que este asunto es vital. Que sin dichos compromisos no se puede hacer nada de lo demás, que el compromiso activo en Defensa es lo que garantiza la libertad de un país. No hay política exterior sin unas Fuerzas Armadas competentes. En eso hay que invertir muchas energías y mucho esfuerzo. Luego viene el sentimiento de satisfacción cuando ocurren cosas como las que han sucedido últimamente y hay buenos profesionales preparados para afrontar los hechos, y con medios para cumplir con su misión.

Pero para ello los militares tienen que saber que la opinión pública les respeta y está dispuesta a sacrificarse para que ellos puedan trabajar. Es esencial que la opinión pública recuerde que los militares son gente dispuesta a dar su vida por su país y por los demás. Así, poco a poco, en unos cuantos años, España podrá tener las Fuerzas Armadas que de verdad le corresponden en consideración a su papel en el mundo de hoy.

Un nuevo panorama internacional

Las nuevas amenazas de las que ya he hablado antes, como son el terrorismo, la proliferación de armas o los Estados sin principios requieren una respuesta global. Nosotros podemos aportar seriedad y fiabilidad políticas: un país estable, con instituciones fuertes y respetadas. También podemos contribuir con nuestras Fuerzas Armadas, con material y con personas preparadas, y con algunos cuerpos especializados respetados en todo el mundo. Desde el punto de vista estratégico, también tenemos algo que decir, por nuestra posición en Europa y nuestra relación con los países árabes, que hemos mantenido a lo largo de todos estos años y durante la crisis de Irak.

Ahora, la clave de toda esta actuación es el convencimiento de que la realidad es ésa. Si se tiene la mentalidad de que debemos esperar un nuevo ataque para que entonces, y sólo entonces, podamos emprender las acciones encaminadas a defendernos, no podremos actuar nunca. La legalidad internacional también debe tener en cuenta este hecho. Salvo, eso sí, que se le niegue a uno el derecho a defenderse, sabiendo, como sabemos, la nueva naturaleza de las amenazas a las que nos enfrentamos hoy en día. No se le puede decir a un país que se esté quieto, sabiendo que se está trabajando para atacarlo y debilitarlo. Ésas son las reglas del mundo moderno.

Y lo mismo ocurre en cuanto a los problemas del terrorismo en España. Tenemos que estar dispuestos a afrontar nuestras responsabilidades. Si no estamos convencidos de esto, o no estamos dispuestos a mantener la integridad de nuestros compromisos en este asunto, no podemos ir a pedir a nadie que nos proporcione una cobertura desde el exterior. Lo primero que nos preguntarán es si estamos dispuestos a tomar las medidas necesarias para mantener nuestra propia seguridad. Sin eso no podremos pedir a nadie que nos ayude.

Por eso es tan determinante la recuperación de la conciencia nacional. Sin esa conciencia, nunca nadie se comprometerá en la tarea de la Defensa y la seguridad. Y es a partir de esa conciencia de donde nace la voluntad de trabajar, además, en el exterior, muy lejos de nuestro país, porque los países no se defienden sólo en sus fronteras. También se defienden en zonas muy alejadas geográficamente, allí donde están apareciendo los nuevos peligros.

Nosotros en Irak no estamos defendiendo a Estados Unidos. Estamos defendiendo a un aliado, como no podía ser menos, pero también estamos defendiendo las democracias occidentales, y muy en particular la democracia española. Ésa es, en buena medida, la razón de fondo de nuestra conducta. Lo que estamos haciendo allí no es sustituir una dictadura por otra, ni a un tirano por otro tirano que nos venga bien a nosotros. Eso lo hacía la Unión Soviética cuando extendía su poder e instalaba dictaduras totalitarias en los países conquistados.

Estados Unidos no tiene una política imperialista. No hay por qué compartir todos sus objetivos o sus procedimientos, pero no se le puede acusar de hacer una política imperial. Al revés, Estados Unidos, y con Estados Unidos otros países aliados, estamos articulando la posibilidad de que los iraquíes puedan vivir una vida digna y decente en un régimen democrático y de libertades. Es muy difícil, ya lo sé. A veces parece incluso imposible. Pero es lo único que nos permitirá seguir viviendo en democracia a nosotros mismos. Ya no estamos en un mundo aislado y cerrado. Las amenazas no proceden de regímenes dictatoriales como la Unión Soviética o los antiguos países de su órbita. Aquellos países respetaban una lógica de no agresión. Sabían que dependían, para su propia seguridad, del respeto de algunas normas. Ahora ya no es así. Nos enfrentamos a una amenaza que no conoce ninguna regla, sin estructuras claras ni ejércitos estables y que se apoya en países que carecen de instituciones concebidas para garantizar la estabilidad, la transparencia y la participación de su población en las decisiones políticas.

Por eso, ahora las libertades dentro del propio país se defienden también intentando contribuir al desarrollo de regímenes estables y democráticos fuera. Estamos intentando extender la democracia. Ésa tiene que ser la posición de España. Sobre todo cuando hablamos de zonas del mundo donde, como ocurre en Oriente Medio y en Irak, se está jugando buena parte del destino del mundo futuro. Si la operación de Irak sale bien, si conseguimos que en Irak se construya un régimen estable, habremos dado un gran paso en la solución de los problemas de la zona. Habremos contribuido a que los habitantes de la región, y no sólo los iraquíes, también los palestinos, puedan llevar una vida mejor. Pero también habremos contribuido decisivamente a que nuestro propio país sea más seguro y nuestro régimen de libertades más estable.

Si las cosas saliesen mal en Irak, si en Irak fracasáramos en la construcción de un régimen estable y que permita una vida digna a sus habitantes, fracasaríamos todos, en particular los europeos. Estados Unidos también perdería, pero perderíamos más nosotros, los europeos, porque nosotros somos la parte más débil, y la que está más próxima al conflicto. Si Turquía acaba siendo miembro de la Unión Europea, vamos a tener frontera con Irak. Y si el intento de estabilizar Irak fracasa, y Estados Unidos da un paso atrás en la estabilización de la zona, nos vamos a encontrar con un polvorín a las puertas de casa. Será nuestro problema, y no podremos pedirle otra vez a Estados Unidos que venga a echarnos una mano cuando nosotros no hemos contribuido seriamente a ayudarle. Esto me parece vital. Cuanto más se tarde en tomar las decisiones que garanticen nuestro apoyo a este proyecto, más costará ponerlo en marcha y más difícil será garantizar la seguridad y la libertad allí, y, al fin y al cabo, también en nuestro país.

No podemos fallar en ese compromiso. Ya ocurrió lo mismo cuando la intervención en los Balcanes. Entonces también se podía argumentar que España no tenía ningún interés directo en los Balcanes. ¿Qué se nos había perdido a nosotros allí? Aun así, ayudamos a la intervención para derrocar a Milosevic y detener las atrocidades que se estaban cometiendo en aquella zona. Y, sin embargo, aquellas intervenciones no fueron mal recibidas por la opinión pública.

Por eso cabe preguntarse: ¿qué diferencia hay entre la intervención en la antigua Yugoslavia y la intervención en Irak? Porque para respaldar la intervención en Irak había una resolución de la ONU, la Resolución 1443, y para la intervención en los Balcanes no había tal resolución. Pues bien, la única diferencia es que la primera vez que se interviene en Yugoslavia había un gobierno socialista. Y ahora, cuando hay que intervenir en Irak, hay un gobierno del Partido Popular. Ésa es la diferencia de fondo.

Por otra parte, la crisis de Yugoslavia puso de manifiesto la existencia de otro problema, distinto del terrorismo, pero muy relacionado con él. Era la presencia de un nacionalismo étnico que suele acabar propiciando el terrorismo dentro y fuera de los países en los que actúa. El caso de Yugoslavia era particularmente grave porque las barbaridades se estaban perpetrando aquí, en Europa mismo. Y, sin embargo, fue el presidente Clinton el que tuvo que intervenir. ¿Por qué? Porque Europa no tenía capacidad de influencia real en los Balcanes, ni podía cambiar el curso de los acontecimientos, ni poner freno a las brutalidades del régimen de Milosevic.

Estados Unidos tuvo que tomar cartas en el asunto para detener aquella sangría. Y nosotros ayudamos a Estados Unidos. Primero lo hizo el Gobierno socialista, y luego el Gobierno del Partido Popular. Nosotros no pusimos ninguna dificultad a las decisiones del Partido Socialista de apoyar la intervención norteamericana. Al contrario, consideramos que formaban parte de una política exterior coherente de estabilidad, de seguridad y de defensa de los derechos humanos. Por eso apoyamos al Gobierno. Y por eso en algún momento yo llegué a pensar que, aunque los socialistas pudiesen no apoyar nuestra posición ante la intervención en Irak, podrían manifestar su discrepancia de una forma respetuosa con las instituciones.

La intervención en Irak, que al fin y al cabo es consecuencia del 11 de septiembre, marca un cambio decisivo en las relaciones internacionales. Las nuevas amenazas y las nuevas alianzas necesarias para hacerles frente requieren también una gran flexibilidad en la toma de decisiones y una capacidad de compromiso mucho más fuerte. También van a requerir un nuevo concepto en cuanto a las instituciones que permiten tomar esas decisiones. Por ejemplo, la ONU. Las Naciones Unidas son, como siempre han sido, un elemento fundamental, garantía del cumplimiento de la legalidad internacional. Es imprescindible que la ONU respalde la lucha contra el terrorismo internacional y el diseño de un mundo más seguro y más democrático.

Ahora bien, si de verdad se quiere que esa legalidad se cumpla, habrá que tener en cuenta las novedades que la situación actual ha introducido. En última instancia, la capacidad de decisión de la ONU se establece sobre el derecho de veto de cinco potencias: Alemania, China, Estados Unidos, Francia y Gran Bretaña. No voy a especular sobre una supuesta reforma de Naciones Unidas. Pero me parece evidente que se precisa una reflexión acerca de quién y de cómo se toman las decisiones. En particular porque la complejidad en la toma de decisiones, sujeta al veto de cinco países, contrasta con la actividad de los terroristas y de los Estados dispuestos a apoyarlos. Naciones Unidas es un mecanismo burocrático y político muy complejo, pero no lo son las bandas terroristas dispuestas a actuar en cualquier momento.

Kofi Annan, el secretario de Naciones Unidas, lo sabe. Yo siempre he mantenido con él una relación muy fluida y muy correcta, aunque hayamos estado en desacuerdo en algunos asuntos. Pero Kofi Annan es muy consciente de los cambios que se han producido y sabe que habrá que introducir algunas reformas para mejorar el sistema de garantías que supone la ONU. Mientras esta transformación se pone en marcha, no hay que perder el rumbo del compromiso en la lucha contra el terrorismo, y por eso hay que tener mucha flexibilidad para no bloquear las instituciones internacionales. Y, por supuesto, lo que no hay que hacer es juzgar el mundo de hoy en día como si fuera una película en blanco y negro, con los norteamericanos y quienes los apoyan como portaestandartes del imperio del mal y los que se amparan en Naciones Unidas como bienhechores de la humanidad.

Otra organización básica es la OTAN. La OTAN es el único pilar estable de las relaciones de Europa con Estados Unidos. No es que las relaciones de Europa con Estados Unidos se sustancien sólo, ni siquiera principalmente, en algunas ocasiones, a través de la OTAN. Es que la OTAN es el instrumento básico fundamental que garantiza las relaciones de Estados Unidos con Europa. Hay que aumentar las capacidades de Defensa de Europa y de los países europeos. Hay que ser capaces de asumir más competencias y un papel más relevante. Debemos ir más allá del simple compromiso de intervención humanitaria y comprender que los países europeos tenemos intereses comunes estratégicos y de seguridad. Todo esto se ha empezado a plasmar, por nuestra parte, en el aumento de los presupuestos dedicados a la Defensa. Siempre hemos estado dispuestos a colaborar en la definición de una política común de Defensa europea.

Ahora bien, la construcción de la Defensa europea debe ser compatible con la OTAN, no aspirar a competir con ella y mucho menos a sustituirla. Los países europeos no tienen capacidad para ello, como ya demostró el caso de los Balcanes. Muchos de los que critican la OTAN no estarían dispuestos a asumir el coste que tendría la construcción de la Defensa europea en lo que se refiere a recursos humanos, materiales y tecnológicos. En el fondo, cuando se reivindica la seguridad europea frente a la OTAN, lo que parece que se reivindica de verdad es que Europa deje de responsabilizarse de su propia defensa. Es como si se le dijera a la OTAN —y en buena medida a los norteamericanos— que se encarguen ellos de la defensa de los europeos, mientras los europeos, en vez de trabajar para defenderse, se dedican a criticarles sistemáticamente y, además, a decirles lo que tienen que hacer. Es una nueva versión del «Que inventen ellos».

Si la OTAN llegara a romperse, no se rompería sólo una organización multinacional que pueda ser reemplazada por otra. Si la OTAN se rompe, se rompe también el vínculo atlántico, que es la base de la seguridad y de la estabilidad de Occidente, en particular de los países europeos. La Defensa europea se debe construir para reforzar el vínculo atlántico. Nosotros hemos hecho esfuerzos importantes en este sentido. Incorporamos a España a la estructura militar de la OTAN, hemos mantenido una política activa a favor de la defensa europea, comprometida con la perspectiva atlántica, y también hemos trabajado y realizado esfuerzos para formar parte de las acciones que se están llevando a cabo.

Hay personal militar español en Bosnia-Herzegovina, en Kosovo, en Afganistán, en Abu Dabi y en algunos países de África, como Etiopía. En octubre de 2003, había 1 412 militares españoles en Irak. En esa misma fecha, había 3 731 españoles colaborando en misiones de paz en todo el mundo. En otros países se sigue con mucho interés el proceso de modernización y equipamiento de nuestro Ejército. Es la mejor señal de que nos tomamos en serio este asunto y que vamos a seguir apostando por una defensa conjunta de Occidente.

Pero si alguien me dice que ese esfuerzo debe encaminarse a debilitar la OTAN, deberé responderle que no, de ninguna manera. Muchas veces en el Congreso de los Diputados la oposición hablaba de la Defensa europea y de la necesidad de reforzar la Defensa europea. Yo no preguntaba para qué querían esa Defensa europea, porque probablemente me habría llevado un disgusto con la respuesta. Pero lo que hay que decir también es cuánto se está dispuesto a gastar, de dónde va a salir, y qué otros gastos está uno dispuesto a sacrificar para construir esa defensa.

Lo importante es saber por qué se quiere gastar en Defensa. Los españoles tienen que comprender que su libertad depende de la capacidad de influencia de España en el mundo, y que esta capacidad de influencia no existirá sin un Ejército razonablemente adecuado a las responsabilidades que nos corresponden en defensa de los principios de legalidad y de respeto a los derechos humanos que sostienen los regímenes democráticos. Eso es lo que cuenta. La voluntad y la capacidad de defender esos valores occidentales que son los valores en los que yo creo.

CAPÍTULO SEIS

En la vanguardia de Europa

He pasado por algunos momentos muy duros en las negociaciones europeas. El primero de esos momentos fue en el Consejo Europeo de Amsterdam, en 1997. Entonces ya se discutía el peso respectivo de los Estados en la toma de decisiones y en las instituciones de la Unión. Cerca de la medianoche, el primer ministro holandés Wim Kok vino a decir que, estando todos los presentes de acuerdo, iba a dar por cerrado el Consejo. Entonces planteé nuestra posición. España, vine a decir, tiene una posición específica, por su tamaño, su situación histórica y su situación económica. Eso nos obliga a seguir negociando los términos del acuerdo.

Así empezó una discusión muy animada. Yo salí con Helmut Köhl, el canciller alemán, y nos encerramos en una habitación para encontrar una solución. Había mucha gente en contra de nuestra posición. Tony Blair también estuvo un rato allí y echó una mano. Al cabo de tres horas de trabajo, sobre las cuatro de la madrugada, encontramos una fórmula que nos permitía una solución. Fue una declaración en la que se reconocía la problemática específica española. Esta declaración fue fundamental para encarar más tarde las negociaciones del Tratado de Niza, cuando se adaptaron los mecanismos institucionales de toma de decisiones a la nueva situación europea, con la ampliación a veinticinco miembros.

El otro momento duro llegó durante las negociaciones de

lo que se llamó la Agenda 2000, que constaba de varios puntos, en particular la adopción de un nuevo marco financiero para el período 2000-2006 para hacer frente a los nuevos retos, como la ampliación de la Unión. Previamente habíamos negociado las ayudas para España en el marco de la Política Agrícola Común, que eran y siguen siendo fundamentales para nuestra agricultura y nuestra ganadería. Loyola de Palacio había conseguido que estas ayudas se mantuvieran e incluso aumentaran, pero le dije que no cantara victoria todavía, porque luego venía el asunto de la Agencia 2000, que era aún más difícil. Las negociaciones tuvieron lugar en Berlín, en marzo de 1999. La propuesta que se nos hizo era muy sencilla: éstos son los recortes, o se toma o se deja. Eso fue lo que se le comunicó a España. Evidentemente, si ése era el planteamiento y ese planteamiento perjudicaba a mi país, yo manifesté que se dejaba.

Así que unos y otros empezaron a decirme que estaba solo, que no tenía a nadie que apoyara mi posición. Yo pensaba, efectivamente, que parecía que estaba solo, pero estaba convencido de lo que mantenía y también, como suele ocurrir, que había otros países en una posición muy similar a la nuestra. Y, sintiéndolo mucho, aquéllos no eran términos razonables para llegar a un acuerdo. Así que empezó otra vez una ronda nocturna de negociación. Terminó de madrugada. Recuerdo que di una rueda de prensa a las seis o a las siete de la mañana. Fue un gran éxito. En términos financieros, fueron los mejores acuerdos a los que nunca ha llegado España. Entre el año 2000 y el año 2007, España habrá recibido más recursos de los que nunca ha recibido de la Unión.

Hay que tener en cuenta que para entonces ya se había agotado un impulso que mantuvo una determinada línea en la construcción europea. Estaba, por un lado, la puesta en marcha de un mercado único. Y, por otro, la construcción de un espacio de cohesión y de solidaridad que había sido apoyado decididamente por personajes muy relevantes en la política europea de los años ochenta y noventa, como Helmut Köhl y Jacques Delors. Es a principios de los noventa cuando se crean los fondos de cohesión y se ponen en marcha los mecanismos de solidaridad interna. A finales de los noventa, ese impulso de cohesión y solidaridad ya se había atenuado. La Unión Europea había pasado de doce Estados en 1986 a quince en 1996. En 1999 ya teníamos en el horizonte la ampliación a veinticinco. Lo que se imponía entonces era un recorte en el gasto. ¿Dónde se podía recortar? En agricultura, a lo que se oponía Francia, y en los fondos de cohesión, que nos afectaban a nosotros.

Se podía entender que el impulso a las políticas de cohesión se redujera, pero también había que entender nuestra posición. Los socialistas se limitaban a pedir más dinero a Europa sin realizar el esfuerzo necesario para que la economía española pudiera aprovechar de verdad los fondos europeos que recibía. Como nosotros estábamos haciendo ese esfuerzo con las medidas de política económica que pusimos en marcha en cuanto llegamos al Gobierno, podíamos, y debíamos pedir que nuestros socios mantuvieran el esfuerzo como lo estábamos manteniendo nosotros en España. Eso es lo que conseguimos en Berlín en 1999.

Esa política ha dado sus frutos. España ya no está en el punto en el que estaba. Ahora trabaja en España mucha más gente que antes y la prosperidad ha crecido, de tal modo que la renta de los españoles está en el 87 por ciento de la renta europea. Es un gran éxito y ahora nos toca a nosotros ejercer la solidaridad con respecto a los demás. Pero también es verdad que ese ejercicio ya ha empezado. En la Unión Europea, la cantidad que pagan los Estados miembros depende del Producto Interior Bruto y del IVA de cada país. Nosotros hemos seguido recibiendo durante este tiempo, conforme a nuestra diferencia con respecto a la media de Europa, pero también nuestra contribución es mucho mayor que antes.

Tenemos que ser solidarios con los países que están entrando ahora en la Unión Europea, pero también debemos tener en cuenta que el recorte que se está diseñando no está determinado sólo por la incorporación de nuevos miembros. Es que se quiere recortar tajantemente lo que hay, al margen de la ampliación. Este punto deberá ser objeto de futuras negociaciones. En cuanto a lo ocurrido, fue para nosotros un éxito considerable. Un éxito que algunos no me han perdonado.

Nuestra contribución en Europa

El primer Consejo Europeo en el que yo participé fue el de Florencia, en 1996. Prácticamente lo primero que planteé entonces fue, como ya he dicho, la superación de los procedimientos de extradición vigentes en la Unión para delitos terroristas. Se discutió, hubo mucha gente que se opuso, y ahí quedó aquel primer intento. Luego vino un consejo informal en Austria, siendo canciller el socialdemócrata Viktor Klima. Klima distribuyó el trabajo y a mí me sugirió que desarrollara el punto relacionado con seguridad y políticas antiterroristas. Esa iniciativa se plasma luego en el Consejo Europeo de Támpere, en Finlandia, con la articulación del espacio europeo de libertad, seguridad y justicia. Cuando ocupamos la Presidencia de la Unión Europea, también le dimos un impulso muy importante, y así lo reconocieron todos. Después del Consejo Europeo de Támpere, Paavo Liponen, que fue primer ministro de Finlandia, solía decir, cuando tenía que hablar de estos asuntos, que era «el tema de José María».

Para nosotros ha sido un elemento fundamental en nuestra contribución a la Unión Europea y fuera de la Unión. Contribuimos a la creación del espacio de seguridad y libertad europeo. Hemos contribuido a introducir cambios muy sustanciales en la legislación internacional contra el terrorismo y también hemos apoyado a los tribunales internacionales en la persecución de los delitos contra los derechos humanos. Había un trabajo previo ya realizado. Se había creado el Espacio Schengen, que comprometía a los Estados miembros a adoptar medidas comunes en cuanto a seguridad. También se había empezado a trabajar en la creación de la ciudadanía europea, pero había muchas cosas por hacer y, de hecho, muchas de las que estábamos intentando impulsar tropezaban con dificultades muy serias.

En el asunto de la seguridad hay una fecha que marca un antes y un después. Es el 11 de septiembre. A partir del 11 de septiembre, lo que nosotros llevábamos persiguiendo durante muchos años y con muchas dificultades de pronto se acelera y se consigue a una velocidad extraordinaria. Fue un cambio verdaderamente vertiginoso. De los quince países de la Unión, había nueve que ni siquiera tenían tipificado el terrorismo como delito. Había elementos que permitían hablar de financiación de grupos terroristas. Había grupos terroristas considerados como grupos políticos. Y en algunos casos los delitos terroristas no tenían ni siquiera consideración penal. En esto, buena parte de los europeos tenían un retraso gigantesco. Vivían en un mundo feliz, que el 11 de septiembre interrumpió brutalmente.

Nosotros ya teníamos un cierto avance en todas estas cuestiones porque tenemos una experiencia muy larga de la acción terrorista. Desde ese momento adquirimos un liderazgo moral y político. No es un motivo de satisfacción, porque sería mejor poder decir que nosotros no tenemos ya ningún problema terrorista en nuestro país, pero al menos podemos decir que hemos estado a la altura de nuestra responsabilidad, y que hemos puesto nuestra experiencia al servicio de la libertad y la seguridad de los ciudadanos europeos.

En esta empresa he contado con excelentes colaboradores, como son los tres ministros de Asuntos Exteriores. Abel Matutes tenía una larga trayectoria y una gran experiencia en la Comisión Europea, y bajo su mandato se negoció la primera ampliación de la OTAN, con la incorporación de Hungría, Polonia y Chequia. Con Josep Piqué, España se hizo cargo con brillantez de su tercera Presidencia de la Unión Europea. Ana de Palacio, por su parte, aportaba una experiencia directa de las instituciones de la Unión Europea y tuvo que enfrentarse a momentos muy duros desde su misma llegada al ministerio, y más tarde ante el conflicto en Irak, con las negociaciones en Naciones Unidas, en toda Europa y aquí mismo en Madrid, durante la Conferencia de Donantes. Ana de Palacio, con su tenacidad y su capacidad de trabajo ha realizado una contribución política extraordinariamente relevante, mayor de la que se le reconoce habitualmente.

Nosotros siempre hemos mantenido la continuidad de una política: que la Unión Europea no sólo fuese un mercado único, que sus fundamentos no fueran exclusivamente económicos, y que fuese además una unión política. Los compromisos españoles han sido muy claros en este sentido. No hay ningún punto, ningún apartado de la política europea en el que no hayamos participado, y en muchos de ellos en primera línea, con propuestas e iniciativas propias. Cuando hablamos de mercado interior, España es uno de los países más abiertos y que más ha avanzado en el desarrollo de las directivas sobre el mercado interior. En Defensa, España está en todos los órganos de toma de decisiones respecto a la Defensa europea y se ha esforzado por contribuir en todo lo posible a la defensa común. En cuanto al espacio de libertad, de seguridad y de justicia, nosotros hemos contribuido decisivamente a que este tema se consolide como el tercer pilar de la Unión Europea.

Ahora bien, hay varios conceptos acerca de lo que debe ser la unión política europea, y yo debo decir que no he tenido nunca una concepción federalista de Europa. Para mí, la Unión Europea es una unión de Estados con políticas integradas y comunes, pero también con cooperaciones intergubernamentales y, por supuesto, con políticas nacionales propias. No concibo una Europa sin naciones y sin Estados. Europa no es un conjunto de personas sin identidad ni historia. Ortega decía que la idea de Europa es previa a la de las naciones europeas, y probablemente sea cierto, pero también decía que las naciones son dimensiones particulares de Europa. No se puede concebir la Unión Europea, ni siquiera el concepto mismo de Europa, sin la dimensión nacional y mucho menos en contra de ella. Al revés. Cuanto más fuertes y más prósperas sean las naciones que la componen, más dinamismo y más capacidad de liderazgo tendrá la Unión Europea.

La construcción de la Unión y el espíritu europeo

Otro de los momentos difíciles de nuestra acción en Europa se produjo en el Consejo Europeo de Niza de diciembre de 2000, cuando llegamos a un acuerdo acerca de la construcción de las instituciones europeas teniendo en cuenta la ampliación casi inmediata de la Unión. Ya no pensábamos en una Europa a quince, ni siquiera a veinticinco, que de hecho fueron los países representados en aquella negociación. En el Consejo Europeo de Niza la negociación institucional se hizo pensando en veintisiete miembros. En aquellas negociaciones, Francia hizo cuestión irrenunciable el mantenimiento de la paridad con Alemania. Lo cierto es que todos los demás estábamos dispuestos a reconocer una diferencia a favor de Alemania. El Tratado de Niza culminaba las reformas institucionales que conducían a una ampliación de la Unión como no se había realizado nunca. Fue una negociación compleja, porque la toma de decisiones con veintisiete miembros es mucho más complicada que a quince, pero los resultados parecían satisfactorios para todos. Se había llegado a un nuevo equilibrio para la toma de decisiones que tomaba en cuenta la existencia de países grandes, de países pequeños y también de países medianos, como España.

De Niza surgió el mandato de la Convención Europea, que se constituyó como una reunión de personalidades políticas y académicas de prestigio reconocido. Se le encargó que llevara a cabo una revisión de las competencias, la simplificación de los Tratados y la articulación de las políticas comunes. Se trataba de sintetizar y elaborar un texto más asequible y fácil de entender para los europeos.

Ahora bien, la Convención no tenía ningún mandato para hacer una revisión institucional. No se le encomendó derogar decisiones previamente adoptadas, como la del Tratado surgido del Consejo Europeo de Niza. Y eso, precisamente, fue lo que hizo. En el Consejo Europeo de Niza conseguimos un equilibrio en lo referente a la representación en el Consejo de todos los países, los grandes, como Francia o Alemania, los pequeños, que son muy numerosos, y los países intermedios, como España y Polonia. La revisión de este acuerdo podría conducir a un desequilibrio muy fuerte. Los países grandes tendrán un peso aún mayor, los pequeños pueden acabar convertidos en una baza de negociación en manos de los grandes, y los medianos se quedarán sin margen de maniobra.

La Unión Europea es una doble unión de Estados y de ciudadanos. Los ciudadanos están representados en el Parlamento según un principio de proporcionalidad. Por su parte, los Estados están representados en el Consejo Europeo como tales. Pero se quiso cambiar las reglas del juego y aplicar la proporcionalidad a la representación de los Estados en el Consejo Europeo.

Ahora bien, eso está en contradicción con el espíritu del Tratado fundacional de la Comunidad, el Tratado de Roma de 1957. Contradice de frente el espíritu que ha llevado a Europa a constituirse como una unidad política y niega los valores en los que se ha basado hasta ahora la construcción europea. Favorece a algunos países, eso sí. Pero no a la idea de la unión de Europa. Y tampoco favorece los intereses nacionales de España. Son dos datos que habría que tener en cuenta al hacer una valoración sobre este asunto.

Por otra parte, en cuanto a los valores, he sido un firme partidario de incluir una referencia al cristianismo en la Constitución europea. En esto también he encontrado un aliado en uno de los países recién incorporados a la Unión Europea, como es Polonia.

Esa mención al cristianismo no significa que Europa deba ser un club de naciones cristianas. Eso es absurdo. De hecho, también he sido un firme partidario de incorporar a Turquía a la Unión Europea, porque Turquía es un país muy poblado, muy potente, con una historia probada de lealtad a los valores occidentales, comprometido militarmente en la defensa de Occidente, estratégicamente situado y con un sistema político democrático que puede tener un enorme valor como ejemplo y difusión de la práctica de las libertades en zonas del mundo que nos resultan muy próximas. Comprendo que sea una cuestión discutida, pero entiendo que vale la pena anclar a un país como Turquía, con una población mayoritariamente musulmana, en un espacio respetuoso con la libertad y con los derechos humanos como es la Unión Europea.

Ahora bien, que la Unión Europea no sea un club cristiano no quiere decir que tengamos que negar su raíz histórica. No pretendo, y nadie que yo conozca lo pretende, forjar una Unión

Europea confesional. Ni yo ni nadie quiere poner en cuestión los principios laicos de la Constitución europea. Pero no se puede negar la realidad. Y la realidad es que la idea de Europa, esa idea de la que hablaba Ortega y que ha permitido la creación de las naciones y luego, desde mediados del siglo XX, la creación de un espacio común político y económico como es ahora mismo la Unión, no se entiende si no se tiene en cuenta el cristianismo. Está el legado filosófico, artístico e intelectual de Grecia, está el legado político, legislativo e institucional de Roma, está el entramado político de las libertades que se empezó a construir en la Edad Media y también está el espíritu crítico y racionalista del Renacimiento y de la Ilustración. Pero nada de todo eso se entiende sin la aportación del cristianismo en cuanto a las creencias, las normas y los valores. Decir otra cosa es negar la evidencia.

Lo mismo nos ocurre con España. ¿Cómo podemos explicar la Historia de España si retiramos la creencia en el cristianismo? No entenderemos nada. Ni la monarquía visigoda, ni el largo proceso de la Reconquista, ni la Monarquía Católica, ni el descubrimiento y la evangelización de América, nada de todo eso, nada de la contribución de los españoles a la civilización tiene sentido alguno si no se tiene en cuenta la fe cristiana.

Eso no tiene nada que ver con que se compartan o no unas determinadas creencias. La cuestión religiosa es, en mi opinión, una cuestión que atañe sólo al individuo y que debe dirimirse en la libertad de conciencia de cada uno. Pero de ahí no se puede deducir que no existan unas determinadas raíces en la cultura común.

Yo soy partidario de un orden político como el nuestro, es decir, un orden civil, o no confesional, en el que el Estado se obliga a respetar y a garantizar la libertad religiosa, en el que tengan cabida todas las religiones y en el que la práctica religiosa vaya ligada fundamentalmente a la libertad del individuo. Pero no se puede negar que Europa constituye una civilización, y que toda civilización comparte una serie de valores cuyo fundamento último, en el caso europeo, está en el cristianismo. En este punto negar la raíz cristiana de Europa no es sólo negar una evidencia histórica. Es negar las raíces propias, el fundamento mismo sobre el que se sustenta la dimensión individual y social de cada persona.

Toda sociedad tiene unos valores, unos principios y unas creencias sobre las que se construye la propia existencia de cada una de las personas que la forman. Si se niegan, como se han querido negar en el caso de la Constitución europea, al final no existe ninguna posibilidad de que las personas tengan criterios morales para tomar decisiones en su propia vida. Se aterriza en la nada.

Puede que eso sea un factor muy atractivo para mucha gente. Una Europa descreída, olvidada de los valores que la han constituido, será sin duda una Europa entretenida e incluso, para más de uno, sumamente divertida. Pero los riesgos son tan grandes como la posible diversión, porque también será una Europa insignificante. Cuando los valores propios no tienen ningún sustento histórico, nada merece la pena como no sea flotar en la prosperidad. No hay nada por lo que valga la pena luchar, nada que merezca la pena ser defendido.

Si Europa cae en una especie de hedonismo político, acaba convirtiéndose en una sociedad en declive, no en una sociedad dinámica y de progreso. La consecuencia es que la iniciativa política y la acción política se ven enormemente dificultadas, porque nunca habrá razones suficientes para hacer nada ni para comprometerse con nada, salvo, eso sí, con aquello que en un determinado momento defina la opinión dominante. Ahora estamos en la fase de lo políticamente correcto, que, por cierto, será todo lo políticamente correcto que se quiera, pero no ha sido una opción democráticamente elegida, simplemente se ha establecido como tal. En años futuros, esa opción puede deslizarse a otros planos y ahí, en esa insignificancia moral, está la semilla del totalitarismo.

Los europeos ya hemos pasado por etapas como ésta, no con las mismas características históricas o sociales, pero sí parecidas en cuanto a la cuestión de la disolución de los principios morales. Ya sabemos cuáles fueron las consecuencias políticas. Díez del Corral habló del rapto de Europa cuando medio continente acababa de salir de un determinado totalitarismo y la otra media estaba sometida a otro totalitarismo.

En la actualidad, este aterrizaje en la nada hace que Europa tenga muchas dificultades para asumir los compromisos que le corresponden en cuanto a seguridad, en cuanto a defensa o a estabilidad política en el mundo. Éste es uno de los problemas más graves, quizá el más grave, que hay en la relación atlántica en este momento.

Los nuevos retos. La ampliación y el Mediterráneo

Yo he querido que España, además de recibir de la Unión Europea la solidaridad que se merecía por su situación, contribuya decisivamente a la construcción de la Unión. España debe contribuir con lo que le corresponde como un país cada vez más próspero. Tiene que seguir contribuyendo decisivamente, como lo ha hecho hasta ahora, a las políticas de liberalización, de mercado único, de justicia, de seguridad y de defensa. Tiene también que esforzarse por que se respete el espíritu que presidió el Tratado de Roma y los valores que sustentan la civilización europea, que es la cuna de la civilización occidental.

Pero tiene también otros retos por delante. Europa ha tenido, por razones históricas, una proyección muy anclada en el centro y el occidente del continente. Ahora se ha abierto a los países que Juan Pablo II suele llamar el «segundo pulmón de Europa», y que nunca, ni siquiera cuando estaban en la órbita soviética, han dejado de formar parte del tronco mismo de la civilización europea.

Nosotros apoyamos la integración de estos países en la Unión no sólo porque convenga más o menos a nuestros intereses nacionales. Para eso tenemos que aprovechar las oportunidades de inversión y de colaboración que nos ofrecen desde el mismo momento de su integración en un espacio de seguridad jurídica y libertad de intercambios, como es la Unión. Pero también está la dimensión occidental que estos países, que han sufrido tan de cerca el totalitarismo, aportan a Europa. Esos países conocen muy bien el valor de la libertad, tienen próximas las raíces de los valores occidentales y saben la importancia de la relación atlántica. Debemos estar atentos a lo que hacen, e incluso estar dispuestos a aprender de las señales que nos envían.

España ocupa también una posición geográfica muy particular, que le abre grandes oportunidades en el Mediterráneo. En este punto se han realizado intentos muy interesantes, como el Proceso de Barcelona, pero la articulación de la política mediterránea europea siempre ha sido incipiente, por la complejidad de la zona y porque la Unión ha tenido que responder a otras cuestiones en el propio continente europeo.

Nosotros hemos mantenido nuestra relación con Marruecos, a veces un poco compleja, como suele serlo una relación de vecindad. Hemos elevado el rango de nuestra relación con Argelia. También hemos establecido contactos directos con Irán. Yo mismo visité Libia, un país que parece querer recuperar una cierta normalidad en su inserción internacional. Los Reyes visitaron Siria, un viaje que fue una expresión muy importante de nuestra voluntad de contribuir a estabilizar toda la zona.

También estamos comprometidos en la búsqueda de una solución negociada y pacífica al conflicto árabe-israelí. Han sido muchos años de trabajo discreto, pero continuo, y que ha ido articulando una política propia. Ahora tenemos un margen de acción importante, que nos ha permitido tomar decisiones difíciles, como la que adoptamos en relación con la intervención en Irak, sin poner en peligro nuestra posición y nuestras relaciones.

Para nosotros y para el conjunto de Europa, es muy importante que el Mediterráneo y Oriente Medio alcancen un nivel de estabilidad, porque son nuestros vecinos y porque esos países deberían poder alcanzar un nivel digno de prosperidad y de democracia. Una cosa distinta es el asunto de las fronteras. El ingreso de Turquía en la Unión Europea, por ejemplo, colocará las fronteras de la Unión en Irak. Eso es muy importante, aunque también hay que tener en cuenta que las fronteras, hoy en día, sólo tienen valor a la hora de articular una entidad y ponerle unos límites. En cuestiones de seguridad, las fronteras no tienen la importancia que tenían antes. Con las nuevas amenazas, la seguridad ha dejado de ser en buena medida una cuestión de defensa territorial para convertirse en una tarea de neutralización y eliminación de riesgos. En este punto es donde se sitúa otra de las contribuciones de España a Europa, y es mantener y profundizar lo que llamo una Europa atlántica.

Iberoamérica

Con el concepto de Europa atlántica ocurre algo parecido a lo que ocurre con la referencia al cristianismo en la Constitución europea. Me gustaría encontrar a alguien que me explicara la Europa que conocemos, y la Unión Europea tal como está diseñada, sin la relación atlántica. No sé si alguien puede creer que sin esa relación Stalin se habría detenido en Budapest o en Praga. Algunos sesudos hacen especulaciones sobre una Europa necesaria, que sería la Europa que debería hacer contrapeso a no sé qué otra potencia... Es absurdo. La única Europa posible es la Europa atlántica. Sin la garantía atlántica no existiría la Unión Europea. Ésa, la Europa atlántica, es la Europa real, la que conocemos, aquella con la que comerciamos y en la que nos movemos. Cualquier idea europea que pretenda debilitar o romper la alianza atlántica es, entre otras cosas, un suicidio.

La cuestión atlántica tiene para nosotros, los españoles, una dimensión que nos afecta muy directamente. Y es que España tampoco se entiende sin la vertiente atlántica. Sin Iberoamérica, sin la proyección atlántica de la política y la cultura española, nosotros seríamos hoy muy distintos de lo que somos. Esa proyección forma parte de nuestra propia identidad, de nuestra naturaleza.

Como soy de los que creen en la idea de Occidente, también soy de los que piensan que hay que incorporar el continente americano —todo el continente americano— al mundo atlántico. Esa tarea ha sido una de las grandes aportaciones de España a Europa y a Occidente, y debe seguir formando parte de su proyección.

Tenemos una Comunidad Iberoamericana de Naciones que es una realidad y que exige de nosotros un esfuerzo cada vez mayor. Compartimos con las naciones iberoamericanas proyectos, valores e intereses. Debemos seguir profundizando estos lazos.

Si hablamos en términos culturales, estamos hablando de una lengua compartida por cuatrocientos millones de personas y de una cultura de una vitalidad extraordinaria que tiene por nexo común el español, una cultura en español, diversa y globalizada, capaz de competir con otras culturas y que sirve de plataforma a nuevas iniciativas.

Es muy importante que Iberoamérica se incorpore a la tarea de implantar la democracia y reconstruir Estados respetuosos con la legalidad internacional, como algunos países iberoamericanos lo han hecho en Irak. Y nos interesa mucho la estabilidad en la propia zona.

Me preocupa que se puedan producir fenómenos de debilitamiento democrático en Iberoamérica. Los avances democráticos en el continente americano han sido de una extrema importancia. Y así como creo que el populismo —de izquierdas o de derechas— es la peor receta, creo que lo que más necesitan los países iberoamericanos son políticas decididas de fortalecimiento institucional democrático. Ahí España ha hecho lo posible por cooperar y seguirá haciéndolo. Pero son acciones a medio y largo plazo, que deben contribuir a apuntalar el cambio gigantesco que se ha producido en relativamente poco tiempo. Es importante, en este sentido, lo que está haciendo el presidente Lula da Silva en Brasil, así como el paso adelante en la cooperación que ha dado España en este país, profundizando los intereses comunes, y que se ha materializado recientemente en un acuerdo estratégico entre España y Brasil. Será una prueba más de que existen alternativas a la tentación populista.

La excepción dentro de este panorama sigue siendo Cuba. No he querido polemizar con Fidel Castro porque cualquier polémica le hace un favor. A mí han llegado a insultarme por haber mantenido que en Cuba, como en cualquier otro país del mundo, el respeto a los derechos humanos debe ser la cuestión prioritaria. No me importa. Como no he sentido nunca ni el menor rastro de admiración por el marxismo, tampoco he sentido nunca aprecio por un régimen que jamás ha sabido qué es la democracia, ni la ley ni los derechos humanos. Lo que me importa, eso sí, son los cubanos. No creo que el régimen castrista sobreviva a Castro. Mientras tanto, habremos intentado hacer lo posible por ayudar a los cubanos. España sigue manteniendo unos compromisos internacionales que tiene que cumplir. Pero, sabiendo como sabemos todos que las relaciones con Cuba no son simplemente políticas, sino que tienen una carga sentimental y afectiva muy profunda, mi deseo es ver a Cuba como a España.

Queremos que Iberoamérica ofrezca garantías de seguridad y de estabilidad, y ello también por la defensa de nuestros propios intereses en la región. Hace unos años nos quejábamos de que no teníamos multinacionales. Ya las tenemos. ¿Y dónde están? En buena medida están en Iberoamérica. En Brasil, por ejemplo, somos el segundo país inversor del mundo. Somos el primer inversor europeo en Iberoamérica. Por tanto, lo que pasa en Brasil o en Iberoamérica no sólo afecta a los brasileños o al resto de los iberoamericanos, o incluso a toda América. Nos afecta a nosotros directamente. Esa presencia forma parte de las nuevas realidades de España que debemos asumir. Tenemos que darnos cuenta de nuestra responsabilidad y de la nueva posición de España en el mundo, que ya no es un país que dependa de los intereses y de las actitudes de los demás. Depende de sí mismo, de sus propias decisiones y de su propia proyección.

La capacidad de influencia de Europa

Una parte sustancial de la realidad, de la proyección y por tanto de la política española, está en el Atlántico. Esa realidad es una garantía de estabilidad y tiene por ese motivo ventajas considerables. También tiene sus inconvenientes y sus riesgos. Si el país quiere ser un país grande y seguir prosperando, debe tomar ciertas decisiones. Cambó solía decir que quien quiere crear un oasis, acaba perdiendo todo lo que rodea el oasis, y también el oasis mismo. Y de eso se trata, justamente: la prosperidad no depende de uno solo, y así como hay que cooperar con los demás para ser un país próspero, también hay que compartir la seguridad para ser libres.

Europa será más fuerte políticamente cuanto más potente sea en lo económico. Por desgracia, Europa ha perdido su puesto de primera línea en estos últimos años. En los años noventa, se abrió una brecha muy importante con respecto a Norteamérica. Nos hemos ido quedando atrás en prosperidad, en dinamismo, en capacidad de iniciativa, en productividad. Pues bien, corremos el riesgo de que esa brecha sea cada vez mayor y de que perdamos cada vez más oportunidades.

Por eso insisto en que es necesario recuperar la capacidad de crecimiento y la prosperidad que pueden alcanzar los europeos. Para eso es necesario emprender las reformas económicas y realizar los esfuerzos que nos pongan otra vez en la línea de salida. Hay que flexibilizar, liberalizar, establecer un mercado único de verdad, abrir nuevas oportunidades.

Durante los últimos veinte años, y en relación con Estados Unidos, la Unión Europea ha arrastrado un problema de crecimiento y de empleo. Algunos quisimos superar esta situación y, en particular con el primer ministro británico Tony Blair, impulsamos una iniciativa económica que dio lugar en marzo de 2002 a la llamada Agenda de Lisboa. Se trataba de hacer de la Unión Europea la región más dinámica del mundo. Uno de los instrumentos preconizados en Lisboa consistía, precisamente, en completar el mercado interior y liberalizar sectores como el financiero, la energía y los servicios. España ha avanzado mucho en todos estos aspectos, pero no todo el mundo lo ha hecho. El resultado es que la Unión Europea no está creciendo como podría crecer, no podrá cumplir lo previsto en Lisboa acerca del empleo, es decir, alcanzar una tasa de empleo del 70 por ciento en 2010, y seguirá perdiendo oportunidades con respecto a países con los que no será capaz de competir.

En estos últimos años España ha seguido una línea distinta de algunos de nuestros vecinos. Estamos creciendo más, creamos buena parte del empleo europeo (en 2003 el 90 por ciento del empleo en Europa se creó en España) y cooperamos en muchas zonas del mundo con mucho dinero. Sin embargo, al conjunto de la Unión Europea le está ocurriendo lo mismo que nos ocurría a los españoles con respecto a los demás países europeos. Y es que Europa no avanza en la convergencia con economías más ricas, como la de Estados Unidos. En consecuencia, nuestra capacidad de influencia no crece. Y si no crecemos económicamente, iremos perdiendo capacidad de influir en el mundo.

Estoy convencido de que deberíamos trabajar en la creación de una gran área económica y financiera occidental que incluyera la Unión Europea y Norteamérica y que se hiciera realidad en 2015. Esa gran zona debería tener vocación de extenderse a Iberoamérica; sin duda contribuiría a una mayor estabilidad y prosperidad mundial. Así lo propuse en mi última visita a Washington.

Hay quien dice que esto es ser antieuropeo. La verdad, no lo entiendo. Lo que es antieuropeo es jugar a debilitar la propia prosperidad, la propia capacidad de crecer y la estabilidad de Europa. Para mí, lo antieuropeo es poner en riesgo la relación atlántica a cambio de crear supuestos contrapoderes que no llevan a ningún sitio. A cambio de nada, en una palabra.

Europa es capaz de avanzar en esta línea de mayor prosperidad y mayor responsabilidad si se lo propone. No voy a dar lecciones a nadie, pero nosotros cumplimos el Pacto de Estabilidad en condiciones muy difíciles, y lo hicimos a pesar de que el Pacto de Estabilidad era una expresión de desconfianza hacia la capacidad de los países del sur de Europa para establecer políticas serias de disciplina económica. Nosotros cumplimos lo que luego otros países, los mismos que impusieron esas normas, no están cumpliendo. El problema no consiste en que unos cumplan y otros no, porque todos pasamos por momentos malos y coyunturas difíciles. El problema es que los problemas han dejado de ser coyunturales para convertirse en problemas de fondo, en problemas estructurales. Los países que consigan ser más flexibles, los que avancen más en el terreno de las reformas serán los países que generen más prosperidad y más confianza. En cambio, los países que no emprendan esas reformas, aunque ahora puedan ser más poderosos y más ricos, tendrán muchas dificultades en el futuro.

Y nos crearán dificultades a todos. En buena parte, las medidas de reformas económicas y sociales preconizadas por la Agenda de Lisboa quedaron desvirtuadas y neutralizadas. Luego se ha puesto en cuestión el Pacto de Estabilidad, y esto ya no es sólo una cuestión de política económica. Es una cuestión de credibilidad y de confianza. Y no afecta sólo a los países que no lo cumplen. Afecta a la credibilidad de las instituciones de la Unión Europea, que no es capaz de asumir los pactos que ella misma ha auspiciado, y afecta al conjunto de los países de la Unión, porque el entramado de relaciones es muy denso y ya nadie está aislado.

Lo que no entiendo bien es por qué se nos reprocha, en España, esta política de defensa de la Unión Europea y de los intereses propios de España. Es perfectamente lícito que cada país defienda sus propios intereses dentro de la Unión. Más aún, sería incomprensible que no ocurriera así. Lo que es muy difícil de entender es que se nos reproche que defendamos los intereses de España. Y que se haga precisamente en España. Conozco el peso que tiene Alemania, por su posición, su población, su prosperidad y su área de influencia. Y sé muy bien que Alemania intenta conjugar sus intereses nacionales con los intereses generales europeos. Pero no es el único país que lo hace. Nosotros también estamos proponiendo medidas y defendiendo acuerdos que son buenos para nuestros intereses nacionales españoles y buenos para el conjunto de la Unión Europea.

Esta posición tan poco favorable a la defensa de los intereses españoles, pero mantenida por algunos españoles, viene, entre otras cosas, de una falsa percepción de la realidad del país. Nosotros hemos recibido una solidaridad considerable de Europa cuando éramos un país menos desarrollado. Ahora nos enfrentamos a otro tipo de problemas, que ya no son los mismos que entonces. Son problemas nuevos, que corresponden a los países prósperos. Pero yo prefiero un país que se enfrente a los problemas derivados de la prosperidad que no a los problemas derivados de la pobreza.

CAPÍTULO SIETE

Contra el terrorismo

La lucha contra el terrorismo fue desde el primer momento uno de los principales objetivos del Gobierno. El Partido Popular había firmado el Pacto de Ajuria Enea en 1988 y, como es natural, habíamos mantenido nuestro compromiso de apoyo a la política del Gobierno anterior en materia antiterrorista. Ahora bien, nosotros no estuvimos nunca de acuerdo con los contactos por debajo de la mesa, lo que se llamaba las «tomas de temperatura», ni con las conversaciones que por aquellos años se mantenían con los terroristas.

Nuestra estrategia se ha basado en cuatro elementos. Primero, la convicción de que es posible acabar con el terrorismo. Durante muchos años se ha fomentado la creencia de que el terrorismo es un problema que no tiene solución. Eso no es verdad. La lucha contra el terrorismo terminará, y terminará con la derrota de los terroristas.

En segundo lugar, planteamos una batalla frontal al terrorismo, una batalla sin cuartel, sin tapujos, de frente. Estábamos convencidos de que eso era fundamental, porque era la única manera de que los terroristas se tomasen en serio nuestras medidas. Los terroristas tenían que saber que nosotros íbamos a perseguirles con todas las consecuencias. En tercer lugar, estábamos decididos a actuar dentro de la ley, respetando todos los elementos del Estado de derecho y todas las garantías que proporciona la legalidad. Por último, iniciamos una ofensiva mundial muy intensa para incrementar todas las posibilidades de cooperación.

Teniendo en cuenta estos elementos, la lucha contra el terrorismo fue siempre un objetivo prioritario. En España, la mayor parte de la población lo apoyaba. En el terreno internacional había grandes carencias, aunque la relación con Francia había ido mejorando y siempre hubo una cierta solidaridad formal. Pero en lo que respecta a la legislación y a la actitud frente al terrorismo, seguía siendo considerado un problema local, que afectaba a determinados países con los que se debía ser solidario, cómo no, pero que debían arreglárselas por su cuenta.

Nosotros no estábamos dispuestos a que esa situación continuase. Sabíamos que el terrorismo no es un problema local y que debía plantearse en su verdadera dimensión, que va mucho más allá de las fronteras nacionales. Nuestra ofensiva fuera de España dio frutos que se aceleraron de forma espectacular el 11 de septiembre.

Nuestra actitud ante el terrorismo

Los últimos años de Gobierno socialista fueron muy complicados y muy difíciles en el Ministerio del Interior. Lo ocurrido entonces redujo la confianza en los responsables de Interior, y aquello sólo se podía corregir de una manera: por la vía de los hechos y por la vía de la acción política. Lo primero que había que hacer era recuperar la normalidad dentro del ministerio. Había que volver a actuar dentro de la ley. La acción antiterrorista no podía dejar de cumplir lo que establece el Estado de derecho.

La segunda cuestión era recuperar elementos de acción antiterrorista que por una razón o por otra no se habían utilizado hasta la fecha. Cuando nosotros llegamos al Gobierno, hacía mucho tiempo que la Policía Nacional no se había visto comprometida en ninguna operación antiterrorista. Nosotros nos planteamos recuperar a la Policía Nacional para la lucha antiterrorista, y eso requería renovar los mandos, devolver la confianza a los miembros de la Policía y dotarla de nuevos equipamientos.

Al frente de aquella nueva política, como ministro del Interior, decidí situar a Jaime Mayor Oreja. Él era quien mejor podía interpretar y llevar a cabo, desde un punto de vista político y desde el punto de vista de la acción concreta, lo que teníamos que hacer. Jaime Mayor no sólo comprendía perfectamente la lógica de la política que había que llevar a cabo, también era coautor y copartícipe de esa misma política. Nadie mejor que él para impulsarla y trabajar en ese sentido. Tampoco lo dudé después de las elecciones del año 2000. Probablemente no era lo que Jaime Mayor Oreja hubiera querido, y yo lo comprendo, pero seguía siendo necesario que continuara ocupando su puesto.

En cuanto a nuestra posición con respecto a gobiernos anteriores, hay que distinguir dos cuestiones. Nosotros apoyamos siempre al Gobierno en su política antiterrorista. Nunca le faltó nuestra colaboración. Ahora bien, yo también pensaba que el Gobierno se equivocaba al mantener contactos con los terroristas. Eso no le impedía golpear cuando tuvo que hacerlo, como es natural, pero aquella actitud suscitaba un estado de confusión que no contribuía a debilitar ni al terrorismo ni a quienes lo apoyan.

La UCD del País Vasco había sido masacrada por los terroristas a finales de los años setenta y principios de los ochenta. Fueron tiempos de un terror brutal, despiadado. El terrorismo lo arrasó todo y tuvo como consecuencia que después, durante mucho tiempo, nosotros estuviésemos condenados a vivir en el País Vasco sin cobijo ni protección institucional. La gente de nuestro partido estaba a la intemperie, sin un solo lugar donde refugiarse. Ante eso caben dos posibilidades, o bien el partido desaparece, o bien se resiste y se forja un carácter decidido a garantizar la continuidad de la organización política a la que se pertenece.

Hay dos elementos que han sido determinantes para la supervivencia del Partido Popular en el País Vasco. La primera son las mujeres. Hubo muchas mujeres que mantuvieron el partido en los momentos más difíciles. Sin ellas, las sedes del Partido Popular se habrían tenido que cerrar. Las mujeres del partido las mantenían, se ocupaban de las gestiones, hablaban, visitaban, se movían, en pocas palabras. Aquello fue vital. Nunca tendremos palabras ni medios para agradecer su valentía por lo que hicieron en unas condiciones que, incluso hoy, son difíciles de imaginar por la dureza y la dificultad de la situación.

El otro elemento clave para la supervivencia del partido en el País Vasco fueron los jóvenes. En un determinado momento, empiezan a surgir grupos de gente joven que comprenden que su obligación es plantar cara al terror y a la violencia y afirmar la convivencia y la tolerancia. Así como las mujeres mantuvieron vivo el partido, estos grupos de jóvenes aseguraron su futuro. Sin las mujeres y sin los jóvenes que comprendieron lo que estaba en juego, que aceptaron el sacrificio y demostraron que en el País Vasco seguía existiendo la libertad, es posible que el Partido Popular hubiera desaparecido en el País Vasco. Los españoles tenemos con ellos una deuda que será difícil de devolver.

Nosotros, desde aquí, hicimos todo lo que estuvo en nuestra mano para que se sintieran apoyados y reconfortados en la medida de lo posible. Además, la gente se crece si ve una orientación clara del Gobierno y comprende que ese problema tiene para el Gobierno prioridad absoluta y va a seguir teniendola en todo momento. Pero el Gobierno pudo actuar como actuó porque la gente del partido tuvo las cosas claras, capacidad de resistencia, valentía y patriotismo.

La ofensiva contra el Partido Popular

Antes de las elecciones de 1996, ETA intentó cercenar la alternativa que proponíamos con un ataque en toda regla contra el Partido Popular. Buscaba anular nuestra capacidad de reacción, hacer el mayor daño posible, suprimir cualquier expectativa de cambio.

Esa ofensiva arranca con el asesinato de Gregorio Ordóñez, el 23 de enero de 1995. Gregorio Ordóñez era nuestro hombre en San Sebastián. Yo le conocía muy bien. Habíamos tenido un trato muy frecuente y muy cordial. Habíamos estado juntos dos o tres días antes de que lo mataran. Poco antes me había invitado a ir a San Sebastián y luego volví a la tamborrada porque él me lo pidió expresamente. Estuvimos paseando por la calle y fuimos a cenar a un restaurante. Cuando entramos, el restaurante entero se quedó mirándonos en silencio. Al salir, en cambio, había un grupo de gente que nos aplaudía y nos manifestaba su apoyo.

Gregorio Ordóñez era un hombre de un coraje y una valentía fuera de serie. Siempre decía lo que pensaba. Mantenía el tipo de una manera excepcional. De vez en cuando había que aconsejarle y sugerirle alguna cosa, y otras veces había que dejarle ir a su aire porque tenía una personalidad muy acusada y si perdía esa intensidad, se diluía lo más valioso, que era su valentía y su integridad. Se había casado hacía poco tiempo. Tenía un hijo, un niño de meses.

Cuando lo mataron me fui para allá y en la habitación del hotel le dije a Jaime Mayor Oreja que le tocaba a él ser el candidato del Partido Popular en San Sebastián. Él era el hombre mejor preparado, el que mejor conocía la política a seguir. Además, se lo debíamos a la memoria de Gregorio. Y Mayor Oreja, con la misma disciplina y la misma lealtad que siempre le ha caracterizado, aceptó la candidatura.

Después del asesinato de Gregorio Ordóñez vino el atentado en que intentaron matarme, en abril de 1995. Eso dejó bien claro que lo que querían era segar la alternativa. Habían comprendido que íbamos a ir a por ellos. Aquello no les salió bien. Pero eso no cambió para nada mi percepción de cómo tenía que ser la lucha antiterrorista.

Cuando llegamos al Gobierno, en 1996, nuestra actitud fue muy clara. Con respecto al nacionalismo vasco y al PNV, teníamos que emprender un camino de normalización política que intentara superar toda una serie de prejuicios heredados de la realidad histórica. No teníamos necesidad de ambigüedades ni de obsequiosidades. Había que dejar claro que manteníamos una actitud abierta en el País Vasco, sin ningún tipo de complejos, pero también muy firme en la cuestión terrorista.

Entonces, durante unos meses, se produce un período de espera. Parece como que ETA se toma un tiempo de observación para ver por dónde iba a ir la acción de Gobierno. Después, ETA desencadena una campaña brutal que culmina con el asesinato de Miguel Ángel Blanco, el 12 de julio de 1997.

El asesinato de Miguel Ángel Blanco es la respuesta de ETA a la liberación por la Guardia Civil de José Antonio Ortega Lara, al que tuvieron secuestrado y torturaron durante 532 días. La liberación de Ortega Lara se produjo el 30 de junio de 1997 y fue un gran éxito de las Fuerzas de Seguridad. Nadie que lo viera entonces ha podido olvidar la cara de Ortega Lara al salir de aquel agujero subterráneo donde lo tuvieron encerrado dieciocho meses. Su cara era la de quien sale de un campo de exterminio. La intención de aquella gente era dejar que se muriera de hambre.

La crueldad del trato al que fue sometido Ortega Lara y la del asesinato de Miguel Ángel Blanco fue tan inconcebible, tan inhumana, que provocó una reacción popular que desembocó en lo que se llamó el «espíritu de Ermua». El espíritu de Ermua fue la expresión de una sociedad, de una ciudadanía y de varias organizaciones políticas que decidieron acabar con aquella ignominia. El nacionalismo se vio desbordado por aquella expresión de libertad, y por un momento se tambaleó. Si aquel espíritu hubiera continuado y si hubiera seguido inspirando al conjunto de las fuerzas políticas del País Vasco, las cosas habrían sido muy distintas. Pero no ocurrió así, por desgracia. Exactamente el mismo día de la manifestación por el asesinato de Miguel Ángel Blanco, los nacionalistas decidieron dar por terminado el espíritu de Ermua.

Las víctimas del terrorismo

El terrorismo sólo tiene una causa en todas partes y en todas las situaciones. La causa del terrorismo es el fanatismo, es el deseo de exterminar al otro, es el fundamentalismo de la clase que sea, étnico, nacionalista o religioso. La chispa que enciende el terrorismo es siempre la misma, en cualquier circunstancia.

Yo no puedo olvidar que en este asunto del terrorismo soy un privilegiado. Tuve la suerte de sobrevivir a un atentado. Eso me obliga a una especial responsabilidad hacia las víctimas del terrorismo. Es inevitable y mucho más fuerte que cualquier voluntad personal. En mi actitud ante el terrorismo hay razones políticas y democráticas, hay razones legales y también hay razones morales. La razón moral está directamente relacionada con la obligación que siento ante las víctimas del terrorismo.

Las víctimas, las personas que han sufrido el ataque del terrorismo, son lo más importante de todo. Deben ser el centro de cualquier política contra el terrorismo. Son los que han sufrido y son también el testimonio de la dignidad del ser humano enfrentado a la barbarie.

En España, me parece que no han sido muy bien tratadas. Mejor dicho, han sido objeto de una triple vejación. Primero, la que deriva de haber sido víctimas de un atentado. Después, la de ser insultadas, como lo son con demasiada frecuencia las víctimas del terrorismo en el País Vasco. Y tercero, además de haber sido víctimas y de haber sido objeto de vejaciones e insultos, la de haber sido olvidadas. En este punto era esencial dar un giro radical a la situación. Había que reconocer a las víctimas del terrorismo el honor y la dignidad que les corresponde por el valor moral y por el patriotismo que demuestran.

Nosotros hemos luchado por que haya un foro internacional de víctimas del terrorismo, por que haya organizaciones que las representen. Hemos impulsado esta iniciativa en la sede de Naciones Unidas, en Nueva York. En una organización como la ONU, dedicada a la defensa de los derechos humanos, en 2003 las víctimas del terrorismo hablaron y expusieron su testimonio por primera vez.

A mucha gente, durante mucho tiempo, no le ha gustado mirar los problemas de frente. Ha preferido volver la vista hacia otro lado. Pero los problemas no se resuelven así. Los problemas sólo se resuelven afrontándolos cara a cara. Es más difícil, es más arriesgado, pero no hay otra forma de hacerlo. España no acabará con el terrorismo hasta que no se atreva a mirarlo de frente, sin miedo.

Es cierto que el compromiso y la solidaridad individual y social son cada vez más intensos, pero también tenía que cambiar la naturaleza del liderazgo político. Si la gente tiene dudas sobre la posición de quien ejerce el liderazgo, tenderá a preguntarse por qué tiene que asumir responsabilidades que los demás no están dispuestos a asumir. Había que ser muy claros y poner a las personas, a quienes han sufrido el terrorismo, en el centro de nuestra acción.

Los movimientos que se han creado en estos años, como ¡Basta Ya!, el Foro de Ermua o la Fundación para la Libertad son la prueba de que la sociedad es capaz de organizarse en contra del terrorismo. Demuestran la valentía y la voluntad de compromiso de todos los que se niegan a vivir bajo la amenaza, el chantaje y el terror. Lo más difícil es la vida cotidiana, es salir a la calle sabiendo que están ahí, estar seguro de que te tienen vigilado, y el silencio de la gente ante esa realidad. Si las personas no reaccionan, si la sociedad no tiene la responsabilidad de asumir sus propias convicciones, todo será mucho más difícil, y también lo será la acción del Gobierno.

A mí me habría gustado que hubiera más compromisos, con mayor fuerza todavía. Nosotros siempre los hemos apoyado, como hay que hacerlo, dejándoles plena libertad. No hemos hecho distingos entre los que venían de un lado y los que venían de otro, entre populares y socialistas. La única distinción estaba entre terroristas y demócratas.

Siempre he asistido a los funerales de las personas asesinadas por los terroristas. Tomé la decisión de hacerlo porque lo consideraba una obligación derivada de mi responsabilidad como presidente del Gobierno. Solamente he dejado de ir a alguno si la familia manifestaba su deseo de que la ceremonia fuera estrictamente privada. Pero la regla general ha sido asistir siempre, fuera cual fuere el cargo, la ocupación o el ideario político de la víctima. No es un simple testimonio, es una obligación: una obligación inherente a mi cargo, consecuencia de nuestra política contra el terrorismo y de nuestra voluntad de que las víctimas recuperen el lugar de dignidad que les corresponde.

Durante estos años he entregado muchas banderas, demasiadas banderas dobladas, demasiadas medallas, demasiadas medallas en demasiados féretros. También he enterrado a muchos compañeros de partido, a mucha gente, mucha gente buena que no tenía que haber sufrido ninguna clase de violencia. Ha sido muy difícil, pero ésa era mi obligación.

Son momentos muy duros, tremendos, en los que se sienten emociones muy fuertes. Pero hay que contenerse, porque lo importante en esas circunstancias es la responsabilidad que se tiene. Lo principal es no olvidar que en ese instante se es lo que se representa. La gente que acaba de padecer un acto de terrorismo tiene que poder apreciar la corrección y el carácter recto de las intenciones de quien tienen delante. Es fundamental que tengan confianza, que no alberguen ninguna duda acerca de lo que se les está diciendo.

Yo no he querido nunca que haya dudas a este respecto. No ha habido ningún contacto con ese mundo, excepto aquel sobre el que yo he asumido, como explicaré luego, la responsabilidad directa. Nosotros sabíamos que no se podía distinguir entre una organización terrorista y un supuesto entorno no violento. Todo es lo mismo. Había que actuar contra todos ellos, y aunque también había que salvaguardar un criterio de oportunidad política, siempre hemos articulado una política global, no solamente contra la acción terrorista, sino contra todo lo que lo que la apoyaba, dentro y fuera de España.

Hay un momento terrible durante estos años. Fue tras el asesinato de Manuel Zamarreño, que era concejal del Partido Popular en el Ayuntamiento de Rentería. Lo mataron en junio de 1998. En 1997 hubo catorce asesinatos. Por entonces ya habían asesinado a Gregorio Ordóñez, a Miguel Ángel Blanco —en julio de 1997—, a José Luis Caso —en diciembre de 1997—, a José Ignacio Iruretagoyena —en enero de 1998—, a Alberto Jiménez Becerril y a su mujer, Ascensión García Ortiz —también en enero de 1998— y a Tomás Caballero, concejal de Unión del Pueblo Navarro, en mayo de 1998. En 1998 también mataron a un subteniente de la Guardia Civil, Alfonso Parada.

Después del asesinato de Zamarreño se celebró una reunión y luego un almuerzo en Guipúzcoa, en un hotel. El partido había sufrido el golpe de seis asesinatos seguidos. A la reunión asistieron unas doscientas personas, todas del Partido Popular, y yo sentía que todos me estaban mirando. Eran miradas de profunda angustia, aunque también eran miradas de auténticos héroes, de esa clase de gente que con su comportamiento da la medida exacta de la grandeza humana. Yo sabía lo que me estaban diciendo: no sabemos cómo va a seguir esto, ni cómo va a acabar; pero de lo que estamos seguros es de que los que estamos aquí no nos volveremos a ver todos juntos otra vez. Antes se habían acercado hasta mí y me habían dicho emocionados: «Quédate con nosotros, prométenos que estarás cerca siempre, que no te irás lejos».

Ante eso hay que tener una respuesta personal. Era preciso que vieran que su líder no solamente no se derrumbaba, sino que mantenía el tipo y el tono moral. Pero también había que articular una respuesta política. Y esa respuesta política debería haber consistido en decirles que estuvieran tranquilos, que aquello se iba a acabar. Pero eso es precisamente lo que no les podía decir. Lo único que podía hacer era pedirles que aguantaran, que resistieran. Aquél fue un momento especialmente duro, de los más difíciles que yo haya vivido en todos estos años.

Todo eso se me vino a la cabeza el pasado mes de enero en San Sebastián. Era el sexto aniversario del asesinato de José

Ignacio Iruretagoyena. María San Gil, que estaba delante cuando le pegaron un tiro en la nuca a Gregorio Ordóñez, y que es una mujer de temple extraordinario, lo recordó, y de pronto las ausencias se hicieron inmensas. Por eso saltó la emoción que acompañó a algo bien decidido por mi parte. No me despediré nunca de mis amigos del País Vasco. Estaré siempre con ellos.

Una lucha a largo plazo. Las elecciones de 2001

Los resultados de las elecciones autonómicas de mayo de 2001 también provocaron un momento difícil, pero fue más por el desencanto político que por la presión terrorista. Se había producido un acuerdo de base entre el Partido Popular y el Partido Socialista, un acuerdo que impulsaron muy directamente Jaime Mayor Oreja y Nicolás Redondo Terreros. Había que hacer frente al Pacto de Estella, suscrito en septiembre de 1998 por el PNV, HB e Izquierda Unida, y que en lo sustancial daba la razón a ETA.

Los españoles habían hecho un esfuerzo extraordinariamente generoso a favor de la Constitución y la autonomía. Gracias al desarrollo del Estado autonómico, el País Vasco ha conseguido un grado de autogobierno como nunca había tenido en su historia. Están vigentes las instituciones forales propias del País Vasco, el País Vasco tiene un Concierto Económico que le permite un margen de acción amplio en cuanto a la hacienda, hay una policía vasca. Hoy, la cultura del País Vasco —la lengua, las manifestaciones artísticas, cualquier expresión de la índole que sea— se respeta, se difunde y se apoya. Se pueden expresar todas las ideas, todas las opiniones y todos los proyectos.

Ahora bien, la respuesta que se había obtenido por parte del nacionalismo no respondía a esa actitud. En vez de contribuir al esfuerzo común, el nacionalismo se había ido retranqueando cada vez más en la voluntad de separarse del resto. Más aún, ha querido imponer en el País Vasco una visión unilateral, y para ello no ha dudado en llegar a acuerdos con quienes colaboran con el terror. No era de extrañar, por tanto, que quienes alguna vez tuvieron la esperanza de que eso no fuera así esperaran ahora que los terroristas y quienes les ayudan fueran derrotados en las elecciones.

Además, quienes tenían la esperanza de que la autonomía contribuiría a la convivencia y a la libertad, estaban convencidos de que no era posible que muchas personas del PNV, personas que parecían razonablemente demócratas y con las que era posible dialogar en muchas cuestiones, se cerraran incluso a los mínimos sentimientos de humanidad tan pronto se tratan temas como los derivados de la violencia terrorista.

Y había un tercer factor que explica el movimiento de esperanza que surgió durante la campaña para las elecciones de 2001. Es un gesto muy humano, que consiste en pensar que no es posible que la sociedad vasca, una zona de España y de Europa, acepte sin más lo que está ocurriendo.

Todo aquello generó una confianza extraordinaria, comprensible, y a la que era muy difícil responder diciendo que la alternativa en el País Vasco iba a ser mucho más difícil y más larga de construir. Así fue como se puso en marcha aquella dinámica de ganar. Fue inevitable. Jaime Mayor Oreja, que había dejado el Ministerio del Interior para ser candidato, me dijo que aquellas elecciones tenían que jugarse a ganador y yo acepté ese planteamiento. Pero la verdad es que nunca pensé que esas elecciones se pudieran ganar.

A mí ya me parecía bastante extraordinario que después de todo lo que había pasado, en el País Vasco estuviésemos donde estábamos, con mucha gente creyendo en la posibilidad de derrotar al nacionalismo en unas elecciones. Hay que tener en cuenta que el nacionalismo llevaba gobernando en el País Vasco desde 1980. Más aún, cuando se pudo recuperar el gobierno en el País Vasco, no se había hecho. Se renunció al poder, como ocurrió en las elecciones de 1986. No es una crítica. Sin duda el gesto se hizo de buena fe y con el convencimiento de que así se podría acabar con el terrorismo. Pero eso, de hecho, le dio el poder al PNV.

En estas condiciones, era muy difícil que se ganaran las elecciones de mayo de 2001. A pesar del dramatismo de todo lo ocurrido, a pesar del clima que se había creado, era casi imposible que se pudiera cambiar de una vez, y a la primera, lo que se había dejado hacer durante veintiún años. La acción del terrorismo consiste a la larga en subvertir todos los valores morales de una sociedad. Eso es lo que se ha conseguido en el País Vasco. El nacionalismo que se ha dado en llamar moderado no ha ayudado en este sentido. Más bien al revés.

Así es como nosotros nos enfrentamos a aquellas elecciones. Jugamos todas las cartas para ganar. Pero lo importante de verdad era evitar que al día siguiente, cuando llegasen los resultados de las elecciones, se produjese un movimiento de decepción. Por eso mi posición fue explicar que habíamos estado más cerca que nunca, y aunque nos costara mucho aceptar que no se había dado la vuelta a la situación, había que aceptarlo, continuar y perseverar en el empeño.

Por eso, inmediatamente después de las elecciones, le dije a la gente y a todos los movimientos sociales que de ninguna manera había que derrumbarse después de lo que había pasado. Aquí hay que seguir, porque esto es muy duro y será muy difícil. Tenían que saber que podían contar con la acción del Gobierno, que no iba a cambiar, que se iba a mantener y, si era preciso, iba a redoblarse. Hubo quien me preguntó si existía un plan B por si perdían las elecciones. Pero sólo había un plan A, que era plantear una alternativa y ganar, a corto o a largo plazo, pero ganar.

Yo sé que eso es muy complicado de mantener, y por eso mismo me he esforzado en que ésa sea la actitud del Partido Popular en el día a día. Sabía que podían producirse sorpresas, porque uno puede pensar que resulta mucho más cómodo trasladar mensajes como que aquí hay que tener cintura, y flexibilidad, y que es necesario dialogar. Al final, todo eso no vale para nada. Yo lo dejé muy claro desde el primer momento. Si el Partido Socialista no seguía esta línea, la seguiríamos nosotros solos. Prefiero estar acompañado, sobre todo en este asunto, pero si no puede ser, lo haremos solos. Será mucho más difícil, pero en ningún caso vamos a dejar de hacerlo.

En las elecciones de mayo de 2001 los nacionalistas vieron por primera vez la angustia de una posible derrota. Durante mucho tiempo habían transmitido el mensaje de que el País Vasco era suyo. Que no había alternativa y que si había alternativa no era democrática, porque la democracia en el País Vasco se identifica con el nacionalismo. Todo lo que no sea nacionalismo está en contra del País Vasco. Por eso los nacionalistas plantearon aquella campaña en términos de defensa ante una invasión exterior, apelando a sentimientos muy elementales.

Búsqueda de alternativas

La única alternativa posible es perseverar en el esfuerzo. Hay que conseguir que mucha gente que hoy, o durante mucho tiempo, ha visto esa alternativa como algo muy lejano, empiece a verla como algo verosímil. Para eso habrá que seguir realizando un esfuerzo continuo de acción política y de presencia cotidiana.

En cuanto al Partido Socialista, era evidente que tenía que acercarse a las posiciones del Partido Popular, y así lo hicieron con el Pacto Antiterrorista, el Acuerdo por las Libertades y Contra el Terrorismo firmado en diciembre de 2000. Ahora bien, el Partido Socialista se aproximó con cautela y luego quiso marcar distancias. Al fin y al cabo, el Partido Socialista preveía su posible vuelta al Gobierno de la nación. Y, pensando en esa posible vuelta, convenía dejar la puerta abierta a cierto entendimiento con el nacionalismo en el País Vasco. De ahí, de esa posición, derivan todas las cuestiones que más tarde se han planteado sobre el modelo de Estado y la reforma de la Constitución.

También deriva lo que ocurrió en diciembre de 2001, seis meses después de las elecciones, cuando Nicolás Redondo Terreros tuvo que presentar su dimisión como secretario general del Partido Socialista en el País Vasco. Hubo varios pretextos, como que había venido a hablar conmigo a solas. La realidad es que una parte del Partido Socialista no compartía la actitud de Nicolás Redondo y estaban convencidos de que era necesario diferenciarse del Partido Popular porque la cercanía podía perjudicarles y, además, porque había que dejar abierta cierta esperanza de diálogo con el nacionalismo, por si acaso les venía bien más tarde.

Después de las elecciones de 1996, a nosotros no nos hacía falta pactar con el PNV para formar Gobierno. Tomamos esa decisión por dos razones. Primero, porque era una oportunidad para superar algunos aspectos de la realidad histórica que habían generado malentendidos y que se podían dejar atrás definitivamente, dado que ya no vivíamos en la misma situación. Además, teníamos que intentar trabajar con el PNV para mejorar las cosas. Así lo planteamos, y todo el pacto y el proceso de negociación fueron públicos y transparentes.

En el momento de aquel acuerdo, el PNV defendía el Pacto de Ajuria Enea y supuestamente estaba de acuerdo con él. Más tarde cambió de posición y decidió, primero, acabar con el estado de ánimo surgido tras el asesinato de Miguel Ángel Blanco, para lo cual le hacía falta alejarse radicalmente de cualquier opción no nacionalista, y, después, aliarse con todas las corrientes nacionalistas, incluida Herri Batasuna, y los compañeros de Izquierda Unida. Fue lo que hizo en el Pacto de Estella, firmado en septiembre de 1998.

Nosotros hicimos un intento de acercamiento en 1996. Pero no se puede ir más allá. Muchos me pidieron luego que hiciera un esfuerzo más, que fuera más flexible, que intentara dialogar. Es posible que quienes más me pidieron que me mostrara flexible fueran también después quienes más me reprocharan que hubiera dialogado con el PNV en 1996. Pero cuando los partidos y las personas no quieren moverse, no hay nada que hacer. Santiago Carrillo participó en la conmemoración del veinticinco aniversario de la Constitución, que se celebró a raíz de la firma de la Declaración de Gredos, realizada por los ponentes constitucionales en octubre de 2003. En cambio, no estaba Gaspar Llamazares, con lo que no estaba representada Izquierda Unida. El PNV hizo lo mismo. Hubo un momento en que decidió acabar con la posibilidad de vencer al terrorismo. Nosotros teníamos la obligación de hacer lo contrario.

El PNV no ha querido la derrota de ETA. Siempre que ETA ha estado contra las cuerdas, el Partido Nacionalista Vasco le ha lanzado un salvavidas. Es lo que ocurrió con la campaña organizada en contra de la autopista de Leizarán y volvió a ocurrir cuando la detención de la cúpula de ETA en Bidart, en 1992.

El PNV mantiene el mito de que es imposible derrotar al terrorismo, y lo hace porque está convencido de que la derrota de ETA es la derrota del nacionalismo. La estrategia culmina cuando, después del asesinato de Miguel Ángel Blanco en 1997, el nacionalismo ve que su tesis está a punto de ser desmentida por la realidad y entonces adelanta una nueva posición: la de que es posible derrotar al terrorismo... y que lo van a hacer ellos mismos, los nacionalistas. ¿Cómo? Es bien sencillo: dándole la razón a ETA, y darle la razón a ETA es reeditar otra vez la unidad del nacionalismo, con el Pacto de Estella en septiembre de 1998.

Un elemento muy importante es la entrada de la Mesa Nacional de Herri Batasuna en la cárcel en 1997, tras un proceso iniciado en 1996, antes de que nosotros llegáramos al Gobierno. El Tribunal Constitucional los sacó de la cárcel en julio de 1999, en una decisión desafortunada, porque se sabía sin duda ninguna que había miembros de Herri Batasuna que estaban directamente implicados en el terrorismo de ETA.

En ese momento se tomó la decisión de impulsar las medidas que culminarían con la Ley de Partidos Políticos aprobada en las Cortes en junio de 2002 y la ilegalización de Batasuna por el Tribunal Supremo. Ese impulso fue personal. Pedí opinión a diversas personas, y en su mayoría, por razones de oportunidad, se mostraron contrarias. A mí, en cambio, me parece una decisión vital. Eso se completaría con las reformas para el cumplimiento íntegro de las penas, la calificación de delitos terroristas, los actos de violencia callejera, la responsabilidad de los padres de aquellos que se dedican a estas actividades, etc. A partir de aquel momento ya no hemos tenido que pasar por la vergüenza de ver a terroristas sentados en los escaños del Parlamento. Se le comunica al Partido Socialista, y aunque no se suman Convergència i Unió ni tampoco Izquierda Unida, sí que se suma el PSOE, con lo que acabó aprobándose.

Los dirigentes de Batasuna están donde tienen que estar, fuera de la legalidad. Ahora bien, ¿por qué era aquél el momento de hacerlo? Yo estaba convencido de que ya se había producido el cambio social que nosotros queríamos promover. Ya no se tenía la misma perspectiva que antes sobre este asunto.

En España, el consenso social y político estaba establecido sobre la base de que era mejor que Batasuna fuera legal porque las consecuencias de la ilegalización podían ser contraproducentes para la lucha contra el terrorismo.

Yo nunca he creído tal cosa pero, para poner en práctica esta convicción, hacía falta tener la percepción de que el consenso podía cambiar. Incluso si no había cambiado del todo, era necesario tener la seguridad de que podía hacerlo porque el cambio ya se había iniciado en una parte sustancial de la opinión. Para entonces yo estaba convencido de que con la puesta en marcha de la iniciativa, acabaría llegando el consenso. También estaba convencido de que las amenazas de que el País Vasco ardería por los cuatro costados si se ilegalizaba a Batasuna eran falsas. Así ocurrió. Al final, la decisión del Tribunal Supremo fue muy positiva.

La llamada kale borroka prácticamente ha desaparecido y el terrorismo en su conjunto ha sufrido un golpe durísimo. Jaime Mayor Oreja, Mariano Rajoy y luego Ángel Acebes han realizado una labor magnífica. La Guardia Civil, la Policía Nacional y los Servicios de Información han trabajado de forma extraordinaria durante estos años. Soy testigo excepcional de su buen hacer en un campo en el que no es habitual obtener todo el reconocimiento que se merecen. Me siento profundamente orgulloso de ellos.

Como dije entonces, si el PSOE no se hubiera sumado a esta iniciativa, la habríamos sacado adelante solos. Tengo mis propias convicciones y no pretendo que todo el mundo las comparta. Lo que cuenta es que las acciones que se realicen sean positivas para el conjunto del país. Los miembros del Partido Socialista lo han pasado muy mal en el País Vasco. Mucha gente ha sufrido mucho y las bajas que ha tenido el PSOE son tan dolorosas como las del Partido Popular. Para mí, todas las víctimas tienen el mismo significado.

Ahora bien, el Partido Socialista ha gobernado en coalición con el PNV en el País Vasco. Juntos han colaborado en numerosas instituciones, y los socialistas han contado con cierto grado de cobijo institucional. Dar marcha atrás a esta situación es muy costoso y muy difícil. Por eso yo expuse mi posición desde el primer momento. No era una cuestión negociable, pero yo deseaba que se sumara a ella el Partido Socialista.

Evidentemente, éramos conscientes de que esta política iba a producir varias consecuencias. Por una parte, iba a tener efectos extraordinariamente positivos en cuanto a la tranquilidad social. Se ponía punto y final a la impunidad. La gente sabría a partir de ahí que los criminales quedaban fuera de la ley. Eso era una cuestión elemental, de índole moral. Desde el punto de vista político, con ese cambio se dejaba de aceptar el presupuesto de que el País Vasco es propiedad de los nacionalistas y que una parte de los terroristas se pueden cobijar bajo la legalidad democrática. Ni la Constitución ni el Estatuto pueden servir para que los criminales anden libres. Había llegado el momento de decir no a esas actitudes. Si el Partido Socialista se oponía, era una opción muy legítima, democráticamente, pero tendrían que explicarla ante la opinión pública.

El Pacto de Estella forma parte del mismo movimiento que arranca con la declaración de la «tregua» por parte de ETA en septiembre de 1998. Desde el punto de vista de la lucha antiterrorista, para nosotros no hubo ninguna tregua. Todas las operaciones antiterroristas prosiguieron tal como estaban previstas en aquel verano. En cuanto a la cuestión política, se produjo una doble consideración. Yo no prestaba el menor crédito a aquella tregua, hasta el punto que mi primera reacción fue de desprecio.

Después, algunas personas me convencieron de que no mantuviera una actitud tan contundente. La razón era que, aunque no prestara la menor credibilidad a aquel gesto, valía la pena no echar en saco roto la posible esperanza que aquello hubiera podido suscitar en una parte de la población. Por eso, en su momento acepto que se explore esa vía y para ello pongo dos condiciones. La primera es que yo asumía la responsabilidad personalmente. La segunda, que se actuara con transparencia y que a la gente se le dijera lo que estaba ocurriendo, sin ocultar absolutamente nada.

Resultó que estábamos en lo cierto quienes dijimos que todo aquello formaba parte de una estrategia de la organización, una estrategia política de cara a las elecciones en el País Vasco de octubre de 1998, y una estrategia encaminada a la reorganización interna. La estrategia fracasó, porque los resultados de las elecciones no fueron los que se esperaban y ETA volvió a asesinar. Pero era nuestra obligación constatar que no había ninguna voluntad real de abandonar la violencia. Tampoco se podrá afirmar que alguna vez dijimos otra cosa que no fuera la verdad. No ha existido nunca ningún tipo de contacto, ningún tipo de conversación con esa gente, fuera de los conocidos y en los términos que se han hecho públicos. Los resultados son los que ya se conocen.

Sobre el diálogo

Nosotros llevábamos muchos años peleando para que las cosas cambiaran en el terreno internacional, en asuntos como la cooperación policial, la legislación y la consideración de los grupos terroristas. En unos cuantos meses después del 11 de septiembre conseguimos más de lo que habíamos logrado en todo ese tiempo. Además, el Gobierno español tenía una posición muy sólida, derivada del liderazgo moral que se nos reconoce en la lucha contra el terrorismo. De pronto conseguimos una comprensión máxima en la cuestión de la cobertura internacional, en la investigación de los elementos de financiación, en las acciones necesarias para intervenir en eso que se llama el entorno de las organizaciones terroristas. Unos países lo hicieron por convicción y otros quizá porque se dieron cuenta de que ésa era la nueva realidad que no tenían más remedio que afrontar. Pero todos lo han hecho.

En cambio, en lo que el 11 de septiembre no tiene ninguna influencia es en la decisión política del PNV. Más bien al revés, porque la acción anterior se acelera a partir de ahí, hasta desembocar en lo que llaman el Plan Ibarretxe. Habiendo fracasado el primer plan, que fue el Pacto de Estella, y habiéndose producido el 11 de septiembre y las reacciones consiguientes en todo el mundo, y en particular en los países europeos, el Partido Nacionalista Vasco, del mismo modo que decidió en su día acabar con Ermua, decide poner en marcha este proyecto.

En el fondo, estamos en lo mismo de siempre. Para acabar con el terrorismo, se supone que hay que sentarse a hablar, a negociar, y hay que llegar a un acuerdo político. Ahora bien, las pistolas siempre están puestas encima del brazo del sofá, o en la silla o en la mesa. Y cuando es necesario, se le dispara a la gente un tiro en la nuca. Para los nacionalistas, el compromiso no consiste nunca en acabar con las pistolas y con la violencia. El compromiso es conseguir que las pistolas tengan capacidad de decisión y eso se consigue justamente cuando se empieza a dialogar en esas condiciones.

Cuando se habla de diálogo, hay quien parece no querer darse cuenta que está diciendo que se ponga al mismo nivel a los terroristas y al Gobierno de España, y que se puede hablar bajo la amenaza de la violencia. Eso yo no lo he hecho nunca. Ni estamos en el mismo lugar, ni hay equidistancia posible entre una posición y otra, ni hay ningún punto de equilibrio ni de encuentro entre nosotros.

Si el diálogo que se está proponiendo es sobre transferencias o sobre competencias, ahí sí que estamos dispuestos a dialogar todo lo que haga falta. Pero no hay que equivocarse, el diálogo que a mí se me ha propuesto no era sobre el funcionamiento del Estado de las Autonomías. El diálogo que a mí se me propuso era negociar una fecha en la cual España se termina. No se le puede pedir a ningún presidente de Gobierno que se ponga a dialogar para ponerle plazo a la secesión de una parte de España.

La única diferencia entre ETA y el PNV en este aspecto es el plazo. ETA quiere la secesión para pasado mañana y el PNV la quiere para dentro de cinco o seis meses. Pero ambos pretenden lo mismo. Los dos lo quieren todo, unos más temprano y otros un poco más tarde. En esos términos, no hay nada que dialogar.

Hay que dialogar sobre la base de un comportamiento leal a las instituciones, leal a la Constitución, leal a la legitimidad por la cual los nacionalistas gobiernan el País Vasco desde hace veintitrés años y leal a los consensos que se van produciendo en torno al texto constitucional y al Estatuto de Autonomía. Sobre eso se puede dialogar, pero sobre lo otro no. Sobre la destrucción de España, yo no tengo nada que hablar.

El Gobierno, y su presidente personalmente, han tenido que pagar un precio por mantener esta actitud. La claridad y la firmeza han llevado aparejada la idea de que se es rígido e intransigente. Pero hay que tener muy en cuenta que la negociación en este asunto lleva al reconocimiento de la autodeterminación, y el reconocimiento de la autodeterminación es el reconocimiento de la secesión.

La mayoría de la población está de acuerdo con esta posición. Lo que es necesario es que la mayoría de la gente lo sienta como un asunto propio, como un asunto en el que nadie puede tomar decisiones por ellos. De hecho, ya ha empezado a sentirlo así. La gente sabe que éste es el principal problema de España y no está dispuesta a entregarle el país a nadie sin que le garantice que eso no va a ocurrir.

El único riesgo que se corre en este punto es que una parte del país crea que ésa es una actitud personal, mantenida exclusivamente por José María Aznar. Ahora bien, es una cuestión nacional. Mi retirada del Gobierno y del Partido Popular está encaminada a facilitar que estos hechos no puedan ser considerados de ese modo, ni siquiera como una posible coartada para llegar a mantener en su momento una posición distinta. La lucha contra el terrorismo y la opción de no dialogar con los terroristas, y con quienes quieren servirse de la violencia para avanzar sus posiciones, no es una cuestión personal. Es una cuestión institucional y nacional. El Partido Popular sabe que tiene que responder a lo que es la opinión mayoritaria del país. Y más aún en momentos difíciles. Es decisivo que esto se entienda con claridad.

Se puede llegar a producir un cierto desencanto, o un cierto cansancio, en el País Vasco y también fuera de allí. Eso sería como rendirse ante la violencia a la que se está sometiendo a la gente, acosándola y obligándole a marcharse fuera. Sin la gente, está claro que todo lo demás se hunde. Por eso es tan importante conseguir restablecer un mínimo de normalidad en el día a día en el País Vasco, y por eso es tan importante que las personas se sientan respaldadas por el Gobierno y por la mayoría del país. También es muy importante tomar algunas decisiones políticas que aseguren la normalidad democrática.

Nosotros hemos hecho todo lo que estaba en nuestra mano para ayudar y para respaldar las actitudes de quienes no se han plegado al nacionalismo. Hemos respetado escrupulosamente las competencias educativas tal como están delimitadas en los Estatutos, y en la medida de lo posible hemos renovado los contenidos educativos. Hemos publicado y promocionado nuevos estudios históricos y nuevos libros de historia, hemos apoyado las iniciativas sociales, como las de las asociaciones que se han creado en el País Vasco y en el resto de España. Hemos ayudado a la gente, a veces incluso les hemos proporcionado una salida profesional, cuando la situación de amenaza y de acoso había llegado a un límite inaguantable.

Pero sobre todo, hemos intentado recuperar el valor moral, infundir a la gente, y en particular a las víctimas del terrorismo, las ideas y el apoyo moral para que no se sientan aisladas. Hacía mucho tiempo que en algunas ciudades del País Vasco no se veía la bandera de España. Ahora está ahí.

Al final, las cosas se solucionarán si la gran mayoría del país está convencida de que merece la pena continuar. La raíz de España es muy profunda, mucho más de lo que a veces parece. Pueden producirse momentos de confusión, pero lo importante es que esa confusión no degenere en cansancio. Por eso hay que medir muy bien la respuesta. En política, una buena decisión tomada a destiempo o prematuramente es un fracaso.

Desde mi punto de vista, las respuestas que se están dando a la situación no son del todo suficientes, porque la gente no creerá en la alternativa en el País Vasco hasta que la vea factible. Debería ser lo más amplia posible, pero si no queda otra posibilidad hay que ir construyéndola solos, trabajando año tras año, mes tras mes, día tras día, hasta conseguir el respaldo de la mayoría de la población. Hay que hacerlo dentro de la ley, sin aceptar nunca ninguna violación de la legalidad, y también sin forzar los plazos, sabiendo que es una tarea de largo recorrido, y que habrá que seguir articulando las respuestas políticas a medida que surjan las oportunidades.

Y siempre habrá que tener en cuenta la literalidad de lo que he dicho. Y es que el Plan Ibarretxe tiene cero posibilidades de salir adelante. Literalmente, cero. A partir de ahí, que cada uno extraiga las consecuencias que quiera.

Una lucha internacional

En todo el mundo se respeta, se avala y se respalda la posición del Gobierno español en la lucha contra el terrorismo. En todo el mundo se considera absolutamente incomprensible cualquier intento de secesión en el País Vasco, y más teniendo en cuenta que se trata de un país como España, perfectamente integrado en la Unión Europea. Es un asunto que queda fuera de discusión en los foros internacionales.

La colaboración con Francia ha mejorado sustancialmente a lo largo de estos años. Basta con comparar la posición francesa en los años setenta con lo que es ahora. Siempre se puede mejorar, pero es una actitud razonablemente positiva.

Es muy importante que la ONU establezca una lista universal de organizaciones terroristas, aunque no sea fácil. No hace falta que estén todas las organizaciones terroristas. Lo importante es que esta lista comprende por ahora las organizaciones sobre cuya naturaleza terrorista ya exista consenso. Luego se podrá ir avanzando, a medida que se vayan construyendo nuevos consensos. Naciones Unidas tendrá así la oportunidad de demostrar que mantiene una actitud clara y firme en la defensa de los derechos humanos amenazados por el terrorismo.

Esta lista debe ser homologable con la de Estados Unidos, dado el papel de liderazgo que este país tiene en la lucha contra el terrorismo en el mundo. Esta cuestión es determinante. En este asunto no debe haber fisuras en la actitud de la Unión Europea y de Estados Unidos.

Todo el mundo debería entender que el terrorismo es igual siempre, en cualquier sitio, y que todos los terroristas son iguales y deben ser tratados del mismo modo. El fenómeno del terrorismo responde sin duda a circunstancias históricas particulares en cada país. Pero no hay causas determinadas para el terrorismo, como no hay justificación alguna para la violencia y la violación de los derechos humanos. La causa final del terrorismo, como ya he dicho, siempre es la misma, el fanatismo, el fundamentalismo, el sectarismo, el deseo de aniquilar al adversario.

Los terroristas podrán alegar cualquier circunstancia para explicar su acción, pero la causa última es siempre la misma y no tiene posible justificación. Ahora se habla mucho de la pobreza como un elemento que viene a explicar la aparición de fenómenos terroristas. La pobreza es un drama inaceptable y hay que poner sobre la mesa todos los recursos a nuestro alcance para acabar con ella. Pero no explica la emergencia del terrorismo.

ETA no es la expresión de los desposeídos del País Vasco, como tampoco lo ha sido el IRA en Irlanda. Las Brigadas Rojas en Italia no nacieron de una situación de indigencia, ni la banda Baader Meinhof, ni Bin Laden ni la red Al Qaeda. En cambio, en zonas de verdadera pobreza, como en buena parte de África, no existen problemas de terrorismo. Existen otros, extremadamente acuciantes y graves, pero no ése.

Sí hay terrorismo, en cambio, en zonas donde han aparecido elementos de fundamentalismo político, como el marxismo, o de fundamentalismo étnico o religioso o nacionalista. El terrorismo es aquí un instrumento al servicio de un proyecto de aniquilación del adversario o del disidente. Y el dato que demostró el 11 de septiembre es que ese fundamentalismo ya no se limita a atacar en las zonas donde surgió, sino que puede atacar en cualquier parte del mundo.

Por eso no se puede justificar el terrorismo en un lugar y no en otro. Así lo único que se consigue es debilitar, primero, la lucha internacional contra el terrorismo y, además, las propias acciones nacionales contra el terror. Así como no hay ninguna causa que justifique el terrorismo, tampoco estamos libres, en ningún sitio, de la amenaza terrorista.

En una ocasión, un hombre bueno, un emisario de Naciones Unidas para los derechos humanos, me dijo que quería pedirme ayuda para una cosa. Yo le manifesté mi disposición a ayudarle en todo, absolutamente en todo cuanto estuviera en mi mano. Y él me pidió que quería que le respaldara en la defensa de los derechos humanos en... Estados Unidos. Entonces me tocó a mí preguntarle si de verdad pensaba que donde más amenazados están los derechos humanos es en los países occidentales, y en particular en Estados Unidos.

Es posible que se necesiten más explicaciones sobre qué significa la lucha antiterrorista y algunas medidas se podrán prestar a discusión, como puede haber medidas que lleguen a ser mal utilizadas. Pero, sinceramente, no creo que en nuestro mundo exista un problema de conflicto real entre seguridad y libertad. Excepto, eso sí, en cuanto a la amenaza y la violencia terroristas. En este asunto muchas personas se juegan la vida y todos estamos amenazados. Están en peligro las libertades, la propia civilización. En Estados Unidos, como en España o en el resto del mundo democrático, no son las democracias liberales las que amenazan la libertad ni los derechos humanos.

Por eso es importante que las víctimas del terrorismo tengan un foro en Naciones Unidas. En ese foro se podrá visualizar qué es la violación de los derechos humanos. Aquí está el padre, la mujer, el hermano de una víctima de la acción terrorista. Aquí hay una persona mutilada, o que perdió a sus hijos, o con su vida profesional truncada para siempre por el fanatismo. Eso es lo que cuenta y, a partir de ahí, teniendo bien clara esa idea y esa percepción de lo que son las auténticas amenazas, siempre podremos discutir lo que haga falta.

CAPÍTULO OCHO

La España constitucional

En diciembre de 2003, antes de Navidades, hice una visita a las tropas españolas en Diwaniyah, en Irak. El día anterior había hablado por videoconferencia con los miembros de las Fuerzas Armadas españolas destacados en Bosnia, en Kosovo, en Afganistán, en Abu Dabi y en Djibouti. Quería hacerles saber que estaba con ellos, pero nada puede sustituir el contacto directo.

Volví de Irak satisfecho y orgulloso. Nuestros soldados están dedicados a las tareas de seguridad, pero también están haciendo labores de reconstrucción y de ayuda humanitaria. Las fábricas de la zona ya estaban en marcha otra vez. Había suministro eléctrico entre diecisiete y dieciocho horas diarias, la población no tenía problemas de abastecimiento. En cuanto al proceso político, se habían abierto buenas expectativas gracias a la detención de Sadam Hussein. No parece posible que vuelvan los gobernantes anteriores.

Nuestros soldados están realizando un trabajo magnífico. El espíritu de nuestra gente es excelente, como lo es su entrega y su dedicación. Están cumpliendo a la perfección las normas, saben muy bien cómo hay que hacer las cosas y tienen muy buena relación con la gente. Colaboran con las tropas iberoamericanas, que según me dijeron están muy bien preparadas y cuentan con mandos competentes. La población local está contenta con nuestros soldados. Me reuní con unos cuantos notables y personas importantes de la zona. Era unánime el sentimiento de gratitud y el reconocimiento por la tarea de los españoles.

Había algo más de un centenar de soldados pertenecientes al primer contingente, el que está allí desde el primer momento y que, aun siendo Navidades, habían querido quedarse voluntariamente, hasta primeros de enero, para facilitar el relevo y enseñar a los recién llegados los mecanismos de trabajo. Todos los españoles debemos sentirnos orgullosos de nuestras tropas.

El nacionalismo en el siglo XXI

Se dice que en España hay ahora una ofensiva nacionalista. En mi opinión, el fenómeno viene determinado por tres factores. Dos de ellos son de carácter general y un tercero lo es de orden específico, aunque tiene matices históricos.

El primer factor general es el modelo diseñado en el pacto de 1978 con la Constitución, el Estado de las Autonomías. Durante todos estos años, el Estado de las Autonomías ha venido desarrollándose, con un proceso muy intenso de descentralización y de traspaso de competencias, tal y como estaba previsto en la Constitución y en los pactos sucesivos. Los gobiernos de las Comunidades Autónomas han ido asumiendo cada vez más responsabilidades. Hoy, en 2004, ese proceso ha llegado a su culminación. Hemos alcanzado el máximo autogobierno dentro del marco constitucional. Y ante este hecho, las diversas fuerzas políticas han empezado a tomar posiciones.

El segundo factor general es el marco europeo. La Unión Europea ha culminado también varios procesos. Se ha creado la moneda única y con el Tratado de Niza se ha alcanzado un grado de acuerdo importante sobre la construcción institucional de una Europa de veintisiete miembros. Faltan muchas cosas por perfilar, que serán objeto de negociación en el futuro, pero el diseño está claro para bastantes años. Y el diseño es el de una Europa formada por Estados nacionales fuertes y estables. Mucha gente, en particular los nacionalistas, apostaba por una Europa en la que los Estados nacionales se fueran diluyendo. Pues bien, la Europa que ha surgido no es una Europa posnacional, sino una Unión Europea constituida por Estados nacionales consolidados. Ante este contexto también es necesario adoptar posiciones para el futuro.

En cuanto al factor de carácter específico, se trata de la evolución reciente del Partido Socialista, de la que hablaré más tarde.

Éstos son los tres factores que hay que tener en cuenta para comprender este ensayo de «ofensiva nacionalista» al que estamos asistiendo. Se está terminando un proceso histórico y se está iniciando otro nuevo. Ahora los españoles tenemos que tomar una decisión, y esa decisión consiste en optar por una de las dos posibilidades siguientes. O bien nos hemos cansado de todo lo que hemos hecho en estos veinticinco años, pensamos que sus efectos no han sido beneficiosos para el país y, por tanto, optamos por un modelo distinto. O bien, por el contrario, pensamos que vale la pena dar estabilidad y continuidad al proceso abierto en 1978.

Mi posición a este respecto es muy clara. Yo estoy convencido de que vale la pena continuar el proceso que se inició con la Constitución de 1978. En los últimos doscientos años, los españoles hemos vivido una historia caracterizada por la inestabilidad, que nos ha llevado a problemas de todas clases, a desigualdades muy profundas dentro del país, y a conflictos a veces extremadamente dolorosos. Incluso se ha llegado a poner en duda la continuidad histórica de nuestro país.

La cuestión es si los españoles queremos volver a las andadas, tropezar otra vez en la misma piedra y emprender un camino que ya sabemos todos adónde nos conduce, o si por el contrario los españoles queremos continuar un período de estabilidad, de libertad, de prosperidad, de oportunidades y de progresiva equiparación, en términos de riqueza, de todo el territorio español. Ésos son los términos en los que se plantea ahora mismo la cuestión.

La debilidad del PSOE

En esta situación, me preocupa muy seriamente la situación del Partido Socialista. La sensación de que existe una ofensiva nacionalista no deriva tanto de su actuación, sino más bien de la debilidad que está mostrando el PSOE. El problema existe cuando un partido nacional, como es o debería serlo el PSOE, se vuelve tan débil ante la presión nacionalista. En vez de sostener la columna vertebral del Estado y de la nación, como es su deber por su propia naturaleza de partido nacional, ha cedido a la presión de los nacionalismos y se está convirtiendo él mismo en el portavoz de estos movimientos.

Las causas de esta situación son muy variadas. Después de la caída del Muro de Berlín, y luego con el fenómeno de la globalización y las consecuencias del 11 de septiembre, la izquierda ha perdido buena parte de sus referentes ideológicos. Es evidente que la izquierda tiene que proceder a una revisión muy profunda de sus postulados y de su visión de la realidad, y es evidente que todavía no lo ha hecho, por lo menos en España.

Cuando falta capacidad de análisis y de comprensión de la realidad, seguramente es que falta también convicción interna para enfrentarse a los nuevos problemas. Esta falta de convicciones se ha traducido en la actitud del PSOE, sobre todo durante esta última legislatura. En una democracia me parece esencial que existan alternativas, que se expongan, que se discutan y que se apliquen aquellas que estén respaldadas por el electorado. Pero los partidos en la oposición tienen también sus responsabilidades, sobre todo si quieren ser partidos de gobierno.

Hay algunos grandes asuntos, que atañen a la estructura misma del Estado y a las raíces de la nación, que no deberían ser objeto de confrontación entre los partidos nacionales. Además, el Partido Socialista ha contribuido muy sustancialmente a hacer la historia de estos últimos veinticinco años. Fueron coprotagonistas de la Transición, de la redacción de la Constitución y han estado en el Gobierno casi catorce años. Por tanto, los socialistas no son ajenos en absoluto a lo que ha ocurrido en España durante todo este tiempo.

Pero, por desgracia, el PSOE, en vez de plantear alternativas dentro de ese terreno que nos es común, ha preferido buscar un juego de alternativas en los extremos, como ocurrió durante la guerra de Irak con Izquierda Unida, o con fuerzas que están en la periferia del sistema y a las que proporciona una dimensión de la que estas fuerzas por sí mismas carecen.

Un partido nacional, sea cual sea su matiz ideológico, no puede renunciar a esa dimensión. Cuando en la legislatura 1996-2000 el Partido Socialista votó en contra de la reforma de las Humanidades, cometió uno de esos errores. Lo mismo ocurrió cuando se ha puesto en contra del Plan Hidrológico, o cuando ha empezado a poner en duda el modelo de pensiones. Desde una posición de partido nacional, y de izquierdas, no se puede estar en contra de que se reparta un bien escaso como es el agua. Tampoco se puede estar en contra de que la historia del país, de la nación española, se enseñe razonablemente en todo el territorio. A la inversa, no se puede estar a favor de crear un sistema de pensiones distinto entre territorios, con desigualdades, y, a medio plazo, un enorme coste para la cohesión e incluso la movilidad interna de la población dentro del país.

El debilitamiento interno del PSOE también parece reflejar estos ocho años de alejamiento del poder. En este tiempo, como ya he dicho, yo he tenido cinco interlocutores. Al principio les resultaba inconcebible que hubieran perdido las elecciones. Yo creo que todavía no han asimilado la idea. Y sin embargo, en estos años el país ha conocido una larga etapa de estabilidad institucional, de crecimiento, de prosperidad cada vez mayor y de creciente presencia en el escenario internacional. Tuvo éxito la Transición y también ha tenido éxito el proceso abierto con la Transición. Es una larga etapa que no tiene fácil parangón con otras de nuestra Historia. Son hechos demostrables con cifras, con datos concretos, como ya hemos ido viendo. Es algo de lo que podemos estar orgullosos.

Por eso es especialmente triste y dañino que justo en este momento, la oposición, por falta de convicciones o por oportunismo político, quiera poner en tela de juicio los elementos básicos que han permitido este progreso. Dentro del Partido Socialista se hacen declaraciones contradictorias, no se hacen propuestas positivas y cuando se hace explícito algo, no hacen falta muchos esfuerzos para comprender que ése justamente es el camino que no hay que seguir. Porque lo que están proponiendo es, ni más ni menos, que un cambio de régimen. Eso significa que el principal problema que tienen ahora mismo se llama Partido Socialista Obrero Español.

La culminación del Estado de las Autonomías

En los ocho años de Gobierno del Partido Popular, hemos ido culminando el proceso de reformas del Estado autonómico. Ya he contado que yo contribuí a iniciarlo cuando era joven, antes incluso de empezar mi carrera política. Luego, en 1992, firmé un Pacto Autonómico con el Partido Socialista porque me parecía lógico que el Partido Popular y el Partido Socialista, como partidos nacionales, acordáramos el traspaso de competencias a las Comunidades Autónomas que se regían por el artículo 147. Así se inició la armonización de los Estatutos de todas estas comunidades, a las que desde entonces, gobernando primero el PSOE y después, desde 1996, el Partido Popular, se han transferido todas las competencias previstas en la Constitución.

En cuanto a la financiación, en estos ocho años el Gobierno del Partido Popular ha alcanzado dos pactos para el sistema de financiación de las Comunidades, uno en la primera legislatura y otro en la siguiente. Este último estableció un sistema de financiación con el respaldo de todas las Comunidades Autónomas. En los últimos ocho años, la Generalidad de Cataluña ha aumentado su presupuesto en un 70 por ciento. Hoy cuenta con tres billones de pesetas. Teniendo en cuenta que la Generalidad gobierna seis millones de habitantes, es el mismo porcentaje que maneja la Administración General del Estado —veinte billones— para cuarenta millones de habitantes. De cada cien euros que gasta el Estado, más de cincuenta los gastan las Administraciones Territoriales, contando las Fuerzas Armadas, la Justicia y las pensiones.

A lo largo de todos estos años también se han reformado los Estatutos de autonomía. Nosotros siempre hemos contribuido a que estas reformas se llevaran a cabo, con dos condiciones. La primera, que se realizaran según los procedimientos de reforma estatutaria previstos, es decir, por el consenso más amplio posible de los partidos políticos. La segunda, que se hicieran reformas sobre aspectos concretos, que beneficiaran al conjunto de la población. Eso es lo que se ha llevabo a cabo en estos años. Lo que no hemos hecho, lo que no se había querido hacer y lo que no vamos a hacer en modo alguno, es tocar la propia estructura del sistema, las reglas de juego que le permiten funcionar.

Con nuestro Gobierno, el proceso de transferencias ha llegado al máximo punto que podía alcanzar. Ya no estamos en una etapa de transferencias ni de formación de los gobiernos autónomos. Ahora, lo que tienen que hacer los gobiernos de las Comunidades Autónomas es gestionar sus propias competencias en pro del bienestar de los ciudadanos, mientras que el Gobierno de la nación se tiene que ocupar de los asuntos que le competen a él, que son aquellos que conciernen al conjunto del país. Alguien tendrá que garantizar que se cumplen determinados mínimos y tendrá que establecer las grandes pautas sobre las que se asienta la cohesión de todo el territorio y la igualdad de todos los españoles. Eso le corresponde al Estado y lo que no puede hacer el Estado es renunciar a sus competencias esenciales de ordenación y de legislación.

Pues bien, eso justamente es lo que han hecho los socialistas con el pacto que ha llevado al gobierno catalán al PSC y a la Esquerra. Primero, es una anomalía política de por sí, ya que se atribuye a un partido pequeño y de ámbito autonómico la capacidad de alterar las reglas del juego constitucional que afectan a todo el país. Pero además, este pacto responde a un proyecto que va mucho más allá de las competencias de la comunidad autónoma correspondiente. Lo que pone en juego es un proyecto de autodeterminación, es decir, secesionista, y ataca a aquello mismo que nos es común a todos.

Detrás de fórmulas como ésas no hay nada, nada positivo, nada que pueda ser aprovechable para el conjunto del país. Lo único que se está proponiendo con fórmulas como las del pacto para la formación del Gobierno catalán es la práctica desaparición del Estado, la desaparición de la Administración Tributaria, el desmantelamiento del sistema judicial, la fragmentación de toda la Administración, y el hundimiento de un concepto esencial, que es la solidaridad entre españoles. Plantear un proyecto como ése, como está haciendo el Partido Socialista, y atreverse a decir que ese proyecto no supone una alteración y un riesgo extraordinariamente grave para el país me parece asombroso.

Ante eso, la posición del Gobierno de la nación sólo puede ser una: decir, con absoluta y meridiana claridad, éste es el marco del Estado, y esa estructura fundamental no se puede tocar. Podemos discutir de cuantas cosas sea necesario. Pero hay un conjunto de elementos básicos que no se pueden poner en cuestión. No se puede poner en tela de juicio la unidad territorial del país. Tampoco el mercado interior, el mercado único español, englobado además en el mercado único europeo. Tampoco se puede poner en cuestión la solidaridad básica entre españoles, que se traduce en ese instrumento fundamental de cohesión social y de igualdad que es la Seguridad Social. Tiene que haber un sistema judicial común, y las últimas instancias judiciales corresponden al Estado, así como la seguridad exterior de España, tanto desde el punto de vista de la representación política como de las Fuerzas Armadas. También corresponden al Estado los medios que garanticen el mismo grado de cumplimiento de las leyes en todo el territorio nacional. Finalmente, hay elementos de cohesión cultural del país, que deben ser garantizados por el Estado, como el uso del español. Sobre estos elementos básicos de competencias que pertenecen al Estado está la capacidad de establecer normas de carácter general, que corresponde a la soberanía nacional, es decir, al pueblo español representado en las Cortes Generales.

Las Comunidades Autónomas pueden compartir muchas de estas tareas. La enseñanza está transferida, como lo está la sanidad. También lo están algunos cuerpos de seguridad, como ocurre en el País Vasco y en Cataluña. Todo eso demuestra hasta qué punto hemos construido un sistema descentralizado.

Se habla mucho de solidaridad interterritorial, aunque hay que aclarar el concepto de solidaridad y de territorio. No son los territorios los que pagan impuestos, ni tampoco pagan impuestos las administraciones públicas territoriales o nacionales. Los impuestos los pagan las personas y son las personas las que ejercen su solidaridad cuando pagan impuestos.

Quien hoy está hablando de solidaridad está proponiendo también que los habitantes de aquellas comunidades autónomas más ricas, como pueden ser Cataluña o el País Vasco, contribuyan menos que aquellos de otras que tienen un nivel de renta inferior. Eso es, en primer lugar, un sistema injusto, porque destruye la raíz misma de la solidaridad que lleva a la gente a contribuir con sus impuestos al bienestar común. En España hemos pretendido evitar fenómenos de crecimiento a dos velocidades, o desigualdades entre regiones, que han sido extremadamente dañinos en otros países. Tenemos que seguir evitándolos. Aunque haya desequilibrios aparentes entre ingresos y gastos fiscales, de esos desequilibrios no se deduce que quien más aporta sale perjudicado y quien más recibe sale beneficiado. Salen beneficiados todos, porque al reequilibrar las rentas se crean infraestructuras de las que todos nos aprovechamos y se abren nuevas oportunidades en el mercado interior.

En segundo lugar, es un sistema imposible de gestionar porque suprime lo que es común a todos, que es la dimensión nacional. Cada uno peleará por lo que considera que es suyo, sin que sea posible alcanzar nunca ningún tipo de acuerdo.

Yo ya sé el precio que hay que pagar por eso. Nos llaman inmovilistas y anticuados. Son los tópicos de siempre. Quienes los repiten harían bien en preguntarse alguna vez quién es más progresista, el que permite que se cree riqueza o el que la dificulta, el que intenta asegurar la solidaridad y la igualdad entre los españoles, sea cual sea la comunidad autónoma en la que vive, o el que toma medidas que acaban favoreciendo las desigualdades y las diferencias, el que tiene interés y curiosidad para estar abierto a cualquier cosa interesante, venga de donde venga, o el que está empeñado en encerrarse en sí mismo. Pero como nunca se van a hacer estas preguntas, que me critiquen por defender la cohesión de España, o incluso la idea misma de España, la de su pervivencia, me importa poco.

Mi concepto de España es la de una nación constitutivamente plural. Es obligación del Estado, y por tanto del Gobierno y de su presidente, garantizar la diversidad de lenguas, la pluralidad de la cultura española, la descentralización administrativa y política, el autogobierno de las Comunidades Autónomas.

Los años en los que se ha ido construyendo el Estado de las Autonomías conforman una etapa muy rica, muy fructífera y muy importante. Pero el Estado no puede seguir traspasando competencias. Hoy en día, por ejemplo, sólo dos de cada diez funcionarios están adscritos a la Administración central del Estado. El resto depende de las Comunidades Autónomas. Si transfiere esos dos funcionarios que le queda, ya no tiene nada, se acabó el Estado español y se acabó la propia idea de una articulación política de la idea de España.

En el fondo, estamos viviendo dos fenómenos en apariencia contrapuestos. En estos años ha crecido y se ha intensificado la conciencia nacional del país, que se ha reforzado con la percepción muy nítida del progreso y la presencia de España en el mundo. Por otra parte, hemos ido poniendo en marcha un sistema descentralizado, el Estado de las Autonomías. Tenemos que saber mantener el equilibrio entre los dos.

El consenso sobre Europa

En líneas generales, la integración en la Comunidad y luego en la Unión Europea ha sido objeto de un consenso muy amplio en España. La inmensa mayoría de los españoles asociaba, con razón, la modernización de España a la integración de nuestro país en Europa, es decir en las instituciones europeas y en el mercado único. Ese consenso se sigue manteniendo.

Ahora bien, teniendo en cuenta ese consenso de fondo, también hay que decir que existían algunos matices distintos entre las diversas posiciones.

En primer lugar, los nacionalistas entendían la ecuación del siguiente modo: a más Europa, menos España. A medida que los Estados nacionales se fueran integrando en Europa, esos mismos Estados se irían diluyendo y entonces aparecería una oportunidad histórica, no tanto para las Comunidades Autónomas en sí, como para el proyecto nacionalista, que consiste en dotar de un Estado propio a lo que consideran que son naciones sin Estado reconocido.

El segundo matiz es el que aportaba la izquierda. Para la izquierda, la conciencia nacional es débil. En cualquier caso, la integración en Europa venía a compensar esta falta de conciencia nacional. Por eso, cuanto mayor fuera nuestra integración, más capacidad tendríamos para enfrentarnos a los problemas internos que pudieran surgir. Europa vendría a ayudarnos a solucionar los problemas que no podemos afrontar por nosotros mismos.

El tercer matiz es el nuestro. Para mí, a más España, más Europa. En otras palabras, cuando más fuerte sea la conciencia nacional española, cuanta más fortaleza tenga nuestro país, cuanta más capacidad tenga de ejercer su influencia, más nos integraremos en Europa y más fuerte será la propia Unión Europea. Esta proyección no hay que circunscribirla sólo al ámbito europeo, y debería ser entendida desde una perspectiva global de política exterior. Si se define con nitidez la posición estratégica de España en el mundo, el país estará en plenitud de posibilidades para el futuro.

Éstas son las tres disposiciones que matizaban el consenso general acerca de la posición de España en Europa. Durante todos estos años, estas diferencias han coexistido razonablemente bien. Pero ya en 2000 había empezado a perfilarse una nueva situación. Los dos datos nuevos son los que he dicho antes: primero, que el proceso de creación del Estado autonómico ha llegado a su culminación, y segundo, que la Europa que se ha acabado diseñando no es una Europa sin Estados nacionales, sino al revés, está basada en la existencia de Estados nacionales sólidos y estables.

¿Qué queda entonces por hacer? Algunos creen que debemos alterar sustancialmente el régimen político del país. Quien lo propone habrá de ser consciente de que también está proponiendo una alteración sustancial del mapa político europeo, porque, en el caso de que ese proyecto saliera adelante, habría que cambiar las fronteras, los países y sin duda alguna toda la estructura institucional en la que se ha basado la construcción de la Unión como una unión de Estados nacionales. Apostar por una Europa al margen de los Estados nacionales ha sido siempre apostar por el fracaso de Europa. Era impensable contraponer los intereses nacionales a los europeos.

Lo que había que hacer, y es lo que se ha hecho, es reconciliar los intereses nacionales con los intereses europeos. Por eso los británicos, los franceses, los italianos, los alemanes, o los ciudadanos de cualquier otro país desean seguir siéndolo sin dejar de ser europeos. Junto con la garantía de la Alianza Atlántica, que ha sido fundamental en todo el proceso, esto ha permitido una Europa moderna que debería tener una capacidad de decisión cada vez mayor en el mundo, para lo cual requiere un gran poderío económico.

Al final, todo se reduce a un problema de convicciones. Yo creo en la capacidad de España por ella misma, y además estoy convencido de que integrada en la Unión Europea va a más, y estoy seguro de que gracias a la relación atlántica, todas esas posibilidades se siguen multiplicando.

Lo que no se puede buscar fuera, en particular en el proceso de construcción de la Unión Europea, son coberturas para la desconfianza en el propio país. Los problemas sólo se resuelven si se afrontan, y ahora ha llegado el momento en el que hay que afrontar irremediablemente la tensión nacionalista, porque por la propia lógica del proceso histórico que estamos viviendo, éste era el momento en que esa tensión se tenía que plantear. Y la nación española es capaz, sin duda alguna, de superarlo.

Defensa de la Constitución

El modelo constitucional español está vivo y vigente. Ha tenido un éxito extraordinario en estos últimos veinticinco años. En ningún país serio se plantea la posibilidad de cambiar una Constitución que ha garantizado la democracia, la libertad, la estabilidad y el progreso económico durante veinticinco años.

Si las cosas se planteasen en forma de propuestas concretas, se podría discutir, o por lo menos se podría intentar comprender en qué consiste ese cambio que se propone. En 1992 se reformó el artículo 13.2 de la Constitución para adaptarlo a los Tratados de la Unión y que los ciudadanos europeos pudieran presentarse como candidatos a las elecciones municipales. Ésa fue una reforma puntual, apoyada por todos los partidos políticos. Pero ahora lo único que sabemos es que se dice que hay que cambiar la Constitución porque eso es lo moderno, y lo otro lo inmovilista. Pero no se trata de discutir sobre calificativos. Lo que hay que explicar es para qué se quiere cambiar la Constitución, es decir, a qué necesidad nueva, no prevista o bien obstaculizada en el texto constitucional, responde esa hipotética reforma.

Es entonces cuando se acaban las respuestas. No hay ninguna razón clara, ningún argumento, ninguna necesidad de proceder a la reforma de la Constitución.

En este momento, España tiene una oportunidad extraordinaria. No hace falta remontarse muy lejos en la historia para saber de qué estamos hablando. Basta recurrir a la propia experiencia de muchos españoles, que saben cómo estaba España en 1978 y cómo está ahora, en 2004. Cualquiera puede darse cuenta de que el cambio ha sido de tal magnitud, de tal envergadura, que cuando se dice que hay que cambiar de modelo, la pregunta más lógica es: ¿Para qué? ¿Por qué razón hay que volver a plantearse todo el proceso desde el principio y poner en peligro lo que se ha hecho y una oportunidad tan extraordinaria como la que ahora se le presenta a nuestro país? ¿Pero es que vale la pena echar a rodar todo esto? ¿Vale la pena destruir el horizonte que tenemos ahora por delante? ¿Vale la pena arriesgar todo lo que hemos conseguido juntos en estos veinticinco años y abrir otra vez las disputas en las que ya hemos tropezado una y otra vez, y a las que se han sacrificado miles y miles de españoles condenados a vivir mucho peor de lo que podrían haber vivido si se hubiera mantenido la continuidad?

A mi juicio, no merece la pena ponerlo en riesgo, en absoluto. No veo ninguna ventaja en esa posición. Volver a abrir ese proceso es volver a replanteárnoslo todo tal y como estaba en 1978, supone un salto atrás de veinticinco años. Eso es lo que significa proponer la reforma del texto constitucional.

No se puede reformar en un sitio, porque uno tenga un problema para formar gobierno con determinados socios, como ha ocurrido en Cataluña, y pensar que el proceso se va a detener ahí. Si se pone en marcha el proceso de reforma en una Comunidad Autónoma, se abre el proceso para todos y se vuelve a iniciar un nuevo proyecto constituyente. Yo, por mi parte, estoy seguro de que lo que necesita España es exactamente lo contrario: estabilidad y continuidad histórica. Ésos son los elementos en los que se basan los países serios.

En cuanto a la voluntad de algún nacionalismo radical de que España desaparezca tal y como la concebimos, eso me parece absurdo. Una posición independentista será respetable en cuanto a las ideas. Vivimos en un país libre, y cada uno propondrá lo que quiera bajo su responsabilidad. Pero también es legítima la convicción contraria, que es la mía, y —estoy convencido— la de la mayoría de los españoles.

El nacionalismo catalán

La aportación de los nacionalistas catalanes al progreso de España en estos veinticinco años de vigencia de la Constitución ha sido esencialmente positiva. Los nacionalistas catalanes participaron en el consenso constitucional, contribuyeron a desarrollarlo, han respetado las reglas y han adquirido un nivel de compromiso importante.

Ahora bien, yo tengo mis discrepancias acerca de cuál ha sido la acción de gobierno del nacionalismo catalán en Cataluña. ¿Por qué? La primera razón es obvia, y es que yo no soy nacionalista y, por tanto, aunque me parece respetable y muy importante todo lo que atañe a los matices culturales, a las costumbres propias, a la enseñanza y al uso del idioma de cada uno, también pienso que nada de todo eso obliga a una actitud defensiva en contra de nadie. Al revés, me parece que esa actitud es dañina para todos: para el adversario, pero también para uno mismo, porque el nacionalismo acaba encerrado en sí mismo y cultivando su propia identidad como si más allá no hubiera nada.

Hay otra razón, y es que el nacionalismo catalán tuvo en un momento determinado la oportunidad de participar en las tareas nacionales del gobierno de España. Tuvieron encima de la mesa una oferta en 1996 y otra en el año 2001, no siendo necesario siquiera su apoyo parlamentario. Yo hablaba con Jordi Pujol desde los tiempos en que era presidente de Castilla y León. Pujol entonces me decía que no podría pactar con el Partido Popular mientras el Partido Popular no tuviese un escaño más que el Partido Socialista. Y eso llegó en 1996, cuando no obtuvimos un diputado más que el PSOE, sino quince más.

Después de conocer el resultado de las elecciones, me dispuse a hablar con Pujol y fue cuando ofrecimos por primera vez a los nacionalistas catalanes la posibilidad de entrar en el Gobierno. Adujimos razones de varias clases. Pensábamos que la Constitución había dado la ocasión de cerrar antiguas heridas históricas, que teníamos un proyecto común, y que en la propia raíz del nacionalismo catalán, tal como lo expuso Cambó, uno de sus fundadores, late la aspiración de que Cataluña contribuya decisivamente a liderar el proceso de modernización y progreso de España.

A Pujol vine a decirle que España es como un gran bosque, un bosque en el que, como en casi todos los bosques, hay muy diversas clases de árboles. Y que era absurdo proceder a separar y dividir el bosque según las especies. Lo que había que hacer era contribuir a que el bosque fuera cada vez más frondoso, más rico y también, seguramente, más diverso. Y que a nosotros nos habían puesto donde estábamos para salvaguardar y contribuir a ese proyecto.

Aunque rechazaron la oferta, llegamos a acuerdos que permitieron la estabilidad. Las cosas no resultaron fáciles, pero fueron razonablemente bien y la colaboración ha sido muy fructífera y muy positiva en todos los órdenes, tanto en Cataluña como en el resto de España. Ahora bien, el cuadro que nosotros hubiéramos querido trazar desde el principio, de colaboración leal entre todos, no ha acabado cuajando. De hecho, me parece que un cierto aliento reivindicativo permanente se ha podido traducir en la emergencia de fuerzas más radicales.

Por otra parte, a mí me hubiera gustado que el Partido Popular tuviera una presencia más activa en Cataluña. Pero la trayectoria del Partido Popular no ha sido todo lo regular que hubiera sido de desear y ha habido cierta tendencia a la inestabilidad. Ahora el Partido Popular empieza a cobrar un perfil propio, con una posición y un proyecto específicos dentro de Cataluña. En mi opinión, esa posición va a ser cada vez más apreciada y cada vez tendrá más relevancia.

Sobre el nacionalismo vasco

En 1996, la colaboración del Partido Nacionalista Vasco no era necesaria para formar una mayoría. Pero, como ya he dicho, nosotros nos planteamos colaborar con los nacionalistas para llegar a un acuerdo y así cerrar y superar viejas historias. Insisto en que no era necesario, ni para la investidura ni para la estabilidad del Gobierno, pero aun así llegamos a un acuerdo y establecimos unas líneas de colaboración que fueron interesantes para todos. Así se llegó a la renovación del concierto económico, que se ha vuelto a renovar en esta legislatura, con un acuerdo de gran trascendencia para el País Vasco.

Recuerdo muy bien mis conversaciones con Arzalluz y con Ardanza. Fueron conversaciones largas y difíciles, pero los límites se establecieron por nuestra parte con gran nitidez. Yo planteaba con claridad lo que estábamos dispuestos a hacer. Estaba dispuesto a colaborar en todo lo que hiciera falta en asuntos concretos de mejora, de progreso, de aprovechamiento de los recursos. Y mis interlocutores sabían muy bien que si me decían que había que romper la caja única de la Seguridad Social, yo les iba a decir de entrada que no había ninguna posibilidad de acuerdo. Mientras las propuestas se mantuvieron en un campo razonable, fue posible el acuerdo.

La actitud cambió a raíz del asesinato de Miguel Ángel Blanco, cuando, como ya he dicho, el PNV tomó la decisión de romper la unidad ciudadana y de las fuerzas políticas y sociales contra la violencia. Aquello me pareció el signo de una deslealtad profunda. Aun así, yo he intentado que los nacionalistas vascos se incorporen a la vida política española desde una perspectiva positiva, de aportación, de intercambio y de diálogo.

Había algunas cuestiones más en aquellas conversaciones en las que cualquier acuerdo era imposible de raíz. Nosotros exigíamos una actitud del PNV absolutamente tajante en contra del terrorismo, una actitud que no permitiera ninguna duda, ni la menor sombra de ambigüedad. Lo que buscaba el PNV, como luego se vio, era otra cosa: coartadas y excusas para una posible negociación política.

Ardanza me decía que había que poner la aguja del reloj a cero y empezar a negociar. Pero, claro, el reloj del terrorismo seguía corriendo y el Estatuto del País Vasco ya estaba negociado, promulgado y aceptado. Entonces, ¿qué quiere decir lo del reloj y la aguja? ¿Que hay que negociar unas nuevas bases para un nuevo Estatuto, y además bajo la presión constante del terror? Es decir, ¿que hay que abrir una negociación que acepte como variable el terrorismo?

Eso estaba fuera de lugar. Nunca, jamás iba a hacer nada parecido. Y por eso cuando llegó el Plan Ibarretxe, en el año

2003, estaba claro que era una nueva modalidad de otros planes más antiguos sobre los que se estaba trabajando ya desde hacía tiempo y que tuvo su primera expresión en el Pacto de Estella. Con el agravante de hablarlo y acordarlo con ETA.

En favor de un modelo integrador

Ha existido un nacionalismo sin terrorismo y existe, como se ha demostrado durante estos años, la posibilidad de que el nacionalismo tenga un papel positivo en el progreso del conjunto del país. Ahora bien, la aportación del nacionalismo está limitada. Por una parte, está el terrorismo y por otro, el límite que se marca el propio nacionalismo, un límite que se mostró cuando CiU no quiso participar en el Gobierno de la nación.

No creo que el nacionalismo sea un elemento de futuro. Creo, por el contrario, que el nacionalismo acaba por dificultar el progreso de las zonas donde consigue arraigar. En el fondo, el nacionalismo requiere siempre un enemigo y, por lo tanto, contiene un elemento negativo que le lleva a posiciones defensivas. Eso le resta capacidad de integración y le lleva a suscitar dinámicas de enfrentamiento y de disgregación interna.

Algunos nacionalismos en España necesitan el enfrentamiento con la propia idea de España, algunos nacionalistas en nuestro país se manifestaban en contra de la idea de Europa, el antiamericanismo forma parte de una cierta idea de Europa que no está lejos del nacionalismo... Todo eso me parece poco aconsejable porque reduce las oportunidades, crea barreras innecesarias y en el fondo, infunde miedo e inseguridad en la gente, al tratar de convencerla de que ahí fuera tienen un enemigo exterior que en realidad no existe.

Es aún menos positivo en un país como el nuestro, en el que todas las lenguas y toda la diversidad cultural están no sólo respetadas, sino reconocidas y respaldadas por la Constitución, por los Estatutos, por el Gobierno de la nación, por los Gobiernos autónomos y por todas las instancias políticas y administrativas. Puede comprenderse un movimiento de reivindicación en un país en el que estén obstaculizadas o prohibidas algunas de esas manifestaciones. Pero eso no ocurre en España, donde está garantizada una libertad absoluta en este campo y una posición activa del Estado en su defensa.

Lo que nosotros mantenemos, como es nuestra obligación, es que se respeten las reglas del juego democrático. El Estado de derecho tiene elementos de defensa. Lo demostró, por ejemplo, con la ilegalización de Batasuna. Y la ley proporciona al Estado instrumentos suficientes para tomar en cada momento las decisiones que sean oportunas, aunque sería de celebrar que no hubiera que tomar ninguna de esas decisiones.

Es importante que sobre estos asuntos exista un consenso suficiente, amplio y sólido, entre los partidos nacionales. Por eso es especialmente grave la posición actual del Partido Socialista. Cuanto más sólido y estable fuese el acuerdo de los partidos nacionales, menos posibilidades habría de que se iniciaran movimientos de ese tipo.

Por otra parte, también hay que ir completando los posibles vacíos que vayan surgiendo en función de las circunstancias. Si a alguien se le ocurre convocar un referéndum sin respetar la legalidad, debe saber que cae en una ilegalidad manifiesta, y habrá que decir si eso es o no un delito, porque la tipificación de ese delito, que hasta ahora ha sido inconcebible, deberá estar prevista. El Estado de derecho establece normas de carácter general que luego hay que ir definiendo con acciones de carácter político, o de carácter legal, o de carácter estrictamente judicial. Eso es lo que hay que ir perfilando con el tiempo, y eso no se agota en un acto. Los instrumentos de los que el Estado dispone para defender la legalidad y la democracia habrán de ir activándose si las circunstancias lo hacen necesario.

Los nuevos españoles

Según las cifras revisadas a diciembre de 2003, España tiene 42 717 064 habitantes. Nunca hemos sido tantos. De esta población, hay 1 647 011 inmigrantes legales. De ser un viejo país de emigrantes, España ha pasado a ser un nuevo país de inmigración. Antes teníamos los problemas que caracterizan a los países pobres; ahora tenemos los problemas de los países desarrollados. La diferencia es que los problemas de los países pobres son muy difíciles de resolver: la emigración era el resultado de la pobreza, de la que no es fácil salir. En cambio, los problemas de los países desarrollados se pueden gestionar y solucionar. La inmigración es uno de esos datos nuevos que indican lo mucho que ha cambiado España en estos últimos años, y también lo mucho que ha cambiado la índole de los problemas a los que se enfrenta.

Es un cambio gigantesco, producido en muy poco tiempo, exactamente el mismo tiempo en que la economía española ha empezado a crecer según sus posibilidades. Estas personas llegan para trabajar y tienen que integrarse, tienen derechos, hay que prestarles atención educativa y sanitaria y ofrecerles una serie de servicios. En estos momentos, casi un millón de estos inmigrantes cotizan a la Seguridad Social.

La inmigración plantea retos en cuanto a la integración que para nosotros resultan un poco más fáciles de afrontar porque una parte importante de estos inmigrantes es de origen americano, compartimos con ellos una historia, la misma cultura y la misma lengua. También tenemos una inmigración especial, que consiste en europeos que tienen propiedades en España y vienen a pasar aquí sus años de jubilación, por los servicios, por el clima que les ofrece nuestro país y, por qué no decirlo, porque España es un país sumamente atractivo para vivir.

El fenómeno de la inmigración nos plantea, por tanto, oportunidades muy importantes, pero también retos de gran calado, que es necesario afrontar sin miedo.

Por su propia historia, España tiene una vocación de universalidad. La cultura española ha tenido una proyección atlántica, americana, y aún más allá, en el Pacífico, como pocos pueblos. Ya he hablado antes de ese gran fenómeno, diverso y plural, que es la cultura en español, y luego he hecho referencia a la diversidad de la propia cultura española. Los españoles hemos llevado nuestra cultura fuera y hemos sabido preservar la diversidad dentro. En consecuencia, no tenemos que tener miedo a la globalización, ni a que vengan a instalarse a nuestro país personas que quieren trabajar aquí, y contribuir con su esfuerzo a la prosperidad común.

Por otra parte, estoy convencido de que somos un país razonablemente abierto e integrador, capaz de acoger y tratar en igualdad de condiciones a personas de orígenes muy distintos, con formas de vida diversa. Los españoles son tolerantes y no se asustan ante quienes no tienen las mismas costumbres que ellos.

La capacidad de asimilación de la sociedad española ha sido muy llamativa, sobre todo teniendo en cuenta la velocidad vertiginosa a la que se ha producido el fenómeno. Evidentemente, el fenómeno ha planteado muchos problemas nuevos, a los que ha habido que enfrentarse también de nuevas. Es lógico, por lo tanto, que en estos años haya sido necesario reformar la legislación a medida que cambiaban las circunstancias. Había que evitar, justamente, que se pudieran producir fenómenos que impidieran la integración de los inmigrantes en la sociedad española.

Por otro lado, la nueva prosperidad de nuestro país traía consigo otro problema, como es el de la entrada de inmigrantes ilegales, las mafias que propician y se aprovechan de esta inmigración ilegal, la delincuencia organizada a nivel internacional. Un país próspero como es España es un país atractivo no sólo para los inmigrantes que vienen aquí a trabajar y a buscar nuevas oportunidades. También es atractivo para los delincuentes internacionales o para las redes de tráfico de drogas. En la Unión Europea España es un país de frontera, lo que requiere un esfuerzo considerable en el tratamiento de los flujos de inmigración.

Tenemos que cooperar con los países de donde proceden los inmigrantes, pero por mucho que les ayudemos, por muy generosa que sea la cooperación, falta mucho tiempo para que estos países sean lo bastante prósperos como para hacer innecesaria la emigración de una parte de su población. Mientras tanto, nosotros tendremos que ordenar razonablemente el flujo de inmigración, y en particular insistir en la importancia de recibir una inmigración legal, con permiso de trabajo y en situación regular. No nos podemos instalar en el proceso de regularización permanente de población inmigrante. Hay que prever los problemas y encauzarlos desde su origen en la medida de lo posible.

En cualquier caso, el fenómeno de la inmigración me parece extraordinariamente significativo. Por lo que indica acerca de la prosperidad de nuestro país, por el ritmo al que está teniendo lugar, que indica la enorme potencialidad de la economía y de la sociedad española, y también por el fenómeno mismo de los inmigrantes. Muchas de estas personas, gente dispuesta a trabajar, a ahorrar y a hacer de España su nuevo país, se quedarán a vivir aquí, educarán a sus hijos como españoles y serán españoles ellos mismos. Son españoles porque han querido serlo. Eso supone un cambio histórico.

La nación española

La nación española, desde el pacto constitucional de 1978, se ha mostrado extraordinariamente abierta, generosa e integradora. España está abierta a cualquier posibilidad, a cualquier aportación. Ha aceptado y aceptará todas las contribuciones que se propongan, todos los caminos que se quieran recorrer. El horizonte está despejado para cualquiera que tenga algo que decir, un proyecto que poner en marcha, un sueño que cumplir.

Lo único que España exige a cambio es lealtad. Desde el Gobierno hemos intentado explicar por todos los medios que hay que ser leal con la nación que ha permitido a todo el que lo haya intentado seriamente cumplir su vocación, expresarse en el idioma en que quisiera expresarse, continuar y dar a conocer cualquiera de las tradiciones que conforman la cultura española. Estoy seguro que al hacerlo hemos respondido a la voluntad de la inmensa mayoría del país.

Vamos a seguir intentándolo, porque ése es nuestro deber y porque eso es lo que nos gusta hacer. Pero que nadie confunda en ningún caso esta disposición con un signo de debilidad del sistema. Esa debilidad no existe, ni existe ningún margen que dé pie a pensar que pueda existir algún día.

Yo siempre he estado convencido de que, al final, el país tendrá capacidad para superar este problema. Lo primero que hay que hacer es reconocer que existe. Durante mucho tiempo ha habido fuerzas políticas nacionales que han padecido un cierto sentido de culpabilidad en relación con el nacionalismo. En nuestro propio espacio político ha existido un doble complejo de culpabilidad, con respecto a la izquierda, por una parte, y con respecto al nacionalismo, por otro.

Yo no lo he tenido nunca, ni con unos ni con otros. Respeto todas las posiciones, eso sí, pero sin el menor complejo ante las que no son las mías. He estado dispuesto a alcanzar todos los acuerdos que han sido necesarios. Pero cuando llega el momento, hay que decirlo con toda claridad: el bosque, como señalaba antes, no se trocea, ni se divide, ni se quema. El bosque es diverso, y lo que tenemos que procurar es que esa diversidad se mantenga, como ha ocurrido en los últimos veinticinco años.

El carácter plural de España, la raíz plural de la nación española está en la base de la Constitución española. Y lo que yo defiendo es la Constitución y la raíz misma de la Constitución: la unidad del país, que es lo que hace posible la pluralidad, la diversidad, la convivencia y la tolerancia.

España está en camino de ser otra vez un país de primera fila, un país como lo fue durante mucho tiempo y como nunca debió dejar de ser. Un país tan grande, tan importante como nosotros mismos, los españoles, queramos que sea.

Evidentemente, una nación como España tiene una historia muy larga. No todo tiene por qué gustarnos. Pero no por eso dejaremos de ser menos españoles, ni estamos menos obligados a continuar la historia de este país que es el nuestro.

Continuar la historia de España exige no volver a cometer los errores que una vez cometimos. Todos sabemos lo que les ha costado a nuestros padres y a nosotros mismos. Hemos tenido éxito en los últimos veinticinco años. Mucha gente ha trabajado, y muchos se han sacrificado para que este éxito sea posible. Ahora tenemos una extraordinaria oportunidad.

No debemos desperdiciarla. Yo he tratado de defender la continuidad histórica y las reglas del juego constitucional. Ésas, y no otras, son las condiciones de la prosperidad y de la libertad.

EPÍLOGO

Tras el 11 de marzo

El 11 de marzo de 2004 recibí la noticia de los atentados de Madrid a las siete y media de la mañana, nada más producirse la explosión de las bombas en la Estación de Atocha, en El Pozo y en Santa Eugenia. Inmediatamente comprendí la gravedad de lo sucedido. Fui entendiendo la auténtica dimensión de la tragedia prácticamente como los demás españoles, a medida que me iban llegando, atropelladamente y cada vez más dolorosas, las noticias de lo ocurrido.

Mi primera preocupación, así como la del Gobierno, fue la atención a las víctimas. Lo más importante en un momento como ése es salvar vidas, socorrer a los heridos, ayudar a las familias y a los amigos de los afectados a encontrar el rastro de las personas a las que quieren. Ésa es la primera prioridad a la que se debe atender. Quienes sufren un acto de terrorismo deben saber desde el primer momento que el Gobierno y todos los organismos y las instituciones del Estado están con ellos, los apoyan y los apoyarán siempre, sea cual sea el esfuerzo que sea necesario desplegar.

Al mismo tiempo, el Gobierno tiene el deber de asegurar el restablecimiento del orden y la recuperación de la normalidad, aunque sea relativa. Un atentado es siempre una derrota, pero demostrar que el terrorismo no es capaz de sembrar el miedo ni el desorden es empezar a recuperar terreno. Había que dejar claro que no nos dejábamos atemorizar y que la sociedad española está preparada para resistir cualquier ataque.

Siento una deuda personal de gratitud y reconocimiento ante todos los que en aquella mañana se esforzaron por socorrer a las víctimas y ayudar a las instituciones en su tarea. La Comunidad y el Ayuntamiento de Madrid, la RENFE, las fuerzas de seguridad, los bomberos, los médicos y el personal sanitario, los trabajadores de IFEMA, los empleados de limpieza, los taxistas, todos los que voluntariamente contribuyeron a aliviar el sufrimiento y restaurar el orden, todos ellos merecen mi más hondo respeto y mi más profundo agradecimiento. La Casa Real, como siempre, fue un ejemplo para todos nosotros.

Me siento orgulloso de vivir en una ciudad y de ser ciudadano de un país que reaccionó como reaccionaron los madrileños, y todos los españoles, en aquellas horas trágicas. Fue un ejemplo, una lección y, sobre eso, un consuelo. Los terroristas habían segado cerca de doscientas vidas, herido a mil quinientas personas y golpeado en lo más íntimo, y para siempre, a sus familiares y a sus amigos. Pero la respuesta demostró también que la sociedad española, dolida como estaba, no está dispuesta a dejarse amedrentar por quienes quieren destruirla.

Al mismo tiempo que el Gobierno dispuso la atención a las víctimas y la restauración, en lo posible, de la normalidad, se abrió la investigación sobre lo sucedido. Yo mismo y el Gobierno creímos que ETA era la autora material de los atentados. No fuimos los únicos ni en España ni fuera de España. No hubo ni un solo representante del Estado, ni un solo medio de comunicación que adelantara otra hipótesis en aquellos momentos. Lo sucedido encajaba bien con los intentos de atentado frustrados por las Fuerzas de seguridad en los meses previos, como el de Nochebuena de 2003 o el del mes de febrero, cuando se interceptó en Cuenca una furgoneta cargada de 500 kilos de dinamita. Como todos los que había intentado ETA en los últimos meses, el atentado del 11 de marzo tenía por escenario no una zona cualquiera de España, sino precisamente Madrid.

Después de la acción de Cuenca, hubo quien, en el Partido Socialista, puso en duda la acción antiterrorista del Gobierno y sugirió que la aprensión de aquella furgoneta cargada de 500 kilos de dinamita destinados a estallar en pleno centro de Madrid (el 11 de marzo se utilizaron 100 kilos) era algo parecido a un montaje. No hay que olvidar algo que también estuvo presente en todo lo acaecido desde las primeras noticias de los atentados de Madrid. Y es que estábamos a punto de terminar la campaña electoral y a cuatro días de unas elecciones. Las encuestas habían venido dando por ganador al Partido Popular, y aunque estas especulaciones deban ser tratadas como lo que son, como puras especulaciones, más de una vez a lo largo de aquella mañana pensé en el significado que se le querría dar, una vez pasadas las elecciones, a la posible influencia de los atentados en el resultado electoral.

Sólo el tiempo sabe si llegaremos algún día a descifrar cuál fue esa influencia. Pero ya hemos aprendido una primera lección: que la violencia terrorista no puede ser utilizada con fines políticos o partidistas. Por motivos éticos, en primer lugar, pero también porque las sociedades democráticas y abiertas como lo es la española no admiten ni siquiera la sospecha de que el terrorismo pueda servir para otra cosa que no sea la reafirmación de los principios que sostienen la convivencia en paz y en libertad.

La hipótesis de la autoría de ETA, unánimemente aceptada en un primer momento, se vio complementada por algunos indicios aportados por la investigación emprendida de forma inmediata. La política antiterrorista del Gobierno, en estos ocho años en los que he ocupado la Presidencia, ha estado siempre condicionada por algunos principios irrenunciables: el respeto a la ley y el respeto a la verdad. Nunca he ocultado a mis compatriotas y a la opinión pública los objetivos de la acción antiterrorista ni los pasos que se estaban dando para ponerla en práctica. Por respeto a los españoles, por respeto a esta regla básica de nuestra política antiterrorista y por respeto a la democracia, seguimos esta misma línea en cuanto supimos que habían aparecido indicios que apuntaban a algún grupo de fundamentalistas islámicos como autor de los atentados de Madrid.

El ministro del Interior, siguiendo mis indicaciones y su propio sentido del deber, los puso en conocimiento de la opinión pública. Lo hizo cuantas veces fue necesario y tan pronto se iba corroborando cualquier nuevo dato. Sólo puedo manifestar mi admiración y mi orgullo por la labor que realizaron en muy poco tiempo, y que han seguido realizando después las Fuerzas de Seguridad y el Centro Nacional de Inteligencia, con el descubrimiento, el análisis, el procesamiento y el seguimiento de las diversas líneas de investigación abiertas. Por razones que deberían ser evidentes para todo el mundo, el Gobierno no puede aventurar hipótesis ni especulaciones basadas en rumores. Su deber es dar a conocer hechos contrastados y las acciones que se derivan de éstos, como hicimos siempre que fue necesario y en el plazo más breve posible.

Respeto, como no podía ser menos, a todos quienes de buena fe se sintieron preocupados —y pueden sentirse aún hoy— ante la posibilidad de que el Gobierno, y yo mismo, mantuviéramos apartada del conocimiento del público algún tipo de información. Considero además que esta desconfianza es indicio de una sociedad madura, más consciente de su propia fortaleza de lo que algunos suponen. A estos ciudadanos les aseguro que así como siempre he dicho la verdad a la opinión pública en cuanto a la lucha antiterrorista, también el Gobierno mantuvo siempre al tanto a la opinión pública de la información que le iban suministrando las investigaciones en curso.

La desclasificación de los documentos del Centro Nacional de Inteligencia referidos a la investigación ha intentado responder a esa preocupación —legítima— por conocer la verdad. No se trataba de un simple gesto de exculpación. Tampoco eran documentos comprometedores para la labor que se ha venido realizando desde los atentados del 11 de marzo. Además, demuestran lo que ya he dicho: la profesionalidad y el buen hacer de los encargados de la seguridad.

Siempre he dicho, y lo he reiterado varias veces a lo largo de este libro, que el terrorismo no tiene justificación alguna, que resta cualquier legitimidad a la causa que dice defender, y que todos los terrorismos deben ser combatidos de la misma manera: sin concesiones y sin ceder a su chantaje. Para mí, ETA y el terrorismo islámico merecen el mismo rechazo y la misma respuesta. Debo reconocer, sin embargo, que tal vez la opinión pública española no era lo suficientemente consciente, hasta el 11 de marzo, del alcance de la amenaza del terrorismo islámico, o por lo menos no tanto como lo ha sido de la amenaza del terrorismo de ETA. Si es así, el Gobierno tiene sin duda una responsabilidad que asumir. Quizás los propios éxitos conseguidos en la lucha contra ETA en los últimos años nos han llevado a bajar la guardia ante la amenaza fundamentalista. Y quizás hemos inducido a confusión acerca del posible papel que nos corresponde en la lucha contra el terrorismo, como si los españoles hubiéramos aceptado participar en ella a cambio de ayuda en la batalla que estamos llevando a cabo en nuestro territorio.

No he tenido nunca la intención de fomentar esta confusión, ni he querido alimentar un estado de espíritu que indujese a nadie, y menos aún a ningún compatriota, a desmovilizarse ante la amenaza fundamentalista. El 11 de septiembre y las investigaciones que se han realizado desde entonces demuestran que las redes del terrorismo fundamentalista islámico están extendidas por todo el mundo, y también por Europa y por nuestro país. En algunos casos hemos sido capaces de detectar sus movimientos a tiempo. El 11 de marzo, desgraciadamente, no supimos hacerlo. Los españoles, el resto de los europeos y muy en particular los gobernantes y los dirigentes políticos debemos preguntarnos por qué esas redes terroristas han sido indetectables por los servicios de seguridad y qué suerte de facilidad ofrecen nuestras sociedades a quienes se han propuesto destruirlas. En cualquier caso, también aquí hemos aprendido —a un precio altísimo, motivo de duelo para siempre— una lección que deberíamos haber sabido hace mucho tiempo: que en un mundo abierto como el nuestro ninguna frontera nos garantiza estar a salvo de un ataque.

El viernes 12 de marzo, apenas transcurrido día y medio desde los atentados, más de once millones de personas salieron a las calles a manifestar su dolor, su solidaridad con las víctimas, su repulsa del terrorismo y su lealtad a la Constitución y a la democracia. Fue la mayor manifestación de condena al terrorismo que hemos visto en España y en toda Europa. Desde el asesinato de Miguel Ángel Blanco en julio de 1998, nunca tantas personas habían sentido la necesidad de reunirse para condenar sin ningún género de dudas, sin paliativo alguno, el crimen terrorista. En julio de 1998 la indignación de una nación entera y unida en el dolor demostró que el terrorismo podía ser vencido. La manifestación del 12 de marzo nos debe indicar lo mismo.

Así como hay que sacar muchas lecciones de lo ocurrido en esos días, también habrá que sacar las lecciones de esa expresión de indignación, de rechazo y de afirmación. Ahí se expresó la misma España generosa y compasiva que hizo lo que tenía que hacer el 11 de marzo. No quedó ninguna duda de cuál es la actitud de nuestro país ante el terrorismo. Y ese espíritu habrá de ser preservado y aprovechado. Despejada la niebla del enfrentamiento político, quedará esa negativa radical, ese impulso de fondo nutrido en el respeto y el recuerdo del dolor de las víctimas, de sus familiares y de sus amigos. La manifestación del 12 de marzo debe ser una inspiración y una exigencia para todos. No tenerlo en cuenta, hacer como que no existió, es un gesto de traición y de deslealtad.

El Gobierno salido de las elecciones del 14 de marzo tiene una especial responsabilidad en este sentido. A él le corresponde expresar en gestos y en acciones lo que los españoles dijeron aquella tarde. Ese mismo Gobierno tiene una especial responsabilidad ante la verdad. La verdad fue invocada sin tregua en los días que mediaron entre la tarde del 11 de marzo y las elecciones del día 14. Mi Gobierno ha demostrado que dijo la verdad: la verdad sobre los datos que iban apareciendo, la verdad sobre las líneas de investigación, la verdad sobre las hipótesis que se iban manejando a medida que avanzaba nuestro conocimiento de los hechos.

Hubo personas, en particular el jefe de campaña del candidato socialista a la Presidencia del Gobierno español, llamado a ocupar un puesto tan alto como el de jefe del grupo parlamentario del PSOE en las Cortes españolas, que dijo en los medios de comunicación, la noche del 13 al 14 de marzo, que el Gobierno estaba mintiendo. Una vez demostrada la falsedad de estas gravísimas acusaciones, estas personas, que violaron a sabiendas la ley electoral que les obligaba a abstenerse de cualquier manifestación política el día de reflexión, tienen el deber de demostrar que esas acusaciones no entrañaban una interpretación conscientemente sesgada de una realidad que conocían a la perfección. Y si no lo logran demostrar y no actúan en consecuencia, la opinión pública sabrá lo que tiene que esperar de ellos. Los españoles, que han demostrado estos días una acusada sensibilidad ante cualquier sospecha de manipulación y de ocultación de los hechos, no se merecen otra cosa.

Tengo una plena confianza en la democracia de mi país. Los españoles conforman una sociedad madura y responsable. Le exigen a su Gobierno lo que se le debe exigir a un gobierno en democracia: el respeto a la opinión pública, el respeto de la ley y el respeto al principio de transparencia y de verdad. No tengo dudas acerca de la legitimidad del Gobierno español que salió de las elecciones del 14 de marzo. El tiempo pondrá las cosas en su lugar, y como todos sabremos la verdad sobre lo ocurrido entre el 12 y el 14 de marzo, también sabremos quién actuó en consecuencia con la verdad.

Desde hoy mismo puedo decir dos cosas. Una, repetir que mi Gobierno se atuvo a la verdad que conocía. Y la segunda, que lo sucedido durante la jornada de reflexión del 13 de marzo merece la más firme repulsa de cualquier demócrata y de cualquier ciudadano respetuoso de la ley. Las manifestaciones ilegales, las vociferaciones ante las sedes del Partido Popular, los insultos al Gobierno de España, la campaña de difamación y de infamias quisieron empañar el espíritu cívico de la manifestación del día anterior. No lo lograron entonces y no lo lograrán nunca.

No era la primera vez que mi partido y sus militantes se ven acosados por quienes le niegan cualquier legitimidad no ya para gobernar, ni siquiera para existir. Lo vimos en los hechos ocurridos en la manifestación del 12 de marzo en Barcelona, cuando se impidió que dos representantes del Partido Popular expresaran públicamente su solidaridad con las víctimas. Son hechos que contradicen el espíritu de tolerancia que ha caracterizado hasta ahora la vida pública catalana. También lo vimos durante la campaña organizada contra el Partido Popular durante la Guerra de Iraq, cuando no se expresó sólo una disensión legítima ante las decisiones del Gobierno, sino que se quiso negar la legitimidad misma del Gobierno español. La misma noche del 13 de marzo, el candidato a la Presidencia del Gobierno por mi partido, Mariano Rajoy, denunció ante la opinión pública el acoso al que estaba siendo sometido su partido, su propia sede en Madrid, y la flagrante violación de la ley en la que estaban incurriendo los que perpetraron e instigaron aquel hostigamiento.

Quienes tenían la obligación moral de respaldar esta condena no lo hicieron. En vez de sumarse a ella para intentar calmar a una opinión pública alarmada por la gravedad de lo que estaba ocurriendo, prefirieron servir de portavoz a las calumnias que se estaban profiriendo en la calle y en algunos medios de comunicación. Confío en que hechos como éstos no se vuelvan a repetir. Son indignos del pueblo español, de los veinticinco años de democracia que hemos construido entre todos, del talante de diálogo y de tolerancia que ha presidido la historia reciente de nuestro país. Lo ocurrido esos días demuestra que muchos de aquellos que recurren con extrema facilidad a palabras tan serias como diálogo y tolerancia no las ponen tan fácilmente en práctica cuando les toca a ellos ejercerlas. No son, efectivamente, preceptos fáciles de cumplir. Pero la indignidad de esta actitud es aún mayor si se tiene en cuenta que los atentados del 11 de marzo nos convocaban a todos a la unidad contra el terrorismo, fundada en el respeto a las víctimas recientes.

El día 13 de marzo se quiso resucitar una España de enfrentamientos civiles entre compatriotas. No lo consiguieron esos días, ni lo conseguirán ahora. La España en la que yo vivo, los nueve millones y medio de votantes que respaldaron al Partido Popular el 14 de marzo, no van a consentir ese salto atrás en el tiempo. Estoy seguro que tampoco es ése el espíritu que inspira a la inmensa mayoría de quienes votaron otras opciones políticas. El Gobierno surgido de esas elecciones cometerá un grave error si cree que sobre lo que se manifestó el día 13 de marzo en algunas calles y en algunos medios de comunicación se puede fundar una política democrática y nacional.

En los últimos años, España ha ido asumiendo compromisos internacionales cada vez más importantes. Se incorporó a la Unión Europea, que era su espacio geográfico y político natural, se incorporó a la Alianza Atlántica, asumiendo así sus responsabilidades en la defensa de los valores de la cultura occidental, y ha participado en diversas misiones militares y de pacificación. Unas veces, como en Afganistán en 2002, lo ha hecho bajo mandato de la ONU. Otras lo ha hecho sin mandato expreso de la ONU, como en Bosnia entre 1992 y 1993, bajo un Gobierno presidido por un líder del Partido Socialista. Aun así, en todos los casos esta participación respondía a un amplio consenso internacional acerca de las amenazas a las que se intentaba responder.

En el caso del régimen iraquí derribado por las tropas anglonorteamericanas en marzo de 2003, la intervención respondió a la convicción generalizada de que aquel régimen constituía una amenaza para sus vecinos y para los países occidentales. También se tenía la certeza, compartida por toda la comunidad internacional, de que el anterior régimen iraquí no había facilitado las inspecciones de la ONU ni iba a facilitarlas en el futuro. No sabemos qué fue de las armas de destrucción masiva del anterior régimen de Bagdad. Sabemos con toda certeza que las tuvo: lo demostró en la guerra que le declaró a su vecino Irán y las utilizó para masacrar a su propio pueblo, en particular a decenas de miles de kurdos y de chiíes. Y sabíamos, y sabemos —quien dice lo contrario falta a la verdad— que Sadam Hussein nunca demostró que había abandonado el designio de fabricarlas. En esa negativa sistemática se basaron las resoluciones de la ONU que ampararon a la coalición de países que apoyaron la intervención en Iraq.

España no participó en aquella guerra, aunque sí apoyó a los aliados que se enfrentaron a la amenaza que suponía entonces el régimen iraquí. En cambio, España sí se ha comprometido activamente, con 1300 soldados, en la salvaguardia del orden y en la construcción de un régimen civilizado, tolerante y respetuoso con los derechos humanos en Iraq.

Una de las grandes novedades del orden internacional surgido tras la caída del Muro de Berlín y los atentados del 11 de septiembre reside justamente en que nos obligan a nuevos compromisos. Lo he dicho en un capítulo anterior de este mismo libro y lo vuelvo a repetir ahora. Ya no nos enfrentamos, como durante la Guerra Fría, a unos ejércitos regulares que respetaban principios como los de la inviolabilidad de las fronteras y el respeto a la población civil. El enemigo al que nos enfrentamos no respeta fronteras, ni la población civil puede sentirse a salvo ante él. Los ataques del 11 de septiembre, los perpetrados en Iraq mismo después de la caída de Sadam Hussein, muchos de ellos dirigidos contra la población civil iraquí y alguno, particularmente sangriento, contra el personal de la ONU, los atentados de Estambul, Bali y Casablanca, y los de Madrid del 11 de marzo lo demuestran sobradamente.

La respuesta a esta amenaza requiere un compromiso claro y firme de no ceder al chantaje. Me referiré a esto después. También requiere, por parte de las democracias desarrolladas, y prósperas, otro tipo de compromiso: el de contribuir a asentar en estos países condiciones de vida que permitan erradicar el fanatismo y la banalización de la violencia. Los países libres —y ricos— tenemos que contribuir activamente a que los regímenes de los países donde han surgido movimientos terroristas, muchos de ellos países islámicos, tomen las medidas encaminadas a que sus poblaciones puedan llevar una vida digna, decente y libre. No es un imposible, como lo demuestra la instauración de la democracia en países de tradición no occidental. Pero es una tarea ardua, sacrificada, y de muy largo plazo.

A ella están contribuyendo nuestras tropas en Iraq. Hay en España quien no tiene rubor en afirmar que nuestros soldados están participando en una misión de ocupación y son por tanto tropas de ocupación, que están sojuzgando e impidiendo el ejercicio de soberanía de un país libre. No es así. Iraq no era un país libre bajo Sadam Hussein. Hoy no lo es aún, pero no lo es porque está sometido a una brutal ola de terrorismo, que también nos ha alcanzado a nosotros el 11 de marzo, como alcanzó a tres mil personas en Nueva York y en Washington el 11 de septiembre, mucho antes de la intervención de los aliados en Iraq.

Nuestras tropas están en Iraq para ayudar a restaurar el orden y para salvar vidas, como lo hicieron las fuerzas de seguridad y los ciudadanos madrileños el 11 de marzo. Están en Iraq para reparar y construir infraestructuras, y para sostener a la autoridad que ha consensuado una Constitución para todos los iraquíes. Los iraquíes necesitan nuestro compromiso. Nos lo han hecho saber en múltiples ocasiones. No quieren que las tropas españolas abandonen Iraq.

Decisiones como la anunciada por el líder del PSOE inmediatamente después de las elecciones, sin esperar siquiera a una consulta con la ONU y nuestros aliados internacionales, pueden poner en peligro esta misión y los progresos que se han hecho desde que se terminó la guerra.

España ha sido uno de los países más activos en la lucha que las democracias mantienen contra el terrorismo. Debería seguir siéndolo. No debemos dejar la defensa de las libertades de las que hoy disfrutamos en manos de Estados Unidos o de Gran Bretaña y desentendernos del compromiso de estos dos aliados en nuestra propia defensa. No podemos convertirnos en países que dependan íntegramente, para su seguridad exterior e interior, de las decisiones que se toman en Washington o en Londres. Tenemos que ser capaces de influir en esas decisiones, que nos afectarán cada vez más.

Los españoles teníamos hasta el 11 de marzo una dura experiencia de lo que significa la violencia terrorista. Hoy lo sabemos aún más. El terrorismo va a seguir golpeando allí donde pueda hacerlo. Entre sus víctimas se cuentan personas de muy diversas nacionalidades, tanto en Nueva York, en Bali, en Mombasa, en Casablanca, en Estambul, en Kerbala y en Madrid, donde han muerto personas de muy diversos países: de Brasil, Bulgaria, Colombia, Chile, Cuba, Ecuador, Filipinas, Francia, Guinea Bissau, Honduras, Marruecos, Perú, Polonia, República Dominicana, Rumanía y Ucrania. El 12 de marzo de 2004 el Gobierno les concedió la nacionalidad española como un gesto de agradecimiento, y para honrar su memoria.

Nadie está a salvo del terrorismo. Nadie debe considerarse a salvo de la acción del terror. Este mismo año, un ingeniero alemán y otro holandés han sido asesinados en Iraq por cometer el crimen de tender cañerías de agua potable. Los terroristas han amenazado a Francia después de que el Parlamento francés restringiera el uso de los símbolos religiosos en las escuelas. El terrorismo islámico ya ha actuado en Europa, y después del 11 de marzo, intensificará su acción si emitimos un signo de debilidad.

Nos encontramos en una lucha entre la libertad, la democracia y la civilización por una parte, y el terror, el fanatismo y el totalitarismo, por otra. El 11 de septiembre todos nos sentimos norteamericanos. El 11 de marzo todos nos sentimos madrileños y el mundo entero supo que era español. También vio cómo los españoles saben hacer frente con serenidad y con coraje a la adversidad. Tenemos que mantener este espíritu. No podemos abandonar el frente. Es una lucha que nos compromete a todos.

A lo largo de toda mi vida política, y en especial durante los ocho años en los que he sido presidente de Gobierno, he dicho que el terrorismo no es un fenómeno local, que no está restringido a una zona o a un país, y que no puede ser combatido con medios aislados. Muy al contrario, el terrorismo es un fenómeno global y no conoce fronteras. Y gana fuerza si pensamos que es un problema ajeno, y que la lucha contra él es responsabilidad de los demás.

Las discusiones sobre la autoría de los atentados de Madrid son muy importantes, porque es de gran relevancia conocer quién estuvo detrás de los ataques. Pero cualquier terrorismo es portador de una amenaza idéntica. Todos los atentados terroristas manifiestan el mismo odio a la libertad, la democracia y la dignidad humana. Quienes recurren al terror para conseguir sus fines son aliados naturales, y su fuerza se nutre de la herida que abre cualquier atentado, sea cual sea su autor material.

Antes del 11 de septiembre, todos los gobiernos españoles, incluidos los que nos precedieron, se esforzaron por demostrar al mundo civilizado que el terrorismo no era un fenómeno aislado y que la lucha contra él no debe recaer sólo en sus víctimas. Tras la destrucción de las Torres Gemelas, se empezaron a echar los cimientos para una nueva actitud ante el terrorismo, una actitud que respondía por fin a la posición mantenida en todos los foros internacionales por todos los gobiernos españoles.

ETA o Al Qaeda: la diferencia no es irrelevante, pero la respuesta a lo ocurrido debe ser la misma: firmeza, unidad política y cooperación internacional. Todos los demócratas viajaban en los trenes de cercanía madrileños el 11 de marzo. Fue un ataque contra todos nosotros, contra todo aquello en lo que creemos, contra todo aquello que hemos construido juntos.

Por esa razón no debemos enviar mensajes confusos, mensajes que inducirán a creer que hemos hecho concesiones a quienes nos están pidiendo que nos arrodillemos y pidamos perdón por vivir en democracia y en libertad y por haber creado sociedades prósperas. No es el momento de retirar las tropas españolas de Iraq. Y mucho menos lo es ahora, cuando los terroristas, con su mensaje de muerte y de destrucción, nos han dicho que debemos rendirnos.

En estos años nos hemos negado a rendirnos ante el terrorismo de ETA y sabemos las consecuencias que hubiera tenido un gesto de esa naturaleza. La retirada de las tropas españolas en Iraq será interpretada en los mismos términos: como un signo de debilidad. Probablemente no pretenda serlo, pero no hay que engañarse. Si eso llega a suceder, los terroristas estarán convencidos de que han logrado influir en la posición de España en la lucha contra el terrorismo y se reafirmarán en la convicción de que han logrado variar la naturaleza de la alianza internacional que lucha contra ellos. Las consecuencias de esta acción pueden ser sumamente graves. Retirarse de Iraq en estas circunstancias sentará un precedente peligroso. Los terroristas creerán que han conseguido imponernos sus condiciones. Les llevará a creer que han ganado.

La nueva posición de España en la escena internacional es el resultado de las políticas emprendidas en nuestra acción internacional. Pero el aumento de nuestra influencia en el mundo no debe ser considerado como un fin en sí mismo. Es un medio para mejor servir a los intereses de la Nación y atender así a las necesidades concretas de los ciudadanos. Los valores y principios que han guiado la acción exterior de España se derivan de los ejes de la política interior del Gobierno: la defensa de las libertades y la lucha contra el terrorismo; la proyección de nuestra lengua y nuestra cultura, una cultura constitucionalmente plural; la apertura de nuestra economía y el fomento de la liberalización; la contribución al desarrollo defendiendo la dignidad del hombre.

En los ocho años en los que he tenido el honor de estar al frente del Gobierno de mi país, hemos andado un buen trecho del camino que propusimos recorrer a todos los españoles en 1996. Creo poder decir, con el aval de los resultados, que los ciudadanos tienen hoy en España más bienestar, más oportunidades, más libertad.

Estos avances no habrían sido posibles si no hubiéramos creado una base firme y estable para la prosperidad. Será decisión de todos los españoles continuar construyendo sobre ella o desandar el camino y empezar a desmantelarla piedra a piedra, reforma a reforma. Nuestro futuro no está escrito. De las decisiones que a partir de ahora tomemos los españoles —todos y cada uno de nosotros— dependerá que sigamos avanzando por la senda de la estabilidad económica e institucional. O, por el contrario, que empecemos a retroceder.

Muchas veces tendemos a creer que las cosas que van bien no pueden torcerse, que el progreso no admite vuelta atrás, que la prosperidad de hoy no puede desaparecer mañana. Sin embargo, la historia, y también la historia de nuestro país, está llena de ejemplos de que eso no es así.

España está hoy, en 2004, en condiciones de alcanzar en muy pocos años el nivel de vida y el nivel de prestigio de las grandes naciones del mundo. Esa oportunidad histórica puede ser desperdiciada si no se sostienen políticas económicas consistentes, que han demostrado su eficacia, y que están basadas en la austeridad, la contención en el gasto del Estado, la confianza en la iniciativa y en la libertad de los individuos, y en el respeto a la palabra dada y a la ley.

También estará en peligro si nos enredamos en discusiones sobre el modelo de Estado, discusiones que —estoy convencido— interesan menos a la inmensa mayoría de los ciudadanos que a una minoría de políticos más preocupados por el poder que por la sociedad. El progreso de España en los últimos veinticinco años se ha basado en la estabilidad que ha proporcionado el marco institucional de la Constitución pactada y consensuada de 1978.

Hoy el diseño del Estado trazado en sus grandes líneas por la Constitución de 1978 ya es una realidad. Entre todos hemos terminado de construir un modelo de Estado consistente con la naturaleza de nuestra nación: una administración descentralizada, próxima a los ciudadanos, capaz de dar respuesta a sus problemas y encauzar una rica pluralidad cultural y lingüística.

Ahora podemos elegir dos caminos: reforzar y consolidar este modelo para permitir que continúe el despegue de nuestra economía y con él unas mayores cuotas de bienestar y prosperidad para todos. O ponerlo en cuestión, volver a abrir el debate constitucional y replantear un problema de diseño territorial. La apertura de este proceso es jugar con el futuro de todos. Traerá consecuencias en la posición internacional de España, porque creará un clima de desconfianza, en particular de desconfianza económica que dificultará las inversiones extranjeras y nuestro crecimiento. Nos debilitará en el exterior, ante nuestros aliados y ante quienes irrumpieron el 11 de marzo en la campaña electoral. También traerá consecuencias en el interior, porque en vez de centrarnos en lo que el sentido común y la experiencia nos aconsejan, que es continuar en la tarea de alcanzar una mayor prosperidad y una mayor cohesión, nos veremos abocados a discusiones estériles, propias del pasado, y que nos harán retroceder en todos los campos, incluso en el de la historia.

Los españoles saben dónde me encontrarán a mí y a mi partido, el Partido Popular. Toda mi vida me he esforzado por cumplir los compromisos que he adquirido. Nos comprometimos a estar entre las primeras naciones europeas, y estamos en trance de conseguirlo. Nos comprometimos a aumentar la prosperidad de nuestros conciudadanos y lo hemos hecho. Nos comprometimos a terminar el diseño de un Estado para una España plural, abierta y solidaria. También lo hemos hecho. Yo mismo me comprometí a dejar la Presidencia del Gobierno a los ocho años de haberla ocupado. También lo he hecho.

No pretendo que todo el mundo participe de mis convicciones personales y políticas. La política de estos últimos ocho años no ha buscado la unanimidad ni el aplauso. Pero ha estado guiada por un profundo respeto a la palabra dada, a la dignidad personal y a la verdad. Decir la verdad no es un ejercicio fácil. Yo me he esforzado por decirla siempre. A lo largo de toda mi carrera política, cuando he ocupado la Presidencia del Gobierno de España, y al final, en la medida en que creía saberla, cuando la tragedia nos sobrecogió a todos con su rostro más atroz.

Habiéndolo hecho en circunstancias tan difíciles, no voy a dejar de decir la verdad ahora, cuando mis responsabilidades son menores y el Partido Popular, por una decisión legítima de los ciudadanos españoles, ha pasado a la oposición. Al revés. Me reafirmo en el mismo compromiso: decir lo que yo creo que es la verdad siempre que lo considere necesario. El Partido Popular hará lo mismo. Quien lo dude, se equivoca. Será una de las formas en que contribuiremos a presentar a nuestros compatriotas una alternativa de gobierno seria y fiable, como seria y fiable ha sido la política de estos últimos ocho años.